新約聖書 I

新共同訳　解説・佐藤 優

文春新書

774

新約聖書 I

新共同訳 ● 目次

はじめての新約聖書——序文にかえて

佐藤　優

新約聖書を宗教に特別な関心をもっていない標準的な日本人に読んでもらうために本書を書いた。キリスト教は救済宗教である。1世紀のパレスチナで活躍したイエスという青年を救い主と信じる宗教である。ちなみにイエス・キリストとは、イエスが名でキリストが姓ということではない。イエスとは、当時のパレスチナにおけるごく普通にある男子の名だ。キリストとは、当時、この地域で話されていたアラム語で「油を注がれた者」を意味するメシーハーのギリシア語訳である。ユダヤでは、王、幹部の祭司、卓越した能力をもつ預言者には油が注がれた。そこから、油を注がれた者とは、救済主（メシア）を意味するようになった。イエス・キリストという表現は、「イエスという男が私の救済主である」という信仰告白を意味する。

もっとも、このような宗教を信じるかどうかは、個人の趣味の問題だ。新約聖書を専門的に研究している学者でも、神の存在を信じていない人は意外に多い。私の場合、19歳のときにプロテスタント教会でキリスト教の洗礼を受けた。それから、イエス・キリストを信じることで救われるという私の確信が揺らいだことはない。私は弱い人間である。それだから、イエス・キリストによって救われると感じる。しかし、それはあくまで私の確信であって、それを誰かに強要しようと思ったことは一度もない。

よく「一神教は不寛容だ」とか「一神教であるキリスト教が非寛容なので戦争や紛争を引き起こす」という話を耳にするが、それは一神教の本質を理解していない議論と私は考える。キリスト教にとって重要なのは、私と神の関係だ。そこで他人がどのような神を信じているか、あるいは信じていないかについて、キリスト教徒は無関心なのである。ユダヤ教やイスラム教（イスラーム）のようなキリスト教以外の一神教徒も、自らが信じる宗教以外の宗教に関しては、基本的に無関心だ。キリスト教が侵略的性質を帯びるのは、キリスト教会が特定の文化や国家と宗教を同一視する誘惑に陥ったときだけだ。帝国主義の時代に、欧米が世界の覇権を握った。そのような政治情勢の中で、キリスト教も帝国主義的性格を帯びたのである。

ある宗教が過激で、別の宗教が穏健であるということは言えない。イスラム原理主義と呼ばれる潮流においても、テロ活動に走るのはごく一部だ。社会福祉や医療など、平和的手段で同胞を支援しているイスラム原理主義者の方が圧倒的多数派である。

仏教は神を想定しない。ブッダは悟りを得た人で、神ではない。仏教徒の中でもスリランカやタイの内戦を見ればわかるように、自らの意志を他者に押しつけようとして、武器を用いる人もいる。

それをもって「仏教が好戦的だ」とは言えない。これらの国で一部の人々が過激な手段を用いる原因は、宗教以外の政治的、社会的要因に求めるべきである。

イエスの出現からすでに2000年以上が経った。当然、宗教としての疲れがキリスト教にも現れている。キリスト教文化圏に属すると見られている西ヨーロッパや北米でも、クリスマスやイースター（復活祭）を除く普通の日曜日に教会で行われる礼拝に出席する信者は少ない。1000人収容できる教会堂の前2〜3列に数十人の信者がぽつんぽつんと座って礼拝に参加しているという姿が西ヨーロッパでは珍しくない。特に若者は教会に行かなくなっている。日本でもキリスト教は「斜陽産業」だ。

米国のファンダメンタリズム（イスラム原理主義と区別するために根本主義という訳語があてられることが多い）系の教会には確かに多くの信者が集まる。テレビ礼拝も行われている。キリスト教系のカルトもそれなりに元気だ。しかし、これら元気のある宗教団体は人の出入りが激しい。それだから、その影響力に限界がある。

しかし、それと同時に、予見される未来にキリスト教が完全に消滅することはない。イエス・キリストが救い主であると信じる人は、今後も一定数存在する。そして、キリスト教は世界の文化と政治に影響を与え続ける。私が、普通の日本人に新約聖書を読むことを勧めるのは、それが役に立つからだ。

神聖な領域が減少し、世俗的な領域が拡大するのが近代の特徴である。キリスト教もこの状況に対応してきた。キリスト教の教えが、世俗化した形で近代社会に埋め込まれているのである。近代は、欧米が主導して展開された。近代化の過程で日本人は「和魂洋才」をスローガンに掲げた。しかし、「洋才」すなわち欧米の学術や技術の背景には、それを支える「洋魂」がある。「和魂洋才」には、木に竹を接ぐような無理がある。その無理がどこにあるかを知るために、「洋魂」を形成した重要な要因であるキリスト教について知ることが有益と考える。

キリスト教に関する入門書や概説書は、それこそ数え切れないほどある。しかし、これらの本には教派的立場や著者の確信が、意図的もしくは無意識のうちに反映されている。誰にでも受け入れられる標準的な入門書や概説書は存在しない。

キリスト教は教典をもつ宗教だ。それだから、キリスト教について知るためには聖書を読むのが早道だ。キリスト教の聖書には、旧約聖書と新約聖書がある。キリスト教は、ユダヤ教から生まれた。イエスは、自らをキリスト教徒と考えていなかった。高校や大学の入学試験問題で、「キリスト教を開いたのは誰か？」という出題がなされた場合、「イエス・キリストである」と書けば正解になる。しかし、神学部の期末試験で同じ出題がなされた場合、「イエス・キリストである」という答案は不正解になる。キリスト教という新しい宗教を開いたのは、生前のイエスとは一度も会ったことがないパウロだからだ。

キリスト教はユダヤ教の伝統と切り離せない関係にある。従って、新約聖書を旧約聖書から切り離すことは、神学的にできない。ただし、キリスト教徒は、新約聖書の視座に立って旧約聖書を読んでいる。新約聖書は全部で27巻だ。これに対して、旧約聖書は39巻ある（さらに旧約続編が11巻ある）。分量にして、旧約聖書は新約聖書の3倍強（旧約続編を含めると4倍弱）になる。宗教に特別な関心をもっていない標準的な日本人読者にとって、キリスト教について知るという目的のためには、新約聖書を通読すれば十分であると私は考える。

これまでさまざまな版の新約聖書が出ているが、新書は初の試みと思う。新約聖書を新書にすることによって、通勤や通学の途上で聖書を通読できるようにするというのがこの本を作ったいちばんの目的だ。巻Ⅰにイエス・キリストの生涯について記した福音書を、巻Ⅱにそれ以外の文書（使徒言行録、書簡集、黙示録）を収録した。速読で、キリスト教の核心だけを知りたいという読者のために、イエスの言葉と伝えられる部分については太字にした。これが教会で通常用いられている新約聖書とは異なる本書の特徴だ。

新約聖書には、さまざまな翻訳がある。翻訳者は職人なので、自らの作品がいちばん可愛い。そこで、聖書の翻訳に関しては、さまざまな論争が展開されているが、標準的な日本人読者にとって、そのような神学論争に深入りしても、得るところがあまりない。本書では日本聖書協会の新共同訳を用いた。この翻訳は、プロテスタント神学者とカトリック神学者が共同で行ったものだ。新約聖書に関して、現下日本では、新共同訳がもっとも普及している。当然、もっとも強い影響力をもっている。生きているキリスト教について知るためには、もっとも普及しかつ影響力がある翻訳を基準にすべきと私は考える。

各福音書の前に簡単な案内を、さらに巻末に私の聖書論について記した。

新約聖書を読む前と後では、世界が異なって見えてくる。それでは、これから「書物の中の書物」と呼ばれる聖書の世界にみなさんを御案内したい。

イエスは常識を覆す――「マタイによる福音書」案内

佐藤 優

新約聖書をひもとくと、冒頭の「マタイによる福音書」で、人の名前がたくさんでてくる。宗教に関心をもたない読者は、だいたいここで扉を閉ざしてしまう。そして、聖書は有名だが、読まれていない本に加えられることになる。もっとも重要なのは、この系図の前に書かれた次の一文だ。

〈アブラハムの子ダビデの子、イエス・キリストの系図。〉（マタイ1 1）

ここで、イエスという男が、神の子であり、救済主であるという信仰告白をしている。イエスの出現によって、これまでと質的にまったく異なる新しい時代が始まったとキリスト教は説く。それだから、イスラエルの歴史でイエスがどういう位置を占めるかについて説明するために系図が必要なのである。この部分をはじめ、固有名詞や数字の羅列で、よく意味がわからない場所については、読み飛ばしてくださって構わない。逆に、系図や固有名詞がどのような意味をもつかについて、興味をもつ読者は、次の本を参照してほしい。

山内眞監修『新共同訳　新約聖書略解』日本基督教団出版局　2000年

中学校や高校の教科書に「アンチョコ（教科書ガイド）」があるが、この本は牧師にとってのアンチョコだ。聖書に関する解説が節ごとになされている。

キリスト教の理解では、イエスが出現し、人間の罪をあがない、十字架上で死んだことによって、人間の救済はすでに始まっているのである。このメッセージ（福音）を伝える核になるのが福音書だ。福音書は、4つあるが、2つのカテゴリーに区分される。

第1が、「マタイによる福音書」、「マルコによる福音書」、「ルカによる福音書」だ。この3つの福音書は、互いに非常に近い関係にある。それだから、「共に観る」ような関係にあるということで、神学の業界用語で「共観福音書」と呼ばれる。

第2が、「ヨハネによる福音書」である。この福音書は、言葉（ロゴス）が神であるという独自の神学に基づいて書かれている。

さて、「マタイによる福音書」は、新約聖書の冒頭に置かれているが、それはこの福音書がもっとも古いからではない。もっとも古い福音書は「マルコによる福音書」である。「マタイによる福音書」の著者は、「マルコによる福音書」を読んでいる。さらにQ資料も読んでいる。Qとは、ドイツ語の「クヴェレ（Quelle、資料）」の略である。神学の世界では「言語資料（Spruchquelle）」といい、現存していないが、「マタイによる福音書」の著者と「ルカによる福音書」の著者が参照したと推定されるイエスの言行に関する資料だ。

祈り」だ。

「マタイによる福音書」には、キリスト教の思想としてよく引用される箇所が多い。まずは「主の祈り」だ。

〈天におられるわたしたちの父よ、
御名《みな》が崇められますように。
御国が来ますように。
御心《みこころ》が行われますように、
　天におけるように地の上にも。
わたしたちに必要な糧を今日与えてください。
わたしたちの負い目を赦《ゆる》してください、
　わたしたちも自分に負い目のある人を
　赦しましたように。
わたしたちを誘惑に遭わせず、
　悪い者から救ってください。〉（マタイ**6**9―13）

「主の祈り」は、イエスにさかのぼる大切な祈りで、原始キリスト教会が礼拝の中でたいせつにした。現在も、カトリック教会、正教会、プロテスタント教会のすべてで唱えられる。なお、「主の祈り」の末尾に「国とちからと栄えとは限りなくなんじのものなればなり」という頌栄《しょうえい》がつけられることがあるが、これは2世紀頃に付加されるようになったものである。

それとともに「山上の説教（山上垂訓）」（5〜7章）も有名だ。ユダヤ教の伝統において、山は聖なるものが啓示される場所だ。ここでいう山は、特定の山ではなく、聖なる場所という象徴的意味をもつ。ここでイエスは、当時、絶対的権威をもつと考えられていた律法を引用し、常識的解釈について述べた後に、「しかし、わたしは言っておく」という前置きをして、新しい教えを提示する。このような逆説的発想にキリスト教の特徴がある。具体的に、姦淫に関する部分を見てみよう。

〈「あなたがたも聞いているとおり、『姦淫するな』と命じられている。しかし、わたしは言っておく。みだらな思いで他人の妻を見る者はだれでも、既に心の中でその女を犯したのである。もし、右の目があなたをつまずかせるなら、えぐり出して捨ててしまいなさい。体の一部がなくなっても、全身が地獄に投げ込まれない方がましである。もし、右の手があなたをつまずかせるなら、切り取って捨ててしまいなさい。体の一部がなくなっても、全身が地獄に落ちない方がましである。」〉

（マタイ**5**27−30）

旧約聖書において、姦淫に関する戒律は男性中心的だった。セックスのすべてが姦淫に該当するわけではない。男性が他の女性とセックスした場合、女性が人妻であれば、男女ともに死刑に処された。旧約聖書「レビ記」20章10節にはこう記されている。

〈人の妻と姦淫する者、すなわち隣人の妻と姦淫する者は姦淫した男も女も共に必ず死刑に処せら

れる。〉

死刑の手法も石打の刑だ。あまり大きな石だと瞬時に死んでしまうので、こぶし大の石を投げて殺す。もっとも苦痛を感じる処刑法だ。

これに対して、男性がセックスした相手が未婚者の場合、姦淫にはあたらないとされた。なぜだろうか？　旧約聖書が男権主義的な秩序を当然のことと見なしていたため、男性が人妻とセックスをすることにより、夫の権利が侵害され、社会秩序を破壊すると考えられていたからだ。こういう社会において、イエスは姦淫について、男性に対して、「みだらな思いで他人の妻を見る者はだれでも、既に心の中でその女を犯したのである」と、律法の枠を超えたより厳しい基準を与えている。当時の状況で、イエスが男性のまなざしに警告を与える。そのことによって女性を尊重するという結果をもたらす。律法は、人間の行動を規制するもので、行動の背後にある心情にまで踏み込むことができない。そもそもある人が他の人の心情をつかむことができるであろうか？　答えは「否」だ。裏返して言うならば、人間の心情を正確につかみ、そこにまで踏み込んで働きかけることができるのは、全能の神だけだ。神の前で謙虚になる人は、他者の夫婦関係を尊重するようになる。結果として、「姦淫するな」という旧約聖書の律法がより高いレベルで完成する。イエスの言説には、いくつかの特徴がある。常識について述べた後、「しかし、わたしは言っておく」と述べ、常識を覆す反対命題を出し、結果として、表面的には常識とそれほど異ならないが、本質的に異なる意味をもつ世界に人間を誘《いざな》うというのが、イエスの話術の特徴だ。

「マタイによる福音書」の著者は、徴税人マタイと伝えられてきたが、この説はもはや支持されていない。著者は、福音書における登場人物に擬するのが当時の流行だった。それだから、マタイ9章9節に登場する徴税人マタイがイエスから直接聞いた教えや自らの体験を記録したという体裁をとったのであろう。真実の著者は不明である。

また、本書が成立したのは、ユダヤ教世界と異教世界が接触している地域、現在のシリアあたりではないかと推定されている。成立時期は80年代（恐らくその後半）と考えられている。

マタイによる福音書

1

イエス・キリストの系図（ルカ3 23–38）

1アブラハムの子ダビデの子、イエス・キリ
ストの系図。
2アブラハムはイサクをもうけ、イサクはヤコ
ブを、ヤコブはユダとその兄弟たちを、3ユダは
タマルによってペレツとゼラを、ペレツはヘツロ
ンを、ヘツロンはアラムを、4アラムはアミナダ
ブを、アミナダブはナフションを、ナフションは
サルモンを、5サルモンはラハブによってボアズ
を、ボアズはルツによってオベドを、オベドはエ
ッサイを、6エッサイはダビデ王をもうけた。
ダビデはウリヤの妻によってソロモンをもうけ、
7ソロモンはレハブアムを、レハブアムはアビヤ
を、アビヤはアサを、8アサはヨシャファトを、
ヨシャファトはヨラムを、ヨラムはウジヤを、
9ウジヤはヨタムを、ヨタムはアハズを、アハズ
はヒゼキヤを、10ヒゼキヤはマナセを、マナセは
アモスを、アモスはヨシヤを、11ヨシヤは、バビ
ロンへ移住させられたころ、エコンヤとその兄弟
たちをもうけた。
12バビロンへ移住させられた後、エコンヤはシ
ャルティエルをもうけ、シャルティエルはゼルバ
ベルを、13ゼルバベルはアビウドを、アビウドは
エリアキムを、エリアキムはアゾルを、14アゾル
はサドクを、サドクはアキムを、アキムはエリウ
ドを、15エリウドはエレアザルを、エレアザルは
マタンを、マタンはヤコブを、16ヤコブはマリア
の夫ヨセフをもうけた。このマリアからメシアと
呼ばれるイエスがお生まれになった。
17こうして、全部合わせると、アブラハムから
ダビデまで十四代、ダビデからバビロンへの移住
まで十四代、バビロンへ移されてからキリストま
でが十四代である。

イエス・キリストの誕生（ルカ2 1－7）

18イエス・キリストの誕生の次第は次のようで
あった。母マリアはヨセフと婚約していたが、二
人が一緒になる前に、聖霊によって身ごもってい
ることが明らかになった。19夫ヨセフは正しい人
であったので、マリアのことを表ざたにするのを
望まず、ひそかに縁を切ろうと決心した。20この
ように考えていると、主《しゅ》の天使が夢に現れて言っ
た。「ダビデの子ヨセフ、恐れず妻マリアを迎え
入れなさい。マリアの胎《たい》の子は聖霊によって宿っ
たのである。21マリアは男の子を産む。その子を
イエスと名付けなさい。この子は自分の民を罪か
ら救うからである。」22このすべてのことが起こ
ったのは、主が預言者を通して言われていたこと
が実現するためであった。
23「見よ、おとめが身ごもって男の子を産む。
その名はインマヌエルと呼ばれる。」
この名は、「神は我々と共におられる」という意
味である。24ヨセフは眠りから覚めると、主の天
使が命じたとおり、妻を迎え入れ、25男の子が生
まれるまでマリアと関係することはなかった。そ
して、その子をイエスと名付けた。

2

占星術の学者たちが訪れる

1イエスは、ヘロデ王の時代にユダヤのベツ
レヘムでお生まれになった。そのとき、占星
術の学者たちが東の方からエルサレムに来て、
2言った。「ユダヤ人の王としてお生まれになっ
た方《かた》は、どこにおられますか。わたしたちは東方
でその方の星を見たので、拝みに来たのです。」
3これを聞いて、ヘロデ王は不安を抱いた。エル
サレムの人々も皆、同様であった。4王は民の祭
司長たちや律法学者たちを皆集めて、メシアはど
こに生まれることになっているのかと問いただし
た。5彼らは言った。「ユダヤのベツレヘムです。

預言者がこう書いています。
6『ユダの地、ベツレヘムよ、
お前はユダの指導者たちの中で
決していちばん小さいものではない。
お前から指導者が現れ、
わたしの民イスラエルの牧者《ぼくしゃ》となるからであ
る。』」
7そこで、ヘロデは占星術の学者たちをひそか
に呼び寄せ、星の現れた時期を確かめた。8そし
て、「行って、その子のことを詳しく調べ、見つ
かったら知らせてくれ。わたしも行って拝もう」
と言ってベツレヘムへ送り出した。9彼らが王の
言葉を聞いて出かけると、東方で見た星が先立っ
て進み、ついに幼子のいる場所の上に止まった。
10学者たちはその星を見て喜びにあふれた。11家
に入ってみると、幼子は母マリアと共におられた。
彼らはひれ伏して幼子を拝み、宝の箱を開けて、
黄金、乳香《にゅうこう》、没薬《もつやく》を贈り物として献《ささ》げた。12とこ
ろが、「ヘロデのところへ帰るな」と夢でお告げ
があったので、別の道を通って自分たちの国へ帰
って行った。

エジプトに避難する

13占星術の学者たちが帰って行くと、主の天使
が夢でヨセフに現れて言った。「起きて、子供と
その母親を連れて、エジプトに逃げ、わたしが告
げるまで、そこにとどまっていなさい。ヘロデが、
この子を探し出して殺そうとしている。」14ヨセ
フは起きて、夜のうちに幼子とその母を連れてエ
ジプトへ去り、15ヘロデが死ぬまでそこにいた。
それは、「わたしは、エジプトからわたしの子を
呼び出した」と、主が預言者を通して言われてい
たことが実現するためであった。

ヘロデ、子供を皆殺しにする

16さて、ヘロデは占星術の学者たちにだまされ

たと知って、大いに怒った。そして、人を送り、
学者たちに確かめておいた時期に基づいて、ベツ
レヘムとその周辺一帯にいた二歳以下の男の子を、
一人残らず殺させた。17こうして、預言者エレミ
ヤを通して言われていたことが実現した。
18「ラマで声が聞こえた。
激しく嘆き悲しむ声だ。
ラケルは子供たちのことで泣き、
慰めてもらおうともしない、
子供たちがもういないから。」

エジプトから帰国する

19ヘロデが死ぬと、主の天使がエジプトにいる
ヨセフに夢で現れて、20言った。「起きて、子供
とその母親を連れ、イスラエルの地に行きなさい。
この子の命をねらっていた者どもは、死んでしま
った。」21そこで、ヨセフは起きて、幼子とその
母を連れて、イスラエルの地へ帰って来た。22し
かし、アルケラオが父ヘロデの跡を継いでユダヤ
を支配していると聞き、そこに行くことを恐れた。
ところが、夢でお告げがあったので、ガリラヤ地
方に引きこもり、23ナザレという町に行って住ん
だ。「彼はナザレの人と呼ばれる」と、預言者た
ちを通して言われていたことが実現するためであ
った。

洗礼者ヨハネ、教えを宣べる（マコ1 1-8、ルカ3 1-9、15-17、ヨハ1 19-28）

3

1そのころ、洗礼者ヨハネが現れて、ユダヤ
の荒れ野で宣《の》べ伝《つた》え、2「悔い改めよ。天の
国は近づいた」と言った。3これは預言者イザヤ
によってこう言われている人である。
「荒れ野で叫ぶ者の声がする。
『主の道を整え、
その道筋をまっすぐにせよ。』」
4ヨハネは、らくだの毛衣《けごろも》を着、腰に革の帯を締

め、いなごと野蜜《のみつ》を食べ物としていた。5そこで、
エルサレムとユダヤ全土から、また、ヨルダン川
沿いの地方一帯から、人々がヨハネのもとに来て、
6罪を告白し、ヨルダン川で彼から洗礼《バプテスマ》を受けた。
7ヨハネは、ファリサイ派やサドカイ派の人々
が大勢、洗礼を受けに来たのを見て、こう言った。
「蝮《まむし》の子らよ、差し迫った神の怒りを免れると、
だれが教えたのか。8悔い改めにふさわしい実を
結べ。9『我々の父はアブラハムだ』などと思っ
てもみるな。言っておくが、神はこんな石からで
も、アブラハムの子たちを造り出すことがおでき
になる。10斧《おの》は既に木の根元に置かれている。良
い実を結ばない木はみな、切り倒されて火に投げ
込まれる。11わたしは、悔い改めに導くために、
あなたたちに水で洗礼を授けているが、わたしの
後から来る方は、わたしよりも優れておられる。
わたしは、その履物をお脱がせする値打ちもない。
その方は、聖霊と火であなたたちに洗礼をお授け
になる。12そして、手に箕《み》を持って、脱穀場を
隅々まできれいにし、麦を集めて倉に入れ、殻を
消えることのない火で焼き払われる。」

イエス、洗礼を受ける（マコ1 9–11、ルカ3 21–22）

13そのとき、イエスが、ガリラヤからヨルダン
川のヨハネのところへ来られた。彼から洗礼を受
けるためである。14ところが、ヨハネは、それを
思いとどまらせようとして言った。「わたしこそ、
あなたから洗礼を受けるべきなのに、あなたが、
わたしのところへ来られたのですか。」15しかし、
イエスはお答えになった。**「今は、止めないでほ
しい。正しいことをすべて行うのは、我々にふさ
わしいことです。」**そこで、ヨハネはイエスの言
われるとおりにした。16イエスは洗礼を受けると、
すぐ水の中から上がられた。そのとき、天がイエ
スに向かって開いた。イエスは、神の霊が鳩のよ

うに御自分の上に降《くだ》って来るのを御覧になった。
17そのとき、「これはわたしの愛する子、わたし
の心に適《かな》う者」と言う声が、天から聞こえた。

4

誘惑を受ける（マコ1 12―13、ルカ4 1―13）

1さて、イエスは悪魔から誘惑を受けるため、
〝霊〟に導かれて荒れ野に行かれた。2そし
て四十日間、昼も夜も断食した後、空腹を覚えら
れた。3すると、誘惑する者が来て、イエスに言
った。「神の子なら、これらの石がパンになるよ
うに命じたらどうだ。」4イエスはお答えにな
った。
「『人はパンだけで生きるものではない。
神の口から出る一つ一つの言葉で生きる』
と書いてある。」5次に、悪魔はイエスを聖なる
都に連れて行き、神殿の屋根の端に立たせて、
6言った。「神の子なら、飛び降りたらどうだ。
『神があなたのために天使たちに命じると、
あなたの足が石に打ち当たることのないように、
天使たちは手であなたを支える』
と書いてある。」7イエスは、**「『あなたの神であ**
る主を試してはならない』とも書いてある」と言
われた。8更に、悪魔はイエスを非常に高い山に
連れて行き、世のすべての国々とその繁栄ぶりを
見せて、9「もし、ひれ伏してわたしを拝むなら、
これをみんな与えよう」と言った。10すると、イ
エスは言われた。**「退け、サタン。**
『あなたの神である主を拝み、
ただ主に仕えよ』
と書いてある。」11そこで、悪魔は離れ去った。
すると、天使たちが来てイエスに仕えた。

ガリラヤで伝道を始める（マコ1 14―15、ルカ4 14―15）

12イエスは、ヨハネが捕らえられたと聞き、ガ
リラヤに退かれた。13そして、ナザレを離れ、ゼ

ブルンとナフタリの地方にある湖畔の町カファル
ナウムに来て住まわれた。14それは、預言者イザ
ヤを通して言われていたことが実現するためであ
った。
15「ゼブルンの地とナフタリの地、
湖沿いの道、ヨルダン川のかなたの地、
異邦人のガリラヤ、
16暗闇に住む民は大きな光を見、
死の陰の地に住む者に光が射し込んだ。」
17そのときから、イエスは、「**悔い改めよ。天**
の国は近づいた」と言って、宣べ伝え始められた。

四人の漁師を弟子にする（マコ**1** 16–20、ルカ**5** 1–11）

18イエスは、ガリラヤ湖のほとりを歩いておら
れたとき、二人の兄弟、ペトロと呼ばれるシモン
とその兄弟アンデレが、湖で網を打っているのを
御覧になった。彼らは漁師だった。19イエスは、
「**わたしについて来なさい。人間をとる漁師にし**
よう」と言われた。20二人はすぐに網を捨てて従
った。21そこから進んで、別の二人の兄弟、ゼベ
ダイの子ヤコブとその兄弟ヨハネが、父親のゼベ
ダイと一緒に、舟の中で網の手入れをしているの
を御覧になると、彼らをお呼びになった。22この
二人もすぐに、舟と父親とを残してイエスに従っ
た。

おびただしい病人をいやす（ルカ**6** 17–19）

23イエスはガリラヤ中を回って、諸会堂で教え、
御国《みくに》の福音を宣べ伝え、民衆のありとあら
ゆる病気や患いをいやされた。24そこで、イエス
の評判がシリア中に広まった。人々がイエスのと
ころへ、いろいろな病気や苦しみに悩む者、悪霊《あくれい》
に取りつかれた者、てんかんの者、中風《ちゅうぶ》の者など、
あらゆる病人を連れて来たので、これらの人々を
いやされた。25こうして、ガリラヤ、デカポリス、

エルサレム、ユダヤ、ヨルダン川の向こう側から、
大勢の群衆が来てイエスに従った。

山上の説教（五―七章）を始める

5
1イエスはこの群衆を見て、山に登られた。
腰を下ろされると、弟子たちが近くに寄って
来た。2そこで、イエスは口を開き、教えられた。

幸い（ルカ6 20―23）

3「心の貧しい人々は、幸いである、
　天の国はその人たちのものである。
4悲しむ人々は、幸いである、
　その人たちは慰められる。
5柔和な人々は、幸いである、
　その人たちは地を受け継ぐ。
6義に飢え渇く人々は、幸いである、
　その人たちは満たされる。
7憐《あわ》れみ深い人々は、幸いである、
　その人たちは憐れみを受ける。
8心の清い人々は、幸いである、
　その人たちは神を見る。
9平和を実現する人々は、幸いである、
　その人たちは神の子と呼ばれる。
10義のために迫害される人々は、幸いである、
　天の国はその人たちのものである。
11わたしのためにののしられ、迫害され、身に覚
えのないことであらゆる悪口《あっこう》を浴びせられるとき、
あなたがたは幸いである。12喜びなさい。大いに
喜びなさい。天には大きな報いがある。あなたが
たより前の預言者たちも、同じように迫害された
のである。」

地の塩、世の光（マコ9 50、ルカ14 34―35）

13「あなたがたは地の塩である。だが、塩に塩
気がなくなれば、その塩は何によって塩味が付け
られよう。もはや、何の役にも立たず、外に投げ

捨てられ、人々に踏みつけられるだけである。
14あなたがたは世の光である。山の上にある町は、
隠れることができない。15また、ともし火をとも
して升《ます》の下に置く者はいない。燭台の上に置く。
そうすれば、家の中のものすべてを照らすのであ
る。16そのように、あなたがたの光を人々の前に
輝かしなさい。人々が、あなたがたの立派な行い
を見て、あなたがたの天の父をあがめるようにな
るためである。」

律法について

17「わたしが来たのは律法や預言者を廃止する
ためだ、と思ってはならない。廃止するためでは
なく、完成するためである。18はっきり言ってお
く。すべてのことが実現し、天地が消えうせるま
で、律法の文字から一点一画も消え去ることはな
い。19だから、これらの最も小さな掟を一つでも
破り、そうするようにと人に教える者は、天の国
で最も小さい者と呼ばれる。しかし、それを守り、
そうするように教える者は、天の国で大いなる者
と呼ばれる。20言っておくが、あなたがたの義が
律法学者やファリサイ派の人々の義にまさってい
なければ、あなたがたは決して天の国に入ること
ができない。」

腹を立ててはならない

21「あなたがたも聞いているとおり、昔の人は
『殺すな。人を殺した者は裁きを受ける』と命じ
られている。22しかし、わたしは言っておく。兄
弟に腹を立てる者はだれでも裁きを受ける。兄弟
に『ばか』と言う者は、最高法院に引き渡され、
『愚か者』と言う者は、火の地獄に投げ込まれる。
23だから、あなたが祭壇に供え物を献げようとし、
兄弟が自分に反感を持っているのをそこで思い出
したなら、24その供え物を祭壇の前に置き、まず
行って兄弟と仲直りをし、それから帰って来て、

供え物を献げなさい。25あなたを訴える人と一緒
に道を行く場合、途中で早く和解しなさい。さも
ないと、その人はあなたを裁判官に引き渡し、裁
判官は下役に引き渡し、あなたは牢に投げ込まれ
るにちがいない。26はっきり言っておく。最後の
一クァドランスを返すまで、決してそこから出る
ことはできない。」

姦淫してはならない

27「あなたがたも聞いているとおり、『姦淫する
な』と命じられている。28しかし、わたしは言っ
ておく。みだらな思いで他人の妻を見る者はだれ
でも、既に心の中でその女を犯したのである。
29もし、右の目があなたをつまずかせるなら、え
ぐり出して捨ててしまいなさい。体の一部がなく
なっても、全身が地獄に投げ込まれない方がまし
である。30もし、右の手があなたをつまずかせる
なら、切り取って捨ててしまいなさい。体の一部
がなくなっても、全身が地獄に落ちない方がまし
である。」

離縁してはならない（マタ19 9、マコ10 11−12、ルカ16 18）

31「『妻を離縁する者は、離縁状を渡せ』と命じ
られている。32しかし、わたしは言っておく。不
法な結婚でもないのに妻を離縁する者はだれでも、
その女に姦通の罪を犯させることになる。離縁さ
れた女を妻にする者も、姦通の罪を犯すことにな
る。」

誓ってはならない

33「また、あなたがたも聞いているとおり、昔
の人は、『偽りの誓いを立てるな。主に対して誓
ったことは、必ず果たせ』と命じられている。
34しかし、わたしは言っておく。一切誓いを立て
てはならない。天にかけて誓ってはならない。そ

こは神の玉座である。35地にかけて誓ってはなら
ない。そこは神の足台《あしだい》である。エルサレムにかけ
て誓ってはならない。そこは大王の都である。
36また、あなたの頭にかけて誓ってはならない。
髪の毛一本すら、あなたは白くも黒くもできない
からである。37あなたがたは、『然《しか》り、然り』『否《いな》、
否』と言いなさい。それ以上のことは、悪い者か
ら出るのである。」

復讐してはならない（ルカ6 29-30）

38「あなたがたも聞いているとおり、『目には目
を、歯には歯を』と命じられている。39しかし、
わたしは言っておく。悪人に手向かってはならな
い。だれかがあなたの右の頬を打つなら、左の頬
をも向けなさい。40あなたを訴えて下着を取ろう
とする者には、上着をも取らせなさい。41だれか
が、一ミリオン行くように強いるなら、一緒に二
ミリオン行きなさい。42求める者には与えなさい。
あなたから借りようとする者に、背を向けてはな
らない。」

敵を愛しなさい（ルカ6 27-28、32-36）

43「あなたがたも聞いているとおり、『隣人を愛
し、敵を憎め』と命じられている。44しかし、わ
たしは言っておく。敵を愛し、自分を迫害する者
のために祈りなさい。45あなたがたの天の父の子
となるためである。父は悪人にも善人にも太陽を
昇らせ、正しい者にも正しくない者にも雨を降ら
せてくださるからである。46自分を愛してくれる
人を愛したところで、あなたがたにどんな報いが
あろうか。徴税人でも、同じことをしているでは
ないか。47自分の兄弟にだけ挨拶したところで、
どんな優れたことをしたことになろうか。異邦人
でさえ、同じことをしているではないか。48だか
ら、あなたがたの天の父が完全であられるように、
あなたがたも完全な者となりなさい。」

施しをするときには

6
1「見てもらおうとして、人の前で善行をし
ないように注意しなさい。さもないと、あな
たがたの天の父のもとで報いをいただけないこと
になる。
2だから、あなたは施しをするときには、偽善
者たちが人からほめられようと会堂や街角でする
ように、自分の前でラッパを吹き鳴らしてはなら
ない。はっきりあなたがたに言っておく。彼らは
既に報いを受けている。3施しをするときは、右
の手のすることを左の手に知らせてはならない。
4あなたの施しを人目につかせないためである。
そうすれば、隠れたことを見ておられる父が、あ
なたに報いてくださる。」

祈るときには（ルカ11 2―4）

5「祈るときにも、あなたがたは偽善者のよう
であってはならない。偽善者たちは、人に見ても
らおうと、会堂や大通りの角に立って祈りたがる。
はっきり言っておく。彼らは既に報いを受けてい
る。6だから、あなたが祈るときは、奥まった自
分の部屋に入って戸を閉め、隠れたところにおら
れるあなたの父に祈りなさい。そうすれば、隠れ
たことを見ておられるあなたの父が報いてくださ
る。7また、あなたがたが祈るときは、異邦人の
ようにくどくどと述べてはならない。異邦人は、
言葉数が多ければ、聞き入れられると思い込んで
いる。8彼らのまねをしてはならない。あなたが
たの父は、願う前から、あなたがたに必要なもの
をご存じなのだ。9だから、こう祈りなさい。
『天におられるわたしたちの父よ、
御名《みな》が崇《あが》められますように。
10御国が来ますように。
御心《みこころ》が行われますように、
天におけるように地の上にも。

11わたしたちに必要な糧を今日与えてください。
12わたしたちの負い目を赦《ゆる》してください、
わたしたちも自分に負い目のある人を
赦しましたように。
13わたしたちを誘惑に遭わせず、
悪い者から救ってください。』
14もし人の過ちを赦すなら、あなたがたの天の父
もあなたがたの過ちをお赦しになる。15しかし、
もし人を赦さないなら、あなたがたの父もあなた
がたの過ちをお赦しにならない。」

断食するときには

16「断食するときには、あなたがたは偽善者の
ように沈んだ顔つきをしてはならない。偽善者は、
断食しているのを人に見てもらおうと、顔を見苦
しくする。はっきり言っておく。彼らは既に報い
を受けている。17あなたは、断食するとき、頭に
油をつけ、顔を洗いなさい。18それは、あなたの
断食が人に気づかれず、隠れたところにおられる
あなたの父に見ていただくためである。そうすれ
ば、隠れたことを見ておられるあなたの父が報い
てくださる。」

天に富を積みなさい（ルカ12 33―34）

19「あなたがたは地上に富を積んではならない。
そこでは、虫が食ったり、さび付いたりするし、
また、盗人《ぬすびと》が忍び込んで盗み出したりする。20富
は、天に積みなさい。そこでは、虫が食うことも、
さび付くこともなく、また、盗人が忍び込むこと
も盗み出すこともない。21あなたの富のあるとこ
ろに、あなたの心もあるのだ。」

体のともし火は目（ルカ11 34―36）

22「体のともし火は目である。目が澄んでいれ
ば、あなたの全身が明るいが、23濁っていれば、
全身が暗い。だから、あなたの中にある光が消え

れば、その暗さはどれほどであろう。」

神と富（ルカ16 13）

24「だれも、二人の主人に仕えることはできな
い。一方を憎んで他方を愛するか、一方に親しん
で他方を軽んじるか、どちらかである。あなたが
たは、神と富とに仕えることはできない。」

思い悩むな（ルカ12 22−32）

25「だから、言っておく。自分の命のことで何
を食べようか何を飲もうかと、また自分の体のこ
とで何を着ようかと思い悩むな。命は食べ物より
も大切であり、体は衣服よりも大切ではないか。
26空の鳥をよく見なさい。種も蒔《ま》かず、刈り入れ
もせず、倉に納めもしない。だが、あなたがたの
天の父は鳥を養ってくださる。あなたがたは、鳥
よりも価値あるものではないか。27あなたがたの
うちだれが、思い悩んだからといって、寿命をわ
ずかでも延ばすことができようか。28なぜ、衣服
のことで思い悩むのか。野の花がどのように育つ
のか、注意して見なさい。働きもせず、紡ぎもし
ない。29しかし、言っておく。栄華を極めたソロ
モンでさえ、この花の一つほどにも着飾ってはい
なかった。30今日は生えていて、明日は炉に投げ
込まれる野の草でさえ、神はこのように装ってく
ださる。まして、あなたがたにはなおさらのこと
ではないか、信仰の薄い者たちよ。31だから、
『何を食べようか』『何を飲もうか』『何を着よう
か』と言って、思い悩むな。32それはみな、異邦
人が切に求めているものだ。あなたがたの天の父
は、これらのものがみなあなたがたに必要なこと
をご存じである。33何よりもまず、神の国と神の
義を求めなさい。そうすれば、これらのものはみ
な加えて与えられる。34だから、明日のことまで
思い悩むな。明日のことは明日自らが思い悩む。
その日の苦労は、その日だけで十分である。」

人を裁くな（ルカ6 37−38、41−42）

7

1「人を裁くな。あなたがたも裁かれないよ
うにするためである。2あなたがたは、自分
の裁く裁きで裁かれ、自分の量る秤《はかり》で量り与えら
れる。3あなたは、兄弟の目にあるおが屑《くず》は見え
るのに、なぜ自分の目の中の丸太に気づかないの
か。4兄弟に向かって、『あなたの目からおが屑
を取らせてください』と、どうして言えようか。
自分の目に丸太があるではないか。5偽善者よ、
まず自分の目から丸太を取り除け。そうすれば、
はっきり見えるようになって、兄弟の目からおが
屑を取り除くことができる。6神聖なものを犬に
与えてはならず、また、真珠を豚に投げてはなら
ない。それを足で踏みにじり、向き直ってあなた
がたにかみついてくるだろう。」

求めなさい（ルカ11 9−13）

7「求めなさい。そうすれば、与えられる。探
しなさい。そうすれば、見つかる。門をたたきな
さい。そうすれば、開かれる。8だれでも、求め
る者は受け、探す者は見つけ、門をたたく者には
開かれる。9あなたがたのだれが、パンを欲しが
る自分の子供に、石を与えるだろうか。10魚を欲
しがるのに、蛇を与えるだろうか。11このように、
あなたがたは悪い者でありながらも、自分の子供
には良い物を与えることを知っている。まして、
あなたがたの天の父は、求める者に良い物をくだ
さるにちがいない。12だから、人にしてもらいた
いと思うことは何でも、あなたがたも人にしなさ
い。これこそ律法と預言者である。」

狭い門（ルカ13 24）

13「狭い門から入りなさい。滅びに通じる門は
広く、その道も広々として、そこから入る者が多

い。14しかし、命に通じる門はなんと狭く、その
道も細いことか。それを見いだす者は少ない。」

実によって木を知る（ルカ6 43―44）

15「偽《にせ》預言者を警戒しなさい。彼らは羊の皮を
身にまとってあなたがたのところに来るが、その
内側は貪欲な狼である。16あなたがたは、その実
で彼らを見分ける。茨《いばら》からぶどうが、あざみから
いちじくが採れるだろうか。17すべて良い木は良
い実を結び、悪い木は悪い実を結ぶ。18良い木が
悪い実を結ぶことはなく、また、悪い木が良い実
を結ぶこともできない。19良い実を結ばない木は
みな、切り倒されて火に投げ込まれる。20このよ
うに、あなたがたはその実で彼らを見分ける。」

あなたたちのことは知らない（ルカ13 25―27）

21「わたしに向かって、『主よ、主よ』と言う者
が皆、天の国に入るわけではない。わたしの天の
父の御心を行う者だけが入るのである。22かの日
には、大勢の者がわたしに、『主よ、主よ、わた
したちは御名によって預言し、御名によって悪霊
を追い出し、御名によって奇跡をいろいろ行った
ではありませんか』と言うであろう。23そのとき、
わたしはきっぱりとこう言おう。『あなたたちの
ことは全然知らない。不法を働く者ども、わたし
から離れ去れ。』」

家と土台（ルカ6 47―49）

24「そこで、わたしのこれらの言葉を聞いて行
う者は皆、岩の上に自分の家を建てた賢い人に似
ている。25雨が降り、川があふれ、風が吹いてそ
の家を襲っても、倒れなかった。岩を土台として
いたからである。26わたしのこれらの言葉を聞く
だけで行わない者は皆、砂の上に家を建てた愚か
な人に似ている。27雨が降り、川があふれ、風が

吹いてその家に襲いかかると、倒れて、その倒れ
方がひどかった。」
28イエスがこれらの言葉を語り終えられると、
群衆はその教えに非常に驚いた。29彼らの律法学
者のようにではなく、権威ある者としてお教えに
なったからである。

8

重い皮膚病を患っている人をいやす（マ
コ1 40–45、ルカ5 12–16）

1イエスが山を下りられると、大勢の群衆が
従った。2すると、一人の重い皮膚病を患っ
ている人がイエスに近寄り、ひれ伏して、「主よ、
御心ならば、わたしを清くすることがおできにな
ります」と言った。3イエスが手を差し伸べてそ
の人に触れ、**「よろしい。清くなれ」**と言われる
と、たちまち、重い皮膚病は清くなった。4イエ
スはその人に言われた。**「だれにも話さないよう**
に気をつけなさい。ただ、行って祭司に体を見せ、
モーセが定めた供え物を献げて、人々に証明しな
さい。」

百人隊長の僕をいやす（ルカ7 1–10、ヨハ
4 43–54）

5さて、イエスがカファルナウムに入られると、
一人の百人隊長が近づいて来て懇願し、6「主よ、
わたしの僕《しもべ》が中風で家に寝込んで、ひどく苦しん
でいます」と言った。7そこでイエスは、**「わた**
しが行って、いやしてあげよう」と言われた。
8すると、百人隊長は答えた。「主よ、わたしは
あなたを自分の屋根の下にお迎えできるような者
ではありません。ただ、ひと言おっしゃってくだ
さい。そうすれば、わたしの僕はいやされます。
9わたしも権威の下にある者ですが、わたしの下
には兵隊がおり、一人に『行け』と言えば行きま
すし、他の一人に『来い』と言えば来ます。また、
部下に『これをしろ』と言えば、そのとおりにし

ます。」 10イエスはこれを聞いて感心し、従って
いた人々に言われた。**「はっきり言っておく。イ**
スラエルの中でさえ、わたしはこれほどの信仰を
見たことがない。 11**言っておくが、いつか、東や**
西から大勢の人が来て、天の国でアブラハム、イ
サク、ヤコブと共に宴会の席に着く。 12**だが、御**
国の子らは、外の暗闇に追い出される。そこで泣
きわめいて歯ぎしりするだろう。」 13そして、百
人隊長に言われた。**「帰りなさい。あなたが信じ**
たとおりになるように。」ちょうどそのとき、僕
の病気はいやされた。

多くの病人をいやす（マコ**1** 29－34、ルカ**4** 38－41）

14イエスはペトロの家に行き、そのしゅうとめ
が熱を出して寝込んでいるのを御覧になった。
15イエスがその手に触れられると、熱は去り、し
ゅうとめは起き上がってイエスをもてなした。
16夕方になると、人々は悪霊に取りつかれた者を
大勢連れて来た。イエスは言葉で悪霊を追い出し、
病人を皆いやされた。 17それは、預言者イザヤを
通して言われていたことが実現するためであった。
「彼はわたしたちの患いを負い、
わたしたちの病を担った。」

弟子の覚悟（ルカ**9** 57－62）

18イエスは、自分を取り囲んでいる群衆を見て、
弟子たちに向こう岸に行くように命じられた。
19そのとき、ある律法学者が近づいて、「先生、
あなたがおいでになる所なら、どこへでも従って
参ります」と言った。 20イエスは言われた。**「狐**
には穴があり、空の鳥には巣がある。だが、人の
子には枕《まくら》する所もない。」 21ほかに、弟子の一人
がイエスに、「主よ、まず、父を葬りに行かせて
ください」と言った。 22イエスは言われた。**「わ**
たしに従いなさい。死んでいる者たちに、自分た

ちの死者を葬らせなさい。」

嵐を静める（マコ4 35–41、ルカ8 22–25）

23イエスが舟に乗り込まれると、弟子たちも従
った。24そのとき、湖に激しい嵐が起こり、舟は
波にのまれそうになった。イエスは眠っておられ
た。25弟子たちは近寄って起こし、「主よ、助け
てください。おぼれそうです」と言った。26イエ
スは言われた。**「なぜ怖がるのか。信仰の薄い者
たちよ。」**そして、起き上がって風と湖とをお叱
りになると、すっかり凪《なぎ》になった。27人々は驚い
て、「いったい、この方はどういう方なのだろう。
風や湖さえも従うではないか」と言った。

悪霊に取りつかれたガダラの人をいやす
（マコ5 1–20、ルカ8 26–39）

28イエスが向こう岸のガダラ人の地方に着かれ
ると、悪霊に取りつかれた者が二人、墓場から出
てイエスのところにやって来た。二人は非常に狂
暴で、だれもその辺りの道を通れないほどであっ
た。29突然、彼らは叫んだ。「神の子、かまわな
いでくれ。まだ、その時ではないのにここに来て、
我々を苦しめるのか。」30はるかかなたで多くの
豚の群れがえさをあさっていた。31そこで、悪霊
どもはイエスに、「我々を追い出すのなら、あの
豚の中にやってくれ」と願った。32イエスが、
「行け」と言われると、悪霊どもは二人から出て、
豚の中に入った。すると、豚の群れはみな崖を下
って湖になだれ込み、水の中で死んだ。33豚飼い
たちは逃げ出し、町に行って、悪霊に取りつかれ
た者のことなど一切を知らせた。34すると、町中
の者がイエスに会おうとしてやって来た。そして、
イエスを見ると、その地方から出て行ってもらい
たいと言った。

中風の人をいやす（マコ2 1–12、ルカ5 17–26）

9

1イエスは舟に乗って湖を渡り、自分の町に
帰って来られた。2すると、人々が中風の人
を床《とこ》に寝かせたまま、イエスのところへ連れて来
た。イエスはその人たちの信仰を見て、中風の人
に、**「子よ、元気を出しなさい。あなたの罪は赦**
される」と言われた。3ところが、律法学者の中
に、「この男は神を冒瀆している」と思う者がい
た。4イエスは、彼らの考えを見抜いて言われた。
「なぜ、心の中で悪いことを考えているのか。
5**『あなたの罪は赦される』と言うのと、『起きて**
歩け』と言うのと、どちらが易しいか。6**人の子**
が地上で罪を赦す権威を持っていることを知らせ
よう。」そして、中風の人に、**「起き上がって床を**
担ぎ、家に帰りなさい」と言われた。7その人は
起き上がり、家に帰って行った。8群衆はこれを
見て恐ろしくなり、人間にこれほどの権威をゆだ
ねられた神を賛美した。

マタイを弟子にする（マコ2 13–17、ルカ5 27–32）

9イエスはそこをたち、通りがかりに、マタイ
という人が収税所に座っているのを見かけて、
「わたしに従いなさい」と言われた。彼は立ち上
がってイエスに従った。10イエスがその家で食事
をしておられたときのことである。徴税人や罪人
も大勢やって来て、イエスや弟子たちと同席して
いた。11ファリサイ派の人々はこれを見て、弟子
たちに、「なぜ、あなたたちの先生は徴税人や罪
人と一緒に食事をするのか」と言った。12イエス
はこれを聞いて言われた。**「医者を必要とするの**
は、丈夫な人ではなく病人である。13**『わたしが**
求めるのは憐れみであって、いけにえではない』
とはどういう意味か、行って学びなさい。わたし
が来たのは、正しい人を招くためではなく、罪人

を招くためである。」

断食についての問答（マコ2 18―22、ルカ5 33―39）

14そのころ、ヨハネの弟子たちがイエスのとこ
ろに来て、「わたしたちとファリサイ派の人々は
よく断食しているのに、なぜ、あなたの弟子たち
は断食しないのですか」と言った。15イエスは言
われた。**「花婿が一緒にいる間、婚礼の客は悲し
むことができるだろうか。しかし、花婿が奪い取
られる時が来る。そのとき、彼らは断食すること
になる。16だれも、織りたての布から布切れを取
って、古い服に継ぎを当てたりはしない。新しい
布切れが服を引き裂き、破れはいっそうひどくな
るからだ。17新しいぶどう酒を古い革袋に入れる
者はいない。そんなことをすれば、革袋は破れ、
ぶどう酒は流れ出て、革袋もだめになる。新しい
ぶどう酒は、新しい革袋に入れるものだ。そうす
れば、両方とも長もちする。」**

指導者の娘とイエスの服に触れる女（マコ5 21―43、ルカ8 40―56）

18イエスがこのようなことを話しておられると、
ある指導者がそばに来て、ひれ伏して言った。
「わたしの娘がたったいま死にました。でも、お
いでになって手を置いてやってください。そうす
れば、生き返るでしょう。」19そこで、イエスは
立ち上がり、彼について行かれた。弟子たちも一
緒だった。20すると、そこへ十二年間も患って出
血が続いている女が近寄って来て、後ろからイエ
スの服の房に触れた。21「この方の服に触れさえ
すれば治してもらえる」と思ったからである。
22イエスは振り向いて、彼女を見ながら言われた。
**「娘よ、元気になりなさい。あなたの信仰があな
たを救った。」**そのとき、彼女は治った。23イエ
スは指導者の家に行き、笛を吹く者たちや騒いで

いる群衆を御覧になって、24言われた。**「あちら**
へ行きなさい。少女は死んだのではない。眠って
いるのだ。」人々はイエスをあざ笑った。25群衆
を外に出すと、イエスは家の中に入り、少女の手
をお取りになった。すると、少女は起き上がった。
26このうわさはその地方一帯に広まった。

二人の盲人をいやす

27イエスがそこからお出かけになると、二人の
盲人が叫んで、「ダビデの子よ、わたしたちを憐
れんでください」と言いながらついて来た。28イ
エスが家に入ると、盲人たちがそばに寄って来た
ので、**「わたしにできると信じるのか」**と言われ
た。二人は、「はい、主よ」と言った。29そこで、
イエスが二人の目に触り、**「あなたがたの信じて**
いるとおりになるように」と言われると、30二人
は目が見えるようになった。イエスは、**「このこ**
とは、だれにも知らせてはいけない」と彼らに厳
しくお命じになった。31しかし、二人は外へ出る
と、その地方一帯にイエスのことを言い広めた。

口の利けない人をいやす

32二人が出て行くと、悪霊に取りつかれて口の
利けない人が、イエスのところに連れられて来た。
33悪霊が追い出されると、口の利けない人がもの
を言い始めたので、群衆は驚嘆し、「こんなこと
は、今までイスラエルで起こったためしがない」
と言った。34しかし、ファリサイ派の人々は、
「あの男は悪霊の頭《かしら》の力で悪霊を追い出している」
と言った。

群衆に同情する

35イエスは町や村を残らず回って、会堂で教え、
御国の福音を宣べ伝え、ありとあらゆる病気や患
いをいやされた。36また、群衆が飼い主のいない
羊のように弱り果て、打ちひしがれているのを見

て、深く憐れまれた。37そこで、弟子たちに言わ
れた。**「収穫は多いが、働き手が少ない。38だか**
ら、収穫のために働き手を送ってくださるように、
収穫の主に願いなさい。」

十二人を選ぶ（マコ3 13‐19、ルカ6 12‐16）

10 1イエスは十二人の弟子を呼び寄せ、汚《けが》れた
霊に対する権能をお授けになった。汚れた霊
を追い出し、あらゆる病気や患いをいやすためで
あった。2十二使徒の名は次のとおりである。ま
ずペトロと呼ばれるシモンとその兄弟アンデレ、
ゼベダイの子ヤコブとその兄弟ヨハネ、3フィリ
ポとバルトロマイ、トマスと徴税人のマタイ、ア
ルファイの子ヤコブとタダイ、4熱心党のシモン、
それにイエスを裏切ったイスカリオテのユダであ
る。

十二人を派遣する（マコ6 7‐13、ルカ9 1‐6）

5イエスはこの十二人を派遣するにあたり、次
のように命じられた。**「異邦人の道に行ってはな**
らない。また、サマリア人の町に入ってはならな
い。6むしろ、イスラエルの家の失われた羊のと
ころへ行きなさい。7行って、『天の国は近づい
た』と宣べ伝えなさい。8病人をいやし、死者を
生き返らせ、重い皮膚病を患っている人を清くし、
悪霊を追い払いなさい。ただで受けたのだから、
ただで与えなさい。9帯の中に金貨も銀貨も銅貨
も入れて行ってはならない。10旅には袋も二枚の
下着も、履物も杖も持って行ってはならない。働
く者が食べ物を受けるのは当然である。11町や村
に入ったら、そこで、ふさわしい人はだれかをよ
く調べ、旅立つときまで、その人のもとにとどま
りなさい。12その家に入ったら、『平和があるよ
うに』と挨拶しなさい。13家の人々がそれを受け

るにふさわしければ、あなたがたの願う平和は彼
らに与えられる。もし、ふさわしくなければ、そ
の平和はあなたがたに返ってくる。14あなたがた
を迎え入れもせず、あなたがたの言葉に耳を傾け
ようともしない者がいたら、その家や町を出て行
くとき、足の埃《ほこり》を払い落としなさい。15はっきり
言っておく。裁きの日には、この町よりもソドム
やゴモラの地の方が軽い罰で済む。」

迫害を予告する（マコ13 9–13、ルカ21 12–17）

16「わたしはあなたがたを遣わす。それは、狼
の群れに羊を送り込むようなものだ。だから、蛇
のように賢く、鳩のように素直になりなさい。
17人々を警戒しなさい。あなたがたは地方法院に
引き渡され、会堂で鞭打《むちう》たれるからである。18ま
た、わたしのために総督や王の前に引き出されて、
彼らや異邦人に証《あか》しをすることになる。19引き渡
されたときは、何をどう言おうかと心配してはな
らない。そのときには、言うべきことは教えられ
る。20実は、話すのはあなたがたではなく、あな
たがたの中で語ってくださる、父の霊である。
21兄弟は兄弟を、父は子を死に追いやり、子は親
に反抗して殺すだろう。22また、わたしの名のた
めに、あなたがたはすべての人に憎まれる。しか
し、最後まで耐え忍ぶ者は救われる。23一つの町
で迫害されたときは、他の町へ逃げて行きなさい。
はっきり言っておく。あなたがたがイスラエルの
町を回り終わらないうちに、人の子は来る。
24弟子は師にまさるものではなく、僕は主人に
まさるものではない。25弟子は師のように、僕は
主人のようになれば、それで十分である。家の主
人がベルゼブルと言われるのなら、その家族の者
はもっとひどく言われることだろう。」

恐るべき者（ルカ12 2–7）

26「人々を恐れてはならない。覆われているも

ので現されないものはなく、隠されているもので
知られずに済むものはないからである。27わたし
が暗闇であなたがたに言うことを、明るみで言い
なさい。耳打ちされたことを、屋根の上で言い広
めなさい。28体は殺しても、魂を殺すことのでき
ない者どもを恐れるな。むしろ、魂も体も地獄で
滅ぼすことのできる方を恐れなさい。29二羽の雀
が一アサリオンで売られているではないか。だが、
その一羽さえ、あなたがたの父のお許しがなけれ
ば、地に落ちることはない。30あなたがたの髪の
毛までも一本残らず数えられている。31だから、
恐れるな。あなたがたは、たくさんの雀よりもは
るかにまさっている。」

イエスの仲間であると言い表す（ルカ12 8−9）

32「だから、だれでも人々の前で自分をわたし
の仲間であると言い表す者は、わたしも天の父の
前で、その人をわたしの仲間であると言い表す。
33しかし、人々の前でわたしを知らないと言う者
は、わたしも天の父の前で、その人を知らないと
言う。」

平和ではなく剣を（ルカ12 51−53、14 26−27）

34「わたしが来たのは地上に平和をもたらすた
めだ、と思ってはならない。平和ではなく、剣《つるぎ》を
もたらすために来たのだ。35わたしは敵対させる
ために来たからである。

人をその父に、
娘を母に、
嫁をしゅうとめに。

36こうして、自分の家族の者が敵となる。
37わたしよりも父や母を愛する者は、わたしにふ
さわしくない。わたしよりも息子や娘を愛する者
も、わたしにふさわしくない。38また、自分の十
字架を担ってわたしに従わない者は、わたしにふ

さわしくない。39自分の命を得ようとする者は、
それを失い、わたしのために命を失う者は、かえ
ってそれを得るのである。」

受け入れる人の報い（マコ9 41）

40「あなたがたを受け入れる人は、わたしを受
け入れ、わたしを受け入れる人は、わたしを遣わ
された方を受け入れるのである。41預言者を預言
者として受け入れる人は、預言者と同じ報いを受
け、正しい者を正しい者として受け入れる人は、
正しい者と同じ報いを受ける。42はっきり言って
おく。わたしの弟子だという理由で、この小さな
者の一人に、冷たい水一杯でも飲ませてくれる人
は、必ずその報いを受ける。」

11 1イエスは十二人の弟子に指図を与え終わる
と、そこを去り、方々の町で教え、宣教され
た。

洗礼者ヨハネとイエス（ルカ7 18-35）

2ヨハネは牢の中で、キリストのなさったこと
を聞いた。そこで、自分の弟子たちを送って、
3尋ねさせた。「来《きた》るべき方は、あなたでしょう
か。それとも、ほかの方を待たなければなりませ
んか。」4イエスはお答えになった。「行って、見
聞きしていることをヨハネに伝えなさい。5目の
見えない人は見え、足の不自由な人は歩き、重い
皮膚病を患っている人は清くなり、耳の聞こえな
い人は聞こえ、死者は生き返り、貧しい人は福音
を告げ知らされている。6わたしにつまずかない
人は幸いである。」7ヨハネの弟子たちが帰ると、
イエスは群衆にヨハネについて話し始められた。
「あなたがたは、何を見に荒れ野へ行ったのか。
風にそよぐ葦《あし》か。8では、何を見に行ったのか。
しなやかな服を着た人か。しなやかな服を着た人
なら王宮にいる。9では、何を見に行ったのか。
預言者か。そうだ。言っておく。預言者以上の者

である。
10『見よ、わたしはあなたより先に使者を遣わし、
　あなたの前に道を準備させよう』
と書いてあるのは、この人のことだ。
11はっきり
言っておく。およそ女から生まれた者のうち、洗
礼者ヨハネより偉大な者は現れなかった。しかし、
天の国で最も小さな者でも、彼よりは偉大である。
12彼が活動し始めたときから今に至るまで、天の
国は力ずくで襲われており、激しく襲う者がそれ
を奪い取ろうとしている。
13すべての預言者と律
法が預言したのは、ヨハネの時までである。
14あ
なたがたが認めようとすれば分かることだが、実
は、彼は現れるはずのエリヤである。
15耳のある
者は聞きなさい。
16今の時代を何にたとえたらよいか。広場に座
って、ほかの者にこう呼びかけている子供たちに
似ている。
17『笛を吹いたのに、
　踊ってくれなかった。
葬式の歌をうたったのに、
　悲しんでくれなかった。』
18ヨハネが来て、食べも飲みもしないでいると、
『あれは悪霊に取りつかれている』と言い、
19人
の子が来て、飲み食いすると、『見ろ、大食漢で
大酒飲みだ。徴税人や罪人の仲間だ』と言う。し
かし、知恵の正しさは、その働きによって証明さ
れる。」

悔い改めない町を叱る（ルカ10 13–15）

20それからイエスは、数多くの奇跡の行われた
町々が悔い改めなかったので、叱り始められた。
21「コラジン、お前は不幸だ。ベトサイダ、お前
は不幸だ。お前たちのところで行われた奇跡が、
ティルスやシドンで行われていれば、これらの町
はとうの昔に粗布《あらぬの》をまとい、灰をかぶって悔い改
めたにちがいない。
22しかし、言っておく。裁き

の日にはティルスやシドンの方が、お前たちより
まだ軽い罰で済む。23また、カファルナウム、お
前は、
　天にまで上げられるとでも思っているのか。
　陰府《よみ》にまで落とされるのだ。
お前のところでなされた奇跡が、ソドムで行われ
ていれば、あの町は今日まで無事だったにちがい
ない。24しかし、言っておく。裁きの日にはソド
ムの地の方が、お前よりまだ軽い罰で済むのであ
る。」

わたしのもとに来なさい（ルカ10 21−22）

25そのとき、イエスはこう言われた。「天地の
主である父よ、あなたをほめたたえます。これら
のことを知恵ある者や賢い者には隠して、幼子の
ような者にお示しになりました。26そうです、父
よ、これは御心に適うことでした。27すべてのこ
とは、父からわたしに任せられています。父のほ
かに子を知る者はなく、子と、子が示そうと思う
者のほかには、父を知る者はいません。28疲れた
者、重荷を負う者は、だれでもわたしのもとに来
なさい。休ませてあげよう。29わたしは柔和で謙
遜な者だから、わたしの軛《くびき》を負い、わたしに学び
なさい。そうすれば、あなたがたは安らぎを得ら
れる。30わたしの軛は負いやすく、わたしの荷は
軽いからである。」

12

安息日に麦の穂を摘む（マコ2 23−28、ルカ6 1−5）

1そのころ、ある安息日《あんそくび》にイエスは麦畑を通
られた。弟子たちは空腹になったので、麦の
穂を摘んで食べ始めた。2ファリサイ派の人々が
これを見て、イエスに、「御覧なさい。あなたの
弟子たちは、安息日にしてはならないことをして
いる」と言った。3そこで、イエスは言われた。
「ダビデが自分も供の者たちも空腹だったときに

何をしたか、読んだことがないのか。4神の家に
入り、ただ祭司のほかには、自分も供の者たちも
食べてはならない供えのパンを食べたではないか。
5安息日に神殿にいる祭司は、安息日の掟を破っ
ても罪にならない、と律法にあるのを読んだこと
がないのか。6言っておくが、神殿よりも偉大な
ものがここにある。7もし、『わたしが求めるの
は憐れみであって、いけにえではない』という言
葉の意味を知っていれば、あなたたちは罪もない
人たちをとがめなかったであろう。8人の子は安
息日の主なのである。」

手の萎えた人をいやす（マコ3 1–6、ルカ6 6–11）

9イエスはそこを去って、会堂にお入りになっ
た。10すると、片手の萎《な》えた人がいた。人々はイ
エスを訴えようと思って、「安息日に病気を治す
のは、律法で許されていますか」と尋ねた。11そ
こで、イエスは言われた。「あなたたちのうち、
だれか羊を一匹持っていて、それが安息日に穴に
落ちた場合、手で引き上げてやらない者がいるだ
ろうか。12人間は羊よりもはるかに大切なものだ。
だから、安息日に善いことをするのは許されてい
る。」13そしてその人に、「手を伸ばしなさい」と
言われた。伸ばすと、もう一方の手のように元ど
おり良くなった。14ファリサイ派の人々は出て行
き、どのようにしてイエスを殺そうかと相談した。

神が選んだ僕

15イエスはそれを知って、そこを立ち去られた。
大勢の群衆が従った。イエスは皆の病気をいやし
て、16御自分のことを言いふらさないようにと戒
められた。17それは、預言者イザヤを通して言わ
れていたことが実現するためであった。
18「見よ、わたしの選んだ僕。
わたしの心に適った愛する者。

この僕にわたしの霊を授ける。
彼は異邦人に正義を知らせる。
19彼は争わず、叫ばず、
その声を聞く者は大通りにはいない。
20正義を勝利に導くまで、
彼は傷ついた葦を折らず、
くすぶる灯心を消さない。
21異邦人は彼の名に望みをかける。」

ベルゼブル論争（マコ3 20−30、ルカ11 14−23、12 10）

22そのとき、悪霊に取りつかれて目が見えず口
の利けない人が、イエスのところに連れられて来
て、イエスがいやされると、ものが言え、目が見
えるようになった。23群衆は皆驚いて、「この人
はダビデの子ではないだろうか」と言った。24し
かし、ファリサイ派の人々はこれを聞き、「悪霊
の頭ベルゼブルの力によらなければ、この者は悪
霊を追い出せはしない」と言った。25イエスは、
彼らの考えを見抜いて言われた。「どんな国でも
内輪で争えば、荒れ果ててしまい、どんな町でも
家でも、内輪で争えば成り立って行かない。26サ
タンがサタンを追い出せば、それは内輪もめだ。
そんなふうでは、どうしてその国が成り立って行
くだろうか。27わたしがベルゼブルの力で悪霊を
追い出すのなら、あなたたちの仲間は何の力で追
い出すのか。だから、彼ら自身があなたたちを裁
く者となる。28しかし、わたしが神の霊で悪霊を
追い出しているのであれば、神の国はあなたたち
のところに来ているのだ。29また、まず強い人を
縛り上げなければ、どうしてその家に押し入って、
家財道具を奪い取ることができるだろうか。まず
縛ってから、その家を略奪するものだ。30わたし
に味方しない者はわたしに敵対し、わたしと一緒
に集めない者は散らしている。31だから、言って
おく。人が犯す罪や冒瀆は、どんなものでも赦さ

れるが、〝霊〟に対する冒瀆は赦されない。32人
の子に言い逆らう者は赦される。しかし、聖霊に
言い逆らう者は、この世でも後の世でも赦される
ことがない。」

木とその実（マタ7 16–20、ルカ6 43–45）

33「木が良ければその実も良いとし、木が悪け
ればその実も悪いとしなさい。木の良し悪しは、
その結ぶ実で分かる。34蝮の子らよ、あなたたち
は悪い人間であるのに、どうして良いことが言え
ようか。人の口からは、心にあふれていることが
出て来るのである。35善い人は、良いものを入れ
た倉から良いものを取り出し、悪い人は、悪いも
のを入れた倉から悪いものを取り出してくる。
36言っておくが、人は自分の話したつまらない言
葉についてもすべて、裁きの日には責任を問われ
る。37あなたは、自分の言葉によって義とされ、
また、自分の言葉によって罪ある者とされる。」

人々はしるしを欲しがる（マコ8 11–12、ルカ11 29–32）

38すると、何人かの律法学者とファリサイ派の
人々がイエスに、「先生、しるしを見せてくださ
い」と言った。39イエスはお答えになった。「よ
こしまで神に背いた時代の者たちはしるしを欲し
がるが、預言者ヨナのしるしのほかには、しるし
は与えられない。40つまり、ヨナが三日三晩、大
魚の腹の中にいたように、人の子も三日三晩、大
地の中にいることになる。41ニネベの人たちは裁
きの時、今の時代の者たちと一緒に立ち上がり、
彼らを罪に定めるであろう。ニネベの人々は、ヨ
ナの説教を聞いて悔い改めたからである。ここに、
ヨナにまさるものがある。42また、南の国の女王
は裁きの時、今の時代の者たちと一緒に立ち上が
り、彼らを罪に定めるであろう。この女王はソロ
モンの知恵を聞くために、地の果てから来たから

である。ここに、ソロモンにまさるものがある。」

汚れた霊が戻って来る（ルカ11 24－26）

43「汚れた霊は、人から出て行くと、砂漠をう
ろつき、休む場所を探すが、見つからない。44そ
れで、『出て来たわが家に戻ろう』と言う。戻っ
てみると、空き家になっており、掃除をして、整
えられていた。45そこで、出かけて行き、自分よ
りも悪いほかの七つの霊を一緒に連れて来て、中
に入り込んで、住み着く。そうなると、その人の
後の状態は前よりも悪くなる。この悪い時代の者
たちもそのようになろう。」

イエスの母、兄弟（マコ3 31－35、ルカ8 19－21）

46イエスがなお群衆に話しておられるとき、そ
の母と兄弟たちが、話したいことがあって外に立
っていた。47そこで、ある人がイエスに、「御覧
なさい。母上と御兄弟たちが、お話ししたいと外
に立っておられます」と言った。48しかし、イエ
スはその人にお答えになった。「わたしの母とは
だれか。わたしの兄弟とはだれか。」49そして、
弟子たちの方を指して言われた。「見なさい。こ
こにわたしの母、わたしの兄弟がいる。50だれで
も、わたしの天の父の御心を行う人が、わたしの
兄弟、姉妹、また母である。」

13

「種を蒔く人」のたとえ（マコ4 1－9、ルカ8 4－8）

1その日、イエスは家を出て、湖のほとりに
座っておられた。2すると、大勢の群衆がそ
ばに集まって来たので、イエスは舟に乗って腰を
下ろされた。群衆は皆岸辺に立っていた。3イエ
スはたとえを用いて彼らに多くのことを語られた。
「種を蒔く人が種蒔きに出て行った。4蒔いてい
る間に、ある種は道端に落ち、鳥が来て食べてし
まった。5ほかの種は、石だらけで土の少ない所

に落ち、そこは土が浅いのですぐ芽を出した。
6しかし、日が昇ると焼けて、根がないために枯
れてしまった。7ほかの種は茨の間に落ち、茨が
伸びてそれをふさいでしまった。8ところが、ほ
かの種は、良い土地に落ち、実を結んで、あるも
のは百倍、あるものは六十倍、あるものは三十倍
にもなった。9耳のある者は聞きなさい。」

たとえを用いて話す理由（マコ4 10−12、ルカ8 9−10）

10弟子たちはイエスに近寄って、「なぜ、あの
人たちにはたとえを用いてお話しになるのです
か」と言った。11イエスはお答えになった。「あ
なたがたには天の国の秘密を悟ることが許されて
いるが、あの人たちには許されていないからであ
る。12持っている人は更に与えられて豊かになる
が、持っていない人は持っているものまでも取り
上げられる。13だから、彼らにはたとえを用いて
話すのだ。見ても見ず、聞いても聞かず、理解で
きないからである。14イザヤの預言は、彼らによ
って実現した。
『あなたたちは聞くには聞くが、決して理解せ
ず、
見るには見るが、決して認めない。
15この民の心は鈍り、
耳は遠くなり、
目は閉じてしまった。
こうして、彼らは目で見ることなく、
耳で聞くことなく、
心で理解せず、悔い改めない。
わたしは彼らをいやさない。』
16しかし、あなたがたの目は見ているから幸いだ。
あなたがたの耳は聞いているから幸いだ。17はっ
きり言っておく。多くの預言者や正しい人たちは、
あなたがたが見ているものを見たかったが、見る
ことができず、あなたがたが聞いているものを聞

きたかったが、聞けなかったのである。」

「種を蒔く人」のたとえの説明（マコ4 13─20、ルカ8 11─15）

18「だから、種を蒔く人のたとえを聞きなさい。
19だれでも御国の言葉を聞いて悟らなければ、悪
い者が来て、心の中に蒔かれたものを奪い取る。
道端に蒔かれたものとは、こういう人である。
20石だらけの所に蒔かれたものとは、御言葉《みことば》を聞
いて、すぐ喜んで受け入れるが、21自分には根が
ないので、しばらくは続いても、御言葉のために
艱難や迫害が起こると、すぐにつまずいてしまう
人である。22茨の中に蒔かれたものとは、御言葉
を聞くが、世の思い煩いや富の誘惑が御言葉を覆
いふさいで、実らない人である。23良い土地に蒔
かれたものとは、御言葉を聞いて悟る人であり、
あるものは百倍、あるものは六十倍、あるものは
三十倍の実を結ぶのである。」

「毒麦」のたとえ

24イエスは、別のたとえを持ち出して言われた。
「天の国は次のようにたとえられる。ある人が良
い種を畑に蒔いた。25人々が眠っている間に、敵
が来て、麦の中に毒麦を蒔いて行った。26芽が出
て、実ってみると、毒麦も現れた。27僕たちが主
人のところに来て言った。『だんなさま、畑には
良い種をお蒔きになったではありませんか。どこ
から毒麦が入ったのでしょう。』28主人は、『敵の
仕業だ』と言った。そこで、僕たちが、『では、
行って抜き集めておきましょうか』と言うと、
29主人は言った。『いや、毒麦を集めるとき、麦
まで一緒に抜くかもしれない。30刈り入れまで、
両方とも育つままにしておきなさい。刈り入れの
時、「まず毒麦を集め、焼くために束にし、麦の
方は集めて倉に入れなさい」と、刈り取る者に言
いつけよう。』」

「からし種」と「パン種」のたとえ（マコ4 30–32、ルカ13 18–21）

31イエスは、別のたとえを持ち出して、彼らに
言われた。「天の国はからし種《だね》に似ている。人が
これを取って畑に蒔けば、32どんな種よりも小さ
いのに、成長するとどの野菜よりも大きくなり、
空の鳥が来て枝に巣を作るほどの木になる。」
33また、別のたとえをお話しになった。「天の
国はパン種に似ている。女がこれを取って三サト
ンの粉に混ぜると、やがて全体が膨れる。」

たとえを用いて語る（マコ4 33–34）

34イエスはこれらのことをみな、たとえを用い
て群衆に語られ、たとえを用いないでは何も語ら
れなかった。35それは、預言者を通して言われて
いたことが実現するためであった。
「わたしは口を開いてたとえを用い、
天地創造の時から隠されていたことを告げる。」

「毒麦」のたとえの説明

36それから、イエスは群衆を後に残して家にお
入りになった。すると、弟子たちがそばに寄って
来て、「畑の毒麦のたとえを説明してください」
と言った。37イエスはお答えになった。「良い種
を蒔く者は人の子、38畑は世界、良い種は御国の
子ら、毒麦は悪い者の子らである。39毒麦を蒔い
た敵は悪魔、刈り入れは世の終わりのことで、刈
り入れる者は天使たちである。40だから、毒麦が
集められて火で焼かれるように、世の終わりにも
そうなるのだ。41人の子は天使たちを遣わし、つ
まずきとなるものすべてと不法を行う者どもを自
分の国から集めさせ、42燃え盛る炉の中に投げ込
ませるのである。彼らは、そこで泣きわめいて歯
ぎしりするだろう。43そのとき、正しい人々はそ
の父の国で太陽のように輝く。耳のある者は聞き

なさい。」

「天の国」のたとえ

44「天の国は次のようにたとえられる。畑に宝
が隠されている。見つけた人は、そのまま隠して
おき、喜びながら帰り、持ち物をすっかり売り払
って、その畑を買う。
45また、天の国は次のようにたとえられる。商
人が良い真珠を探している。46高価な真珠を一つ
見つけると、出かけて行って持ち物をすっかり売
り払い、それを買う。
47また、天の国は次のようにたとえられる。網
が湖に投げ降ろされ、いろいろな魚を集める。
48網がいっぱいになると、人々は岸に引き上げ、
座って、良いものは器に入れ、悪いものは投げ捨
てる。49世の終わりにもそうなる。天使たちが来
て、正しい人々の中にいる悪い者どもをより分け、
50燃え盛る炉の中に投げ込むのである。悪い者ど
もは、そこで泣きわめいて歯ぎしりするだろう。」

天の国のことを学んだ学者

51「あなたがたは、これらのことがみな分かっ
たか。」弟子たちは、「分かりました」と言った。
52そこで、イエスは言われた。「だから、天の国
のことを学んだ学者は皆、自分の倉から新しいも
のと古いものを取り出す一家の主人に似ている。」

ナザレで受け入れられない（マコ6 1–6、ルカ4 16–30）

53イエスはこれらのたとえを語り終えると、そ
こを去り、54故郷にお帰りになった。会堂で教え
ておられると、人々は驚いて言った。「この人は、
このような知恵と奇跡を行う力をどこから得たの
だろう。55この人は大工の息子ではないか。母親
はマリアといい、兄弟はヤコブ、ヨセフ、シモン、
ユダではないか。56姉妹たちは皆、我々と一緒に

住んでいるではないか。この人はこんなことをす
べて、いったいどこから得たのだろう。」57この
ように、人々はイエスにつまずいた。イエスは、
「預言者が敬われないのは、その故郷、家族の間
だけである」と言い、58人々が不信仰だったので、
そこではあまり奇跡をなさらなかった。

洗礼者ヨハネ、殺される（マコ6 14-29、ルカ9 7-9）

14

1そのころ、領主ヘロデはイエスの評判を聞
き、2家来たちにこう言った。「あれは洗礼
者ヨハネだ。死者の中から生き返ったのだ。だか
ら、奇跡を行う力が彼に働いている。」3実はヘ
ロデは、自分の兄弟フィリポの妻ヘロディアのこ
とでヨハネを捕らえて縛り、牢に入れていた。
4ヨハネが、「あの女と結婚することは律法で許
されていない」とヘロデに言ったからである。
5ヘロデはヨハネを殺そうと思っていたが、民衆
を恐れた。人々がヨハネを預言者と思っていたか
らである。6ところが、ヘロデの誕生日にヘロデ
ィアの娘が、皆の前で踊りをおどり、ヘロデを喜
ばせた。7それで彼は娘に、「願うものは何でも
やろう」と誓って約束した。8すると、娘は母親
に唆《そそのか》されて、「洗礼者ヨハネの首を盆に載せて、
この場でください」と言った。9王は心を痛めた
が、誓ったことではあるし、また客の手前、それ
を与えるように命じ、10人を遣わして、牢の中で
ヨハネの首をはねさせた。11その首は盆に載せて
運ばれ、少女に渡り、少女はそれを母親に持って
行った。12それから、ヨハネの弟子たちが来て、
遺体を引き取って葬り、イエスのところに行って
報告した。

五千人に食べ物を与える（マコ6 30-44、ルカ9 10-17、ヨハ6 1-14）

13イエスはこれを聞くと、舟に乗ってそこを去

り、ひとり人里離れた所に退かれた。しかし、群
衆はそのことを聞き、方々の町から歩いて後を追
った。14イエスは舟から上がり、大勢の群衆を見
て深く憐れみ、その中の病人をいやされた。15夕
暮れになったので、弟子たちがイエスのそばに来
て言った。「ここは人里離れた所で、もう時間も
たちました。群衆を解散させてください。そうす
れば、自分で村へ食べ物を買いに行くでしょう。」
16イエスは言われた。**「行かせることはない。あ**
なたがたが彼らに食べる物を与えなさい。」17弟
子たちは言った。「ここにはパン五つと魚二匹し
かありません。」18イエスは、**「それをここに持っ**
て来なさい」と言い、19群衆には草の上に座るよ
うにお命じになった。そして、五つのパンと二匹
の魚を取り、天を仰いで賛美の祈りを唱え、パン
を裂いて弟子たちにお渡しになった。弟子たちは
そのパンを群衆に与えた。20すべての人が食べて
満腹した。そして、残ったパンの屑を集めると、
十二の籠《かご》いっぱいになった。21食べた人は、女と
子供を別にして、男が五千人ほどであった。

湖の上を歩く（マコ**6**45–52、ヨハ**6**15–21）

22それからすぐ、イエスは弟子たちを強いて舟
に乗せ、向こう岸へ先に行かせ、その間に群衆を
解散させられた。23群衆を解散させてから、祈る
ためにひとり山にお登りになった。夕方になって
も、ただひとりそこにおられた。24ところが、舟
は既に陸から何スタディオンか離れており、逆風
のために波に悩まされていた。25夜が明けるころ、
イエスは湖の上を歩いて弟子たちのところに行か
れた。26弟子たちは、イエスが湖上を歩いておら
れるのを見て、「幽霊だ」と言っておびえ、恐怖
のあまり叫び声をあげた。27イエスはすぐ彼らに
話しかけられた。**「安心しなさい。わたしだ。恐**
れることはない。」28すると、ペトロが答えた。
「主よ、あなたでしたら、わたしに命令して、水

の上を歩いてそちらに行かせてください。」29イ
エスが**「来なさい」**と言われたので、ペトロは舟
から降りて水の上を歩き、イエスの方へ進んだ。
30しかし、強い風に気がついて怖くなり、沈みか
けたので、「主よ、助けてください」と叫んだ。
31イエスはすぐに手を伸ばして捕まえ、**「信仰の**
薄い者よ、なぜ疑ったのか」と言われた。32そし
て、二人が舟に乗り込むと、風は静まった。33舟
の中にいた人たちは、「本当に、あなたは神の子
です」と言ってイエスを拝んだ。

ゲネサレトで病人をいやす（マコ6 53–56）

34こうして、一行は湖を渡り、ゲネサレトとい
う土地に着いた。35土地の人々は、イエスだと知
って、付近にくまなく触れ回った。それで、人々
は病人を皆イエスのところに連れて来て、36その
服のすそにでも触れさせてほしいと願った。触れ
た者は皆いやされた。

15

昔の人の言い伝え（マコ7 1–23）

1そのころ、ファリサイ派の人々と律法学者
たちが、エルサレムからイエスのもとへ来て
言った。2「なぜ、あなたの弟子たちは、昔の人
の言い伝えを破るのですか。彼らは食事の前に手
を洗いません。」3そこで、イエスはお答えにな
った。**「なぜ、あなたたちも自分の言い伝えのた**
めに、神の掟を破っているのか。4神は、『父と
母を敬え』と言い、『父または母をののしる者は
死刑に処せられるべきである』とも言っておられ
る。5それなのに、あなたたちは言っている。
『父または母に向かって、「あなたに差し上げるべ
きものは、神への供え物にする」と言う者は、
6父を敬わなくてもよい』と。こうして、あなた
たちは、自分の言い伝えのために神の言葉を無に
している。7偽善者たちよ、イザヤは、あなたた
ちのことを見事に預言したものだ。

8**『この民は口先ではわたしを敬うが、**
その心はわたしから遠く離れている。
9**人間の戒めを教えとして教え、**
むなしくわたしをあがめている。』」
10それから、イエスは群衆を呼び寄せて言われ
た。**「聞いて悟りなさい。** 11**口に入るものは人を**
汚さず、口から出て来るものが人を汚すのであ
る。」 12そのとき、弟子たちが近寄って来て、「フ
アリサイ派の人々がお言葉を聞いて、つまずいた
のをご存じですか」と言った。13イエスはお答え
になった。**「わたしの天の父がお植えにならなか**
った木は、すべて抜き取られてしまう。 14**そのま**
まにしておきなさい。彼らは盲人の道案内をする
盲人だ。盲人が盲人の道案内をすれば、二人とも
穴に落ちてしまう。」 15するとペトロが、「そのた
とえを説明してください」と言った。16イエスは
言われた。**「あなたがたも、まだ悟らないのか。**
17**すべて口に入るものは、腹を通って外に出され**
ることが分からないのか。 18**しかし、口から出て**
来るものは、心から出て来るので、これこそ人を
汚す。 19**悪意、殺意、姦淫、みだらな行い、盗み、**
偽証、悪口などは、心から出て来るからである。
20**これが人を汚す。しかし、手を洗わずに食事を**
しても、そのことは人を汚すものではない。」

カナンの女の信仰（マコ7 24-30）

21イエスはそこをたち、ティルスとシドンの地
方に行かれた。22すると、この地に生まれたカナ
ンの女が出て来て、「主よ、ダビデの子よ、わた
しを憐れんでください。娘が悪霊にひどく苦しめ
られています」と叫んだ。23しかし、イエスは何
もお答えにならなかった。そこで、弟子たちが近
寄って来て願った。「この女を追い払ってくださ
い。叫びながらついて来ますので。」24イエスは、
「わたしは、イスラエルの家の失われた羊のとこ
ろにしか遣わされていない」とお答えになった。

25しかし、女は来て、イエスの前にひれ伏し、
「主よ、どうかお助けください」と言った。26イ
エスが、**「子供たちのパンを取って小犬にやって
はいけない」**とお答えになると、27女は言った。
「主よ、ごもっともです。しかし、小犬も主人の
食卓から落ちるパン屑はいただくのです。」28そ
こで、イエスはお答えになった。**「婦人よ、あな
たの信仰は立派だ。あなたの願いどおりになるよ
うに。」**そのとき、娘の病気はいやされた。

大勢の病人をいやす

29イエスはそこを去って、ガリラヤ湖のほとり
に行かれた。そして、山に登って座っておられた。
30大勢の群衆が、足の不自由な人、目の見えない
人、体の不自由な人、口の利けない人、その他多
くの病人を連れて来て、イエスの足もとに横たえ
たので、イエスはこれらの人々をいやされた。
31群衆は、口の利けない人が話すようになり、体
の不自由な人が治り、足の不自由な人が歩き、目
の見えない人が見えるようになったのを見て驚き、
イスラエルの神を賛美した。

四千人に食べ物を与える（マコ8 1-10）

32イエスは弟子たちを呼び寄せて言われた。
**「群衆がかわいそうだ。もう三日もわたしと一緒
にいるのに、食べ物がない。空腹のままで解散さ
せたくはない。途中で疲れきってしまうかもしれ
ない。」**33弟子たちは言った。「この人里離れた所
で、これほど大勢の人に十分食べさせるほどのパ
ンが、どこから手に入るでしょうか。」34イエス
が**「パンは幾つあるか」**と言われると、弟子たち
は、「七つあります。それに、小さい魚が少しば
かり」と答えた。35そこで、イエスは地面に座る
ように群衆に命じ、36七つのパンと魚を取り、感
謝の祈りを唱えてこれを裂き、弟子たちにお渡し
になった。弟子たちは群衆に配った。37人々は皆、

食べて満腹した。残ったパンの屑を集めると、七
つの籠いっぱいになった。38食べた人は、女と子
供を別にして、男が四千人であった。39イエスは
群衆を解散させ、舟に乗ってマガダン地方に行か
れた。

人々はしるしを欲しがる（マコ8 11-13、ルカ12 54-56）

16 1ファリサイ派とサドカイ派の人々が来て、
イエスを試そうとして、天からのしるしを見
せてほしいと願った。2イエスはお答えになった。
「あなたたちは、夕方には『夕焼けだから、晴れ
だ』と言い、3朝には『朝焼けで雲が低いから、
今日は嵐だ』と言う。このように空模様を見分け
ることは知っているのに、時代のしるしは見るこ
とができないのか。4よこしまで神に背いた時代
の者たちはしるしを欲しがるが、ヨナのしるしの
ほかには、しるしは与えられない。」そして、イ
エスは彼らを後に残して立ち去られた。

ファリサイ派とサドカイ派の人々のパン種（マコ8 14-21）

5弟子たちは向こう岸に行ったが、パンを持っ
て来るのを忘れていた。6イエスは彼らに、「フ
ァリサイ派とサドカイ派の人々のパン種によく注
意しなさい」と言われた。7弟子たちは、「これ
は、パンを持って来なかったからだ」と論じ合っ
ていた。8イエスはそれに気づいて言われた。
「信仰の薄い者たちよ、なぜ、パンを持っていな
いことで論じ合っているのか。9まだ、分からな
いのか。覚えていないのか。パン五つを五千人に
分けたとき、残りを幾籠に集めたか。10また、パ
ン七つを四千人に分けたときは、残りを幾籠に集
めたか。11パンについて言ったのではないことが、
どうして分からないのか。ファリサイ派とサドカ
イ派の人々のパン種に注意しなさい。」12そのと

きようやく、弟子たちは、イエスが注意を促され
たのは、パン種のことではなく、ファリサイ派と
サドカイ派の人々の教えのことだと悟った。

ペトロ、信仰を言い表す（マコ８27－30、ルカ９18－21）

13イエスは、フィリポ・カイサリア地方に行っ
たとき、弟子たちに、**「人々は、人の子のことを**
何者だと言っているか」とお尋ねになった。14弟
子たちは言った。「『洗礼者ヨハネだ』と言う人も、
『エリヤだ』と言う人もいます。ほかに、『エレミ
ヤだ』とか、『預言者の一人だ』と言う人もいま
す。」15イエスが言われた。**「それでは、あなたが**
たはわたしを何者だと言うのか。」16シモン・ペ
トロが、「あなたはメシア、生ける神の子です」
と答えた。17すると、イエスはお答えになった。
「シモン・バルヨナ、あなたは幸いだ。あなたに
このことを現したのは、人間ではなく、わたしの
天の父なのだ。18**わたしも言っておく。あなたは**
ペトロ。わたしはこの岩の上にわたしの教会を建
てる。陰府の力もこれに対抗できない。19**わたし**
はあなたに天の国の鍵を授ける。あなたが地上で
つなぐことは、天上でもつながれる。あなたが地
上で解くことは、天上でも解かれる。」20それか
ら、イエスは、御自分がメシアであることをだれ
にも話さないように、と弟子たちに命じられた。

イエス、死と復活を予告する（マコ８31－９1、ルカ９22－27）

21このときから、イエスは、御自分が必ずエル
サレムに行って、長老、祭司長、律法学者たちか
ら多くの苦しみを受けて殺され、三日目に復活す
ることになっている、と弟子たちに打ち明け始め
られた。22すると、ペトロはイエスをわきへお連
れして、いさめ始めた。「主よ、とんでもないこ
とです。そんなことがあってはなりません。」

23イエスは振り向いてペトロに言われた。**「サタ**
ン、引き下がれ。あなたはわたしの邪魔をする者。
神のことを思わず、人間のことを思っている。」
24それから、弟子たちに言われた。**「わたしにつ**
いて来たい者は、自分を捨て、自分の十字架を背
負って、わたしに従いなさい。25**自分の命を救い**
たいと思う者は、それを失うが、わたしのために
命を失う者は、それを得る。26**人は、たとえ全世**
界を手に入れても、自分の命を失ったら、何の得
があろうか。自分の命を買い戻すのに、どんな代
価を支払えようか。27**人の子は、父の栄光に輝い**
て天使たちと共に来るが、そのとき、それぞれの
行いに応じて報いるのである。28**はっきり言って**
おく。ここに一緒にいる人々の中には、人の子が
その国と共に来るのを見るまでは、決して死なな
い者がいる。」

イエスの姿が変わる（マコ9 2－13、ルカ9 28－36）

17

1六日の後、イエスは、ペトロ、それにヤコ
ブとその兄弟ヨハネだけを連れて、高い山に
登られた。2イエスの姿が彼らの目の前で変わり、
顔は太陽のように輝き、服は光のように白くなっ
た。3見ると、モーセとエリヤが現れ、イエスと
語り合っていた。4ペトロが口をはさんでイエス
に言った。「主よ、わたしたちがここにいるのは、
すばらしいことです。お望みでしたら、わたしが
ここに仮小屋を三つ建てましょう。一つはあなた
のため、一つはモーセのため、もう一つはエリヤ
のためです。」5ペトロがこう話しているうちに、
光り輝く雲が彼らを覆った。すると、「これはわ
たしの愛する子、わたしの心に適う者。これに聞
け」という声が雲の中から聞こえた。6弟子たち
はこれを聞いてひれ伏し、非常に恐れた。7イエ
スは近づき、彼らに手を触れて言われた。**「起き**

なさい。恐れることはない。」 8彼らが顔を上げ
て見ると、イエスのほかにはだれもいなかった。
9一同が山を下りるとき、イエスは、**「人の子**
が死者の中から復活するまで、今見たことをだれ
にも話してはならない」 と弟子たちに命じられた。
10彼らはイエスに、「なぜ、律法学者は、まずエ
リヤが来るはずだと言っているのでしょうか」と
尋ねた。11イエスはお答えになった。**「確かにエ**
リヤが来て、すべてを元どおりにする。 12**言って**
おくが、エリヤは既に来たのだ。人々は彼を認め
ず、好きなようにあしらったのである。人の子も、
そのように人々から苦しめられることになる。」
13そのとき、弟子たちは、イエスが洗礼者ヨハネ
のことを言われたのだと悟った。

悪霊に取りつかれた子をいやす（マコ9 14–29、ルカ9 37–43a）

14一同が群衆のところへ行くと、ある人がイエ
スに近寄り、ひざまずいて、15言った。「主よ、
息子を憐れんでください。てんかんでひどく苦し
んでいます。度々火の中や水の中に倒れるのです。
16お弟子たちのところに連れて来ましたが、治す
ことができませんでした。」17イエスはお答えに
なった。**「なんと信仰のない、よこしまな時代な**
のか。いつまでわたしはあなたがたと共にいられ
ようか。いつまで、あなたがたに我慢しなければ
ならないのか。その子をここに、わたしのところ
に連れて来なさい。」 18そして、イエスがお叱り
になると、悪霊は出て行き、そのとき子供はいや
された。19弟子たちはひそかにイエスのところに
来て、「なぜ、わたしたちは悪霊を追い出せなか
ったのでしょうか」と言った。20イエスは言われ
た。**「信仰が薄いからだ。はっきり言っておく。**
もし、からし種一粒ほどの信仰があれば、この山
に向かって、『ここから、あそこに移れ』と命じ
ても、そのとおりになる。あなたがたにできない

ことは何もない。」†

再び自分の死と復活を予告する（マコ9 30−32、ルカ9 43b−45）

22一行がガリラヤに集まったとき、イエスは言
われた。**「人の子は人々の手に引き渡されようと
している。**23**そして殺されるが、三日目に復活す
る。」**弟子たちは非常に悲しんだ。

神殿税を納める

24一行がカファルナウムに来たとき、神殿税を
集める者たちがペトロのところに来て、「あなた
たちの先生は神殿税を納めないのか」と言った。
25ペトロは、「納めます」と言った。そして家に
入ると、イエスの方から言いだされた。**「シモン、
あなたはどう思うか。地上の王は、税や貢ぎ物を
だれから取り立てるのか。自分の子供たちからか、
それともほかの人々からか。」**26ペトロが「ほか
の人々からです」と答えると、イエスは言われた。
「では、子供たちは納めなくてよいわけだ。27**し
かし、彼らをつまずかせないようにしよう。湖に
行って釣りをしなさい。最初に釣れた魚を取って
口を開けると、銀貨が一枚見つかるはずだ。それ
を取って、わたしとあなたの分として納めなさ
い。」**

天の国でいちばん偉い者（マコ9 33−37、ルカ9 46−48）

18

1そのとき、弟子たちがイエスのところに来
て、「いったいだれが、天の国でいちばん偉
いのでしょうか」と言った。2そこで、イエスは
一人の子供を呼び寄せ、彼らの中に立たせて、
3言われた。**「はっきり言っておく。心を入れ替
えて子供のようにならなければ、決して天の国に
入ることはできない。**4**自分を低くして、この子
供のようになる人が、天の国でいちばん偉いのだ。**

5わたしの名のためにこのような一人の子供を受
け入れる者は、わたしを受け入れるのである。」

罪への誘惑（マコ9 42－48、ルカ17 1－2）

6「しかし、わたしを信じるこれらの小さな者
の一人をつまずかせる者は、大きな石臼を首に懸
けられて、深い海に沈められる方がましである。
7世は人をつまずかせるから不幸だ。つまずきは
避けられない。だが、つまずきをもたらす者は不
幸である。8もし片方の手か足があなたをつまず
かせるなら、それを切って捨ててしまいなさい。
両手両足がそろったまま永遠の火に投げ込まれる
よりは、片手片足になっても命にあずかる方がよ
い。9もし片方の目があなたをつまずかせるなら、
えぐり出して捨ててしまいなさい。両方の目がそ
ろったまま火の地獄に投げ込まれるよりは、一つ
の目になっても命にあずかる方がよい。」

「迷い出た羊」のたとえ（ルカ15 3－7）

10「これらの小さな者を一人でも軽んじないよ
うに気をつけなさい。言っておくが、彼らの天使
たちは天でいつもわたしの天の父の御《み》顔《かお》を仰いで
いるのである。† 12あなたがたはどう思うか。あ
る人が羊を百匹持っていて、その一匹が迷い出た
とすれば、九十九匹を山に残しておいて、迷い出
た一匹を捜しに行かないだろうか。13はっきり言
っておくが、もし、それを見つけたら、迷わずに
いた九十九匹より、その一匹のことを喜ぶだろう。
14そのように、これらの小さな者が一人でも滅び
ることは、あなたがたの天の父の御心ではない。」

兄弟の忠告（ルカ17 3）

15「兄弟があなたに対して罪を犯したなら、行
って二人だけのところで忠告しなさい。言うこと
を聞き入れたら、兄弟を得たことになる。16聞き
入れなければ、ほかに一人か二人、一緒に連れて

行きなさい。すべてのことが、二人または三人の
証人の口によって確定されるようになるためであ
る。17それでも聞き入れなければ、教会に申し出
なさい。教会の言うことも聞き入れないなら、そ
の人を異邦人か徴税人と同様に見なしなさい。
18はっきり言っておく。あなたがたが地上でつ
なぐことは、天上でもつながれ、あなたがたが地
上で解くことは、天上でも解かれる。19また、は
っきり言っておくが、どんな願い事であれ、あな
たがたのうち二人が地上で心を一つにして求める
なら、わたしの天の父はそれをかなえてくださる。
20二人または三人がわたしの名によって集まると
ころには、わたしもその中にいるのである。」

「仲間を赦さない家来」のたとえ

21そのとき、ペトロがイエスのところに来て言
った。「主よ、兄弟がわたしに対して罪を犯した
なら、何回赦すべきでしょうか。七回までです
か。」22イエスは言われた。「あなたに言っておく。
七回どころか七の七十倍までも赦しなさい。23そ
こで、天の国は次のようにたとえられる。ある王
が、家来たちに貸した金の決済をしようとした。
24決済し始めたところ、一万タラントン借金して
いる家来が、王の前に連れて来られた。25しかし、
返済できなかったので、主君はこの家来に、自分
も妻も子も、また持ち物も全部売って返済するよ
うに命じた。26家来はひれ伏し、『どうか待って
ください。きっと全部お返しします』としきりに
願った。27その家来の主君は憐れに思って、彼を
赦し、その借金を帳消しにしてやった。28ところ
が、この家来は外に出て、自分に百デナリオンの
借金をしている仲間に出会うと、捕まえて首を絞
め、『借金を返せ』と言った。29仲間はひれ伏し
て、『どうか待ってくれ。返すから』としきりに
頼んだ。30しかし、承知せず、その仲間を引っぱ
って行き、借金を返すまでと牢に入れた。31仲間

たちは、事の次第を見て非常に心を痛め、主君の
前に出て事件を残らず告げた。32そこで、主君は
その家来を呼びつけて言った。『不届きな家来だ。
お前が頼んだから、借金を全部帳消しにしてやっ
たのだ。33わたしがお前を憐れんでやったように、
お前も自分の仲間を憐れんでやるべきではなかっ
たか。』34そして、主君は怒って、借金をすっか
り返済するまでと、家来を牢役人に引き渡した。
35あなたがたの一人一人が、心から兄弟を赦さな
いなら、わたしの天の父もあなたがたに同じよう
になさるであろう。」

19 離縁について教える（マコ10 1－12）

1イエスはこれらの言葉を語り終えると、ガ
リラヤを去り、ヨルダン川の向こう側のユダ
ヤ地方に行かれた。2大勢の群衆が従った。イエ
スはそこで人々の病気をいやされた。
3ファリサイ派の人々が近寄り、イエスを試そ
うとして、「何か理由があれば、夫が妻を離縁す
ることは、律法に適っているでしょうか」と言っ
た。4イエスはお答えになった。「あなたたちは
読んだことがないのか。創造主《そうぞうしゅ》は初めから人を男
と女とにお造りになった。」5そして、こうも言
われた。「それゆえ、人は父母を離れてその妻と
結ばれ、二人は一体となる。6だから、二人はも
はや別々ではなく、一体である。従って、神が結
び合わせてくださったものを、人は離してはなら
ない。」7すると、彼らはイエスに言った。「では、
なぜモーセは、離縁状を渡して離縁するように命
じたのですか。」8イエスは言われた。「あなたた
ちの心が頑固なので、モーセは妻を離縁すること
を許したのであって、初めからそうだったわけで
はない。9言っておくが、不法な結婚でもないの
に妻を離縁して、他の女を妻にする者は、姦通の
罪を犯すことになる。」10弟子たちは、「夫婦の間
柄がそんなものなら、妻を迎えない方がましで

す」と言った。11イエスは言われた。**「だれもが**
この言葉を受け入れるのではなく、恵まれた者だ
けである。12**結婚できないように生まれついた者、**
人から結婚できないようにされた者もいるが、天
の国のために結婚しない者もいる。これを受け入
れることのできる人は受け入れなさい。」

子供を祝福する（マコ**10** 13-16、ルカ**18** 15-17）

13そのとき、イエスに手を置いて祈っていただ
くために、人々が子供たちを連れて来た。弟子た
ちはこの人々を叱った。14しかし、イエスは言わ
れた。**「子供たちを来させなさい。わたしのとこ**
ろに来るのを妨げてはならない。天の国はこのよ
うな者たちのものである。」15そして、子供たち
に手を置いてから、そこを立ち去られた。

金持ちの青年（マコ**10** 17-31、ルカ**18** 18-30）

16さて、一人の男がイエスに近寄って来て言っ
た。「先生、永遠の命を得るには、どんな善いこ
とをすればよいのでしょうか。」17イエスは言わ
れた。**「なぜ、善いことについて、わたしに尋ね**
るのか。善い方はおひとりである。もし命を得た
いのなら、掟を守りなさい。」18男が「どの掟で
すか」と尋ねると、イエスは言われた。**「『殺すな、**
姦淫するな、盗むな、偽証するな、19**父母を敬え、**
また、隣人を自分のように愛しなさい。』」20そこ
で、この青年は言った。「そういうことはみな守
ってきました。まだ何か欠けているでしょうか。」
21イエスは言われた。**「もし完全になりたいのな**
ら、行って持ち物を売り払い、貧しい人々に施し
なさい。そうすれば、天に富を積むことになる。
それから、わたしに従いなさい。」22青年はこの
言葉を聞き、悲しみながら立ち去った。たくさん
の財産を持っていたからである。
23イエスは弟子たちに言われた。**「はっきり言**
っておく。金持ちが天の国に入るのは難しい。

24**重ねて言うが、金持ちが神の国に入るよりも、**
らくだが針の穴を通る方がまだ易しい。」25弟子
たちはこれを聞いて非常に驚き、「それでは、だ
れが救われるのだろうか」と言った。26イエスは
彼らを見つめて、**「それは人間にできることでは**
ないが、神は何でもできる」と言われた。27する
と、ペトロがイエスに言った。「このとおり、わ
たしたちは何もかも捨ててあなたに従って参りま
した。では、わたしたちは何をいただけるのでし
ょうか。」28イエスは一同に言われた。**「はっきり**
言っておく。新しい世界になり、人の子が栄光の
座に座るとき、あなたがたも、わたしに従って来
たのだから、十二の座に座ってイスラエルの十二
部族を治めることになる。29**わたしの名のために、**
家、兄弟、姉妹、父、母、子供、畑を捨てた者は
皆、その百倍もの報いを受け、永遠の命を受け継
ぐ。30**しかし、先にいる多くの者が後になり、後**
にいる多くの者が先になる。」

20

「ぶどう園の労働者」のたとえ

1**「天の国は次のようにたとえられる。ある**
家の主人が、ぶどう園で働く労働者を雇うた
めに、夜明けに出かけて行った。2**主人は、一日**
につき一デナリオンの約束で、労働者をぶどう園
に送った。3**また、九時ごろ行ってみると、何も**
しないで広場に立っている人々がいたので、
4**『あなたたちもぶどう園に行きなさい。ふさわ**
しい賃金を払ってやろう』と言った。5**それで、**
その人たちは出かけて行った。主人は、十二時ご
ろと三時ごろにまた出て行き、同じようにした。
6**五時ごろにも行ってみると、ほかの人々が立っ**
ていたので、『なぜ、何もしないで一日中ここに
立っているのか』と尋ねると、7**彼らは、『だれ**
も雇ってくれないのです』と言った。主人は彼ら
に、『あなたたちもぶどう園に行きなさい』と言
った。8**夕方になって、ぶどう園の主人は監督に、**

『労働者たちを呼んで、最後に来た者から始めて、
最初に来た者まで順に賃金を払ってやりなさい』
と言った。9そこで、五時ごろに雇われた人たち
が来て、一デナリオンずつ受け取った。10最初に
雇われた人たちが来て、もっと多くもらえるだろ
うと思っていた。しかし、彼らも一デナリオンず
つであった。11それで、受け取ると、主人に不平
を言った。12『最後に来たこの連中は、一時間し
か働きませんでした。まる一日、暑い中を辛抱し
て働いたわたしたちと、この連中とを同じ扱いに
するとは。』13主人はその一人に答えた。『友よ、
あなたに不当なことはしていない。あなたはわた
しと一デナリオンの約束をしたではないか。14自
分の分を受け取って帰りなさい。わたしはこの最
後の者にも、あなたと同じように支払ってやりた
いのだ。15自分のものを自分のしたいようにして
は、いけないか。それとも、わたしの気前のよさ
をねたむのか。』16このように、後にいる者が先
になり、先にいる者が後になる。」

イエス、三度死と復活を予告する（マコ10 32-34、ルカ18 31-34）

17イエスはエルサレムへ上って行く途中、十二
人の弟子だけを呼び寄せて言われた。18「今、わ
たしたちはエルサレムへ上って行く。人の子は、
祭司長たちや律法学者たちに引き渡される。彼ら
は死刑を宣告して、19異邦人に引き渡す。人の子
を侮辱し、鞭打ち、十字架につけるためである。
そして、人の子は三日目に復活する。」

ヤコブとヨハネの母の願い（マコ10 35-45）

20そのとき、ゼベダイの息子たちの母が、その
二人の息子と一緒にイエスのところに来て、ひれ
伏し、何かを願おうとした。21イエスが、「何が
望みか」と言われると、彼女は言った。「王座に
お着きになるとき、この二人の息子が、一人はあ

なたの右に、もう一人は左に座れるとおっしゃっ
てください。」22イエスはお答えになった。「あな
たがたは、自分が何を願っているか、分かってい
ない。このわたしが飲もうとしている杯《さかずき》を飲むこ
とができるか。」二人が、「できます」と言うと、
23イエスは言われた。「確かに、あなたがたはわ
たしの杯を飲むことになる。しかし、わたしの右
と左にだれが座るかは、わたしの決めることでは
ない。それは、わたしの父によって定められた
人々に許されるのだ。」24ほかの十人の者はこれ
を聞いて、この二人の兄弟のことで腹を立てた。
25そこで、イエスは一同を呼び寄せて言われた。
「あなたがたも知っているように、異邦人の間で
は支配者たちが民を支配し、偉い人たちが権力を
振るっている。26しかし、あなたがたの間では、
そうであってはならない。あなたがたの中で偉く
なりたい者は、皆に仕える者になり、27いちばん
上になりたい者は、皆の僕になりなさい。28人の
子が、仕えられるためではなく仕えるために、ま
た、多くの人の身代金として自分の命を献げるた
めに来たのと同じように。」

二人の盲人をいやす（マコ10 46–52、ルカ18 35–43）

29一行がエリコの町を出ると、大勢の群衆がイ
エスに従った。30そのとき、二人の盲人が道端に
座っていたが、イエスがお通りと聞いて、「主よ、
ダビデの子よ、わたしたちを憐れんでください」
と叫んだ。31群衆は叱りつけて黙らせようとした
が、二人はますます、「主よ、ダビデの子よ、わ
たしたちを憐れんでください」と叫んだ。32イエ
スは立ち止まり、二人を呼んで、「何をしてほし
いのか」と言われた。33二人は、「主よ、目を開
けていただきたいのです」と言った。34イエスが
深く憐れんで、その目に触れられると、盲人たち
はすぐ見えるようになり、イエスに従った。

21

エルサレムに迎えられる（マコ11 1−11、ル
カ19 28−38、ヨハ12 12−19）

1一行がエルサレムに近づいて、オリーブ山《やま》
沿いのベトファゲに来たとき、イエスは二人
の弟子を使いに出そうとして、2言われた。**「向
こうの村へ行きなさい。するとすぐ、ろばがつな
いであり、一緒に子ろばのいるのが見つかる。そ
れをほどいて、わたしのところに引いて来なさい。
3もし、だれかが何か言ったら、『主がお入り用
なのです』と言いなさい。すぐ渡してくれる。」**
4それは、預言者を通して言われていたことが実
現するためであった。
5「シオンの娘に告げよ。
『見よ、お前の王がお前のところにおいでにな
る、
柔和な方で、ろばに乗り、
荷を負うろばの子、子ろばに乗って。』」
6弟子たちは行って、イエスが命じられたとおり
にし、7ろばと子ろばを引いて来て、その上に服
をかけると、イエスはそれにお乗りになった。
8大勢の群衆が自分の服を道に敷き、また、ほか
の人々は木の枝を切って道に敷いた。9そして群
衆は、イエスの前を行く者も後に従う者も叫んだ。
「ダビデの子にホサナ。
主の名によって来られる方に、祝福があるよう
に。
いと高きところにホサナ。」
10イエスがエルサレムに入られると、都中《みやこじゅう》の者が、
「いったい、これはどういう人だ」と言って騒い
だ。11そこで群衆は、「この方は、ガリラヤのナ
ザレから出た預言者イエスだ」と言った。

神殿から商人を追い出す（マコ11 15−19、
ルカ19 45−48、ヨハ2 13−22）

12それから、イエスは神殿の境内《けいだい》に入り、そこ

で売り買いをしていた人々を皆追い出し、両替人
の台や鳩を売る者の腰掛けを倒された。13そして
言われた。**「こう書いてある。**
『わたしの家は、祈りの家と呼ばれるべきであ
る。』
ところが、あなたたちは
それを強盗の巣にしている。」
14境内では目の見えない人や足の不自由な人た
ちがそばに寄って来たので、イエスはこれらの
人々をいやされた。15他方、祭司長たちや、律法
学者たちは、イエスがなさった不思議な業《わざ》を見、
境内で子供たちまで叫んで、「ダビデの子にホサ
ナ」と言うのを聞いて腹を立て、16イエスに言っ
た。「子供たちが何と言っているか、聞こえる
か。」イエスは言われた。**「聞こえる。あなたたち**
こそ、『幼子や乳飲み子の口に、あなたは賛美を
歌わせた』という言葉をまだ読んだことがないの
か。」17それから、イエスは彼らと別れ、都を出
てベタニアに行き、そこにお泊まりになった。

いちじくの木を呪う（マコ11 12―14、20―24）

18朝早く、都に帰る途中、イエスは空腹を覚え
られた。19道端にいちじくの木があるのを見て、
近寄られたが、葉のほかは何もなかった。そこで、
「今から後いつまでも、お前には実がならないよ
うに」と言われると、いちじくの木はたちまち枯
れてしまった。20弟子たちはこれを見て驚き、
「なぜ、たちまち枯れてしまったのですか」と言
った。21イエスはお答えになった。**「はっきり言**
っておく。あなたがたも信仰を持ち、疑わないな
らば、いちじくの木に起こったようなことができ
るばかりでなく、この山に向かい、『立ち上がっ
て、海に飛び込め』と言っても、そのとおりにな
る。22**信じて祈るならば、求めるものは何でも得**
られる。」

権威についての問答（マコ11 27–33、ルカ20 1–8）

23イエスが神殿の境内に入って教えておられる
と、祭司長や民の長老たちが近寄って来て言った。
「何の権威でこのようなことをしているのか。だ
れがその権威を与えたのか。」24イエスはお答え
になった。**「では、わたしも一つ尋ねる。それに**
答えるなら、わたしも、何の権威でこのようなこ
とをするのか、あなたたちに言おう。25**ヨハネの**
洗礼はどこからのものだったか。天からのものか、
それとも、人からのものか。」彼らは論じ合った。
『天からのものだ』と言えば、『では、なぜヨハ
ネを信じなかったのか』と我々に言うだろう。
26『人からのものだ』と言えば、群衆が怖い。皆
がヨハネを預言者と思っているから。」27そこで、
彼らはイエスに、「分からない」と答えた。する
と、イエスも言われた。**「それなら、何の権威で**
このようなことをするのか、わたしも言うまい。」

「二人の息子」のたとえ

28**「ところで、あなたたちはどう思うか。ある**
人に息子が二人いたが、彼は兄のところへ行き、
『子よ、今日、ぶどう園へ行って働きなさい』と
言った。29**兄は『いやです』と答えたが、後で考**
え直して出かけた。30**弟のところへも行って、同**
じことを言うと、弟は『お父さん、承知しまし
た』と答えたが、出かけなかった。31**この二人の**
うち、どちらが父親の望みどおりにしたか。」彼
らが「兄の方です」と言うと、イエスは言われた。
「はっきり言っておく。徴税人や娼婦たちの方が、
あなたたちより先に神の国に入るだろう。32**なぜ**
なら、ヨハネが来て義の道を示したのに、あなた
たちは彼を信ぜず、徴税人や娼婦たちは信じたか
らだ。あなたたちはそれを見ても、後で考え直し
て彼を信じようとしなかった。」

「ぶどう園と農夫」のたとえ（マコ12 1-12、ルカ20 9-19）

33「もう一つのたとえを聞きなさい。ある家の
主人がぶどう園を作り、垣を巡らし、その中に搾
り場を掘り、見張りのやぐらを立て、これを農夫
たちに貸して旅に出た。34さて、収穫の時が近づ
いたとき、収穫を受け取るために、僕たちを農夫
たちのところへ送った。35だが、農夫たちはこの
僕たちを捕まえ、一人を袋だたきにし、一人を殺
し、一人を石で打ち殺した。36また、他の僕たち
を前よりも多く送ったが、農夫たちは同じ目に遭
わせた。37そこで最後に、『わたしの息子なら敬
ってくれるだろう』と言って、主人は自分の息子
を送った。38農夫たちは、その息子を見て話し合
った。『これは跡取りだ。さあ、殺して、彼の相
続財産を我々のものにしよう。』39そして、息子
を捕まえ、ぶどう園の外にほうり出して殺してし
まった。40さて、ぶどう園の主人が帰って来たら、
この農夫たちをどうするだろうか。」41彼らは言
った。「その悪人どもをひどい目に遭わせて殺し、
ぶどう園は、季節ごとに収穫を納めるほかの農夫
たちに貸すにちがいない。」42イエスは言われた。
「聖書にこう書いてあるのを、まだ読んだことが
ないのか。

『家を建てる者の捨てた石、
これが隅の親石《おやいし》となった。
これは、主がなさったことで、
わたしたちの目には不思議に見える。』

43だから、言っておくが、神の国はあなたたちか
ら取り上げられ、それにふさわしい実を結ぶ民族
に与えられる。44この石の上に落ちる者は打ち砕
かれ、この石がだれかの上に落ちれば、その人は
押しつぶされてしまう。」
45祭司長たちやファリサイ派の人々はこのたと
えを聞いて、イエスが自分たちのことを言ってお
られると気づき、46イエスを捕らえようとしたが、

群衆を恐れた。群衆はイエスを預言者だと思って
いたからである。

22

「婚宴」のたとえ（ルカ14 15–24）

1イエスは、また、たとえを用いて語られた。
2「天の国は、ある王が王子のために婚宴を
催したのに似ている。3王は家来たちを送り、婚
宴に招いておいた人々を呼ばせたが、来ようとし
なかった。4そこでまた、次のように言って、別
の家来たちを使いに出した。『招いておいた人々
にこう言いなさい。「食事の用意が整いました。
牛や肥えた家畜を屠《ほふ》って、すっかり用意ができて
います。さあ、婚宴においでください。」』5しか
し、人々はそれを無視し、一人は畑に、一人は商
売に出かけ、6また、他の人々は王の家来たちを
捕まえて乱暴し、殺してしまった。7そこで、王
は怒り、軍隊を送って、この人殺しどもを滅ぼし、
その町を焼き払った。8そして、家来たちに言っ
た。『婚宴の用意はできているが、招いておいた
人々は、ふさわしくなかった。9だから、町の大
通りに出て、見かけた者はだれでも婚宴に連れて
来なさい。』10そこで、家来たちは通りに出て行
き、見かけた人は善人も悪人も皆集めて来たので、
婚宴は客でいっぱいになった。11王が客を見よう
と入って来ると、婚礼の礼服を着ていない者が一
人いた。12王は、『友よ、どうして礼服を着ない
でここに入って来たのか』と言った。この者が黙
っていると、13王は側近の者たちに言った。『こ
の男の手足を縛って、外の暗闇にほうり出せ。そ
こで泣きわめいて歯ぎしりするだろう。』14招か
れる人は多いが、選ばれる人は少ない。」

皇帝への税金（マコ12 13–17、ルカ20 20–26）

15それから、ファリサイ派の人々は出て行って、
どのようにしてイエスの言葉じりをとらえて、罠《わな》
にかけようかと相談した。16そして、その弟子た

ちをヘロデ派の人々と一緒にイエスのところに遣
わして尋ねさせた。「先生、わたしたちは、あな
たが真実な方で、真理に基づいて神の道を教え、
だれをもはばからない方であることを知っていま
す。人々を分け隔てなさらないからです。17とこ
ろで、どうお思いでしょうか、お教えください。
皇帝に税金を納めるのは、律法に適っているでし
ょうか、適っていないでしょうか。」18イエスは
彼らの悪意に気づいて言われた。**「偽善者たち、**
なぜ、わたしを試そうとするのか。19**税金に納め**
るお金を見せなさい。」彼らがデナリオン銀貨を
持って来ると、20イエスは、**「これは、だれの肖**
像と銘か」と言われた。21彼らは、「皇帝のもの
です」と言った。すると、イエスは言われた。
「では、皇帝のものは皇帝に、神のものは神に返
しなさい。」22彼らはこれを聞いて驚き、イエス
をその場に残して立ち去った。

復活についての問答（マコ12 18―27、ルカ20 27―40）

23その同じ日、復活はないと言っているサドカ
イ派の人々が、イエスに近寄って来て尋ねた。
24「先生、モーセは言っています。『ある人が子が
なくて死んだ場合、その弟は兄嫁と結婚して、兄
の跡継ぎをもうけねばならない』と。25さて、わ
たしたちのところに、七人の兄弟がいました。長
男は妻を迎えましたが死に、跡継ぎがなかったの
で、その妻を弟に残しました。26次男も三男も、
ついに七人とも同じようになりました。27最後に
その女も死にました。28すると復活の時、その女
は七人のうちのだれの妻になるのでしょうか。皆
その女を妻にしたのです。」29イエスはお答えに
なった。**「あなたたちは聖書も神の力も知らない**
から、思い違いをしている。30**復活の時には、め**
とることも嫁ぐこともなく、天使のようになるの
だ。31**死者の復活については、神があなたたちに**

言われた言葉を読んだことがないのか。32『わた
しはアブラハムの神、イサクの神、ヤコブの神で
ある』とあるではないか。神は死んだ者の神では
なく、生きている者の神なのだ。」33群衆はこれ
を聞いて、イエスの教えに驚いた。

最も重要な掟（マコ12 28―34、ルカ10 25―28）

34ファリサイ派の人々は、イエスがサドカイ派
の人々を言い込められたと聞いて、一緒に集まっ
た。35そのうちの一人、律法の専門家が、イエス
を試そうとして尋ねた。36「先生、律法の中で、
どの掟が最も重要でしょうか。」37イエスは言わ
れた。「『心を尽くし、精神を尽くし、思いを尽く
して、あなたの神である主を愛しなさい。』38こ
れが最も重要な第一の掟である。39第二も、これ
と同じように重要である。『隣人を自分のように
愛しなさい。』40律法全体と預言者は、この二つ
の掟に基づいている。」

ダビデの子についての問答（マコ12 35―37、ルカ20 41―44）

41ファリサイ派の人々が集まっていたとき、イ
エスはお尋ねになった。42「あなたたちはメシア
のことをどう思うか。だれの子だろうか。」彼ら
が、「ダビデの子です」と言うと、43イエスは言
われた。「では、どうしてダビデは、霊を受けて、
メシアを主と呼んでいるのだろうか。
44『主は、わたしの主にお告げになった。
「わたしの右の座に着きなさい、
わたしがあなたの敵を
あなたの足もとに屈服させるときまで」
と。』
45このようにダビデがメシアを主と呼んでいるの
であれば、どうしてメシアがダビデの子なのか。」
46これにはだれ一人、ひと言も言い返すことがで
きず、その日からは、もはやあえて質問する者は

なかった。

23 律法学者とファリサイ派の人々を非難する（マコ12 38-40、ルカ11 37-52、20 45-47）

1それから、イエスは群衆と弟子たちにお話
しになった。2「律法学者たちやファリサイ
派の人々は、モーセの座に着いている。3だから、
彼らが言うことは、すべて行い、また守りなさい。
しかし、彼らの行いは、見倣ってはならない。言
うだけで、実行しないからである。4彼らは背負
いきれない重荷をまとめ、人の肩に載せるが、自
分ではそれを動かすために、指一本貸そうともし
ない。5そのすることは、すべて人に見せるため
である。聖句の入った小箱を大きくしたり、衣服
の房を長くしたりする。6宴会では上座《じょうざ》、会堂で
は上席《じょうせき》に座ることを好み、7また、広場で挨拶さ
れたり、『先生』と呼ばれたりすることを好む。
8だが、あなたがたは『先生』と呼ばれてはなら
ない。あなたがたの師は一人だけで、あとは皆兄
弟なのだ。9また、地上の者を『父』と呼んでは
ならない。あなたがたの父は天の父おひとりだけ
だ。10『教師』と呼ばれてもいけない。あなたが
たの教師はキリスト一人だけである。11あなたが
たのうちでいちばん偉い人は、仕える者になりな
さい。12だれでも高ぶる者は低くされ、へりくだ
る者は高められる。
13律法学者たちとファリサイ派の人々、あなた
たち偽善者は不幸だ。人々の前で天の国を閉ざす
からだ。自分が入らないばかりか、入ろうとする
人をも入らせない。†
15律法学者たちとファリサイ派の人々、あなた
たち偽善者は不幸だ。改宗者を一人つくろうとし
て、海と陸を巡り歩くが、改宗者ができると、自
分より倍も悪い地獄の子にしてしまうからだ。
16ものの見えない案内人、あなたたちは不幸だ。
あなたたちは、『神殿にかけて誓えば、その誓い

は無効である。だが、神殿の黄金にかけて誓えば、
それは果たさねばならない』と言う。17愚かで、
ものの見えない者たち、黄金と、黄金を清める神
殿と、どちらが尊いか。18また、『祭壇にかけて
誓えば、その誓いは無効である。その上の供え物
にかけて誓えば、それは果たさねばならない』と
言う。19ものの見えない者たち、供え物と、供え
物を清くする祭壇と、どちらが尊いか。20祭壇に
かけて誓う者は、祭壇とその上のすべてのものに
かけて誓うのだ。21神殿にかけて誓う者は、神殿
とその中に住んでおられる方にかけて誓うのだ。
22天にかけて誓う者は、神の玉座とそれに座って
おられる方にかけて誓うのだ。

23律法学者たちとファリサイ派の人々、あなた
たち偽善者は不幸だ。薄荷《はつか》、いのんど、茴香《ういきょう》の十
分の一は献げるが、律法の中で最も重要な正義、
慈悲、誠実はないがしろにしているからだ。これ
こそ行うべきことである。もとより、十分の一の
献げ物もないがしろにしてはならないが。24もの
の見えない案内人、あなたたちはぶよ一匹さえも
漉《こ》して除くが、らくだは飲み込んでいる。

25律法学者たちとファリサイ派の人々、あなた
たち偽善者は不幸だ。杯や皿の外側はきれいにす
るが、内側は強欲と放縦で満ちているからだ。
26ものの見えないファリサイ派の人々、まず、杯
の内側をきれいにせよ。そうすれば、外側もきれ
いになる。

27律法学者たちとファリサイ派の人々、あなた
たち偽善者は不幸だ。白く塗った墓に似ているか
らだ。外側は美しく見えるが、内側は死者の骨や
あらゆる汚れで満ちている。28このようにあなた
たちも、外側は人に正しいように見えながら、内
側は偽善と不法で満ちている。

29律法学者たちとファリサイ派の人々、あなた
たち偽善者は不幸だ。預言者の墓を建てたり、正
しい人の記念碑を飾ったりしているからだ。30そ

して、『もし先祖の時代に生きていても、預言者
の血を流す側にはつかなかったであろう』などと
言う。31こうして、自分が預言者を殺した者たち
の子孫であることを、自ら証明している。32先祖
が始めた悪事の仕上げをしたらどうだ。33蛇よ、
蝮の子らよ、どうしてあなたたちは地獄の罰を免
れることができようか。34だから、わたしは預言
者、知者、学者をあなたたちに遣わすが、あなた
たちはその中のある者を殺し、十字架につけ、あ
る者を会堂で鞭打ち、町から町へと追い回して迫
害する。35こうして、正しい人アベルの血から、
あなたたちが聖所と祭壇の間で殺したバラキアの
子ゼカルヤの血に至るまで、地上に流された正し
い人の血はすべて、あなたたちにふりかかってく
る。36はっきり言っておく。これらのことの結果
はすべて、今の時代の者たちにふりかかってく
る。」

エルサレムのために嘆く（ルカ13 34-35）

37「エルサレム、エルサレム、預言者たちを殺
し、自分に遣わされた人々を石で打ち殺す者よ、
めん鳥が雛を羽の下に集めるように、わたしはお
前の子らを何度集めようとしたことか。だが、お
前たちは応じようとしなかった。38見よ、お前た
ちの家は見捨てられて荒れ果てる。39言っておく
が、お前たちは、『主の名によって来られる方に、
祝福があるように』と言うときまで、今から後、
決してわたしを見ることがない。」

24

神殿の崩壊を予告する（マコ13 1-2、ルカ21 5-6）

1イエスが神殿の境内を出て行かれると、弟
子たちが近寄って来て、イエスに神殿の建物
を指さした。2そこで、イエスは言われた。「こ
れらすべての物を見ないのか。はっきり言ってお
く。一つの石もここで崩されずに他の石の上に残

ることはない。」

終末の徴（マコ13 3–13、ルカ21 7–19）

3イエスがオリーブ山で座っておられると、弟
子たちがやって来て、ひそかに言った。「おっし
ゃってください。そのことはいつ起こるのですか。
また、あなたが来られて世の終わるときには、ど
んな徴《しるし》があるのですか。」 4イエスはお答えにな
った。「人に惑わされないように気をつけなさい。
5わたしの名を名乗る者が大勢現れ、『わたしが
メシアだ』と言って、多くの人を惑わすだろう。
6戦争の騒ぎや戦争のうわさを聞くだろうが、慌
てないように気をつけなさい。そういうことは起
こるに決まっているが、まだ世の終わりではない。
7民は民に、国は国に敵対して立ち上がり、方々
に飢饉や地震が起こる。8しかし、これらはすべ
て産みの苦しみの始まりである。9そのとき、あ
なたがたは苦しみを受け、殺される。また、わた
しの名のために、あなたがたはあらゆる民に憎ま
れる。10そのとき、多くの人がつまずき、互いに
裏切り、憎み合うようになる。11偽預言者も大勢
現れ、多くの人を惑わす。12不法がはびこるので、
多くの人の愛が冷える。13しかし、最後まで耐え
忍ぶ者は救われる。14そして、御国のこの福音は
あらゆる民への証しとして、全世界に宣べ伝えら
れる。それから、終わりが来る。」

大きな苦難を予告する（マコ13 14–23、ルカ21 20–24）

15「預言者ダニエルの言った憎むべき破壊者が、
聖なる場所に立つのを見たら――読者は悟れ――、
16そのとき、ユダヤにいる人々は山に逃げなさい。
17屋上にいる者は、家にある物を取り出そうとし
て下に降りてはならない。18畑にいる者は、上着
を取りに帰ってはならない。19それらの日には、
身重の女と乳飲み子を持つ女は不幸だ。20逃げる

のが冬や安息日にならないように、祈りなさい。
21そのときには、世界の初めから今までなく、今
後も決してないほどの大きな苦難が来るからであ
る。22神がその期間を縮めてくださらなければ、
だれ一人救われない。しかし、神は選ばれた人た
ちのために、その期間を縮めてくださるであろう。
23そのとき、『見よ、ここにメシアがいる』『いや、
ここだ』と言う者がいても、信じてはならない。
24偽メシアや偽預言者が現れて、大きなしるしや
不思議な業を行い、できれば、選ばれた人たちを
も惑わそうとするからである。25あなたがたには
前もって言っておく。26だから、人が『見よ、メ
シアは荒れ野にいる』と言っても、行ってはなら
ない。また、『見よ、奥の部屋にいる』と言って
も、信じてはならない。27稲妻が東から西へひら
めき渡るように、人の子も来るからである。28死
体のある所には、はげ鷹が集まるものだ。」

人の子が来る（マコ13 24-27、ルカ21 25-28）

29「その苦難の日々の後、たちまち
太陽は暗くなり、
月は光を放たず、
星は空から落ち、
天体は揺り動かされる。
30そのとき、人の子の徴が天に現れる。そして、
そのとき、地上のすべての民族は悲しみ、人の子
が大いなる力と栄光を帯びて天の雲に乗って来る
のを見る。31人の子は、大きなラッパの音を合図
にその天使たちを遣わす。天使たちは、天の果て
から果てまで、彼によって選ばれた人たちを四方
から呼び集める。」

いちじくの木の教え（マコ13 28-31、ルカ21 29-33）

32「いちじくの木から教えを学びなさい。枝が
柔らかくなり、葉が伸びると、夏の近づいたこと

が分かる。33それと同じように、あなたがたは、
これらすべてのことを見たなら、人の子が戸口に
近づいていると悟りなさい。34はっきり言ってお
く。これらのことがみな起こるまでは、この時代
は決して滅びない。35天地は滅びるが、わたしの
言葉は決して滅びない。」

目を覚ましていなさい（マコ13 32―37、ルカ12 39―40、17 26―30、34―35）

36「その日、その時は、だれも知らない。天使
たちも子も知らない。ただ、父だけがご存じであ
る。37人の子が来るのは、ノアの時と同じだから
である。38洪水になる前は、ノアが箱舟に入るそ
の日まで、人々は食べたり飲んだり、めとったり
嫁いだりしていた。39そして、洪水が襲って来て
一人残らずさらうまで、何も気がつかなかった。
人の子が来る場合も、このようである。40そのと
き、畑に二人の男がいれば、一人は連れて行かれ、
もう一人は残される。41二人の女が臼をひいてい
れば、一人は連れて行かれ、もう一人は残される。
42だから、目を覚ましていなさい。いつの日、自
分の主が帰って来られるのか、あなたがたには分
からないからである。43このことをわきまえてい
なさい。家の主人は、泥棒が夜のいつごろやって
来るかを知っていたら、目を覚ましていて、みす
みす自分の家に押し入らせはしないだろう。44だ
から、あなたがたも用意していなさい。人の子は
思いがけない時に来るからである。」

忠実な僕と悪い僕（ルカ12 41―48）

45「主人がその家の使用人たちの上に立てて、
時間どおり彼らに食事を与えさせることにした忠
実で賢い僕は、いったいだれであろうか。46主人
が帰って来たとき、言われたとおりにしているの
を見られる僕は幸いである。47はっきり言ってお
くが、主人は彼に全財産を管理させるにちがいな

い。48しかし、それが悪い僕で、主人は遅いと思
い、49仲間を殴り始め、酒飲みどもと一緒に食べ
たり飲んだりしているとする。50もしそうなら、
その僕の主人は予想しない日、思いがけない時に
帰って来て、51彼を厳しく罰し、偽善者たちと同
じ目に遭わせる。そこで泣きわめいて歯ぎしりす
るだろう。」

「十人のおとめ」のたとえ

25

1「そこで、天の国は次のようにたとえられ
る。十人のおとめがそれぞれともし火を持っ
て、花婿を迎えに出て行く。2そのうちの五人は
愚かで、五人は賢かった。3愚かなおとめたちは、
ともし火は持っていたが、油の用意をしていなか
った。4賢いおとめたちは、それぞれのともし火
と一緒に、壺に油を入れて持っていた。5ところ
が、花婿の来るのが遅れたので、皆眠気がさして
眠り込んでしまった。6真夜中に『花婿だ。迎え
に出なさい』と叫ぶ声がした。7そこで、おとめ
たちは皆起きて、それぞれのともし火を整えた。
8愚かなおとめたちは、賢いおとめたちに言った。
『油を分けてください。わたしたちのともし火は
消えそうです。』9賢いおとめたちは答えた。『分
けてあげるほどはありません。それより、店に行
って、自分の分を買って来なさい。』10愚かなお
とめたちが買いに行っている間に、花婿が到着し
て、用意のできている五人は、花婿と一緒に婚宴
の席に入り、戸が閉められた。11その後で、ほか
のおとめたちも来て、『御主人様、御主人様、開
けてください』と言った。12しかし主人は、『は
っきり言っておく。わたしはお前たちを知らな
い』と答えた。13だから、目を覚ましていなさい。
あなたがたは、その日、その時を知らないのだか
ら。」

「タラントン」のたとえ（ルカ19 11－27）

14「天の国はまた次のようにたとえられる。あ
る人が旅行に出かけるとき、僕たちを呼んで、自
分の財産を預けた。15それぞれの力に応じて、一
人には五タラントン、一人には二タラントン、も
う一人には一タラントンを預けて旅に出かけた。
早速、16五タラントン預かった者は出て行き、そ
れで商売をして、ほかに五タラントンをもうけた。
17同じように、二タラントン預かった者も、ほか
に二タラントンをもうけた。18しかし、一タラン
トン預かった者は、出て行って穴を掘り、主人の
金を隠しておいた。19さて、かなり日がたってか
ら、僕たちの主人が帰って来て、彼らと清算を始
めた。20まず、五タラントン預かった者が進み出
て、ほかの五タラントンを差し出して言った。
『御主人様、五タラントンお預けになりましたが、
御覧ください。ほかに五タラントンもうけまし
た。』21主人は言った。『忠実な良い僕だ。よくや
った。お前は少しのものに忠実であったから、多
くのものを管理させよう。主人と一緒に喜んでく
れ。』22次に、二タラントン預かった者も進み出
て言った。『御主人様、二タラントンお預けにな
りましたが、御覧ください。ほかに二タラントン
もうけました。』23主人は言った。『忠実な良い僕
だ。よくやった。お前は少しのものに忠実であっ
たから、多くのものを管理させよう。主人と一緒
に喜んでくれ。』24ところで、一タラントン預か
った者も進み出て言った。『御主人様、あなたは
蒔かない所から刈り取り、散らさない所からかき
集められる厳しい方だと知っていましたので、
25恐ろしくなり、出かけて行って、あなたのタラ
ントンを地の中に隠しておきました。御覧くださ
い。これがあなたのお金です。』26主人は答えた。
『怠け者の悪い僕だ。わたしが蒔かない所から刈
り取り、散らさない所からかき集めることを知っ
ていたのか。27それなら、わたしの金を銀行に入

れておくべきであった。そうしておけば、帰って
来たとき、利息付きで返してもらえたのに。28さ
あ、そのタラントンをこの男から取り上げて、十
タラントン持っている者に与えよ。29だれでも持
っている人は更に与えられて豊かになるが、持っ
ていない人は持っているものまでも取り上げられ
る。30この役に立たない僕を外の暗闇に追い出せ。
そこで泣きわめいて歯ぎしりするだろう。』」

すべての民族を裁く

31「人の子は、栄光に輝いて天使たちを皆従え
て来るとき、その栄光の座に着く。32そして、す
べての国の民がその前に集められると、羊飼いが
羊と山羊を分けるように、彼らをより分け、33羊
を右に、山羊を左に置く。34そこで、王は右側に
いる人たちに言う。『さあ、わたしの父に祝福さ
れた人たち、天地創造の時からお前たちのために
用意されている国を受け継ぎなさい。35お前たち
は、わたしが飢えていたときに食べさせ、のどが
渇いていたときに飲ませ、旅をしていたときに宿
を貸し、36裸のときに着せ、病気のときに見舞い、
牢にいたときに訪ねてくれたからだ。』37すると、
正しい人たちが王に答える。『主よ、いつわたし
たちは、飢えておられるのを見て食べ物を差し上
げ、のどが渇いておられるのを見て飲み物を差し
上げたでしょうか。38いつ、旅をしておられるの
を見てお宿を貸し、裸でおられるのを見てお着せ
したでしょうか。39いつ、病気をなさったり、牢
におられたりするのを見て、お訪ねしたでしょう
か。』40そこで、王は答える。『はっきり言ってお
く。わたしの兄弟であるこの最も小さい者の一人
にしたのは、わたしにしてくれたことなのであ
る。』

41それから、王は左側にいる人たちにも言う。
『呪われた者ども、わたしから離れ去り、悪魔と
その手下のために用意してある永遠の火に入れ。

42お前たちは、わたしが飢えていたときに食べさ
せず、のどが渇いたときに飲ませず、43旅をして
いたときに宿を貸さず、裸のときに着せず、病気
のとき、牢にいたときに、訪ねてくれなかったか
らだ。』44すると、彼らも答える。『主よ、いつわ
たしたちは、あなたが飢えたり、渇いたり、旅を
したり、裸であったり、病気であったり、牢にお
られたりするのを見て、お世話をしなかったでし
ょうか。』45そこで、王は答える。『はっきり言っ
ておく。この最も小さい者の一人にしなかったの
は、わたしにしてくれなかったことなのである。』
46こうして、この者どもは永遠の罰を受け、正し
い人たちは永遠の命にあずかるのである。」

イエスを殺す計略（マコ14 1−2、ルカ22 1−2、ヨハ11 45−53）

26

1イエスはこれらの言葉をすべて語り終える
と、弟子たちに言われた。2「あなたがたも
知っているとおり、二日後は過越祭《すぎこしさい》である。人の
子は、十字架につけられるために引き渡される。」
3そのころ、祭司長たちや民の長老たちは、カイ
アファという大祭司の屋敷に集まり、4計略を用
いてイエスを捕らえ、殺そうと相談した。5しか
し彼らは、「民衆の中に騒ぎが起こるといけない
から、祭りの間はやめておこう」と言っていた。

ベタニアで香油を注がれる（マコ14 3−9、ヨハ12 1−8）

6さて、イエスがベタニアで重い皮膚病の人シ
モンの家におられたとき、7一人の女が、極めて
高価な香油の入った石膏の壺を持って近寄り、食
事の席に着いておられるイエスの頭に香油を注ぎ
かけた。8弟子たちはこれを見て、憤慨して言っ
た。「なぜ、こんな無駄遣いをするのか。9高く
売って、貧しい人々に施すことができたのに。」
10イエスはこれを知って言われた。「なぜ、この

人を困らせるのか。わたしに良いことをしてくれ
たのだ。11貧しい人々はいつもあなたがたと一緒
にいるが、わたしはいつも一緒にいるわけではな
い。12この人はわたしの体に香油を注いで、わた
しを葬る準備をしてくれた。13はっきり言ってお
く。世界中どこでも、この福音が宣べ伝えられる
所では、この人のしたことも記念として語り伝え
られるだろう。」

ユダ、裏切りを企てる（マコ14 10–11、ルカ22 3–6）

14そのとき、十二人の一人で、イスカリオテの
ユダという者が、祭司長たちのところへ行き、
15「あの男をあなたたちに引き渡せば、幾らくれ
ますか」と言った。そこで、彼らは銀貨三十枚を
支払うことにした。16そのときから、ユダはイエ
スを引き渡そうと、良い機会をねらっていた。

過越の食事をする（マコ14 12–21、ルカ22 7–14、21–23、ヨハ13 21–30）

17除酵祭《じょこうさい》の第一日に、弟子たちがイエスのとこ
ろに来て、「どこに、過越の食事をなさる用意を
いたしましょうか」と言った。18イエスは言われ
た。「都のあの人のところに行ってこう言いなさ
い。『先生が、「わたしの時が近づいた。お宅で弟
子たちと一緒に過越の食事をする」と言っていま
す。』」19弟子たちは、イエスに命じられたとおり
にして、過越の食事を準備した。20夕方になると、
イエスは十二人と一緒に食事の席に着かれた。
21一同が食事をしているとき、イエスは言われた。
「はっきり言っておくが、あなたがたのうちの一
人がわたしを裏切ろうとしている。」22弟子たち
は非常に心を痛めて、「主よ、まさかわたしのこ
とでは」と代わる代わる言い始めた。23イエスは
お答えになった。「わたしと一緒に手で鉢に食べ
物を浸した者が、わたしを裏切る。24人の子は、

聖書に書いてあるとおりに、去って行く。だが、
人の子を裏切るその者は不幸だ。生まれなかった
方が、その者のためによかった。」25イエスを裏
切ろうとしていたユダが口をはさんで、「先生、
まさかわたしのことでは」と言うと、イエスは言
われた。「それはあなたの言ったことだ。」

主の晩餐（マコ14 22–26、ルカ22 15–20、一コリ11 23–25）

26一同が食事をしているとき、イエスはパンを
取り、賛美の祈りを唱えて、それを裂き、弟子た
ちに与えながら言われた。「取って食べなさい。
これはわたしの体である。」27また、杯を取り、
感謝の祈りを唱え、彼らに渡して言われた。「皆、
この杯から飲みなさい。28これは、罪が赦される
ように、多くの人のために流されるわたしの血、
契約の血である。29言っておくが、わたしの父の
国であなたがたと共に新たに飲むその日まで、今
後ぶどうの実から作ったものを飲むことは決して
あるまい。」30一同は賛美の歌をうたってから、
オリーブ山へ出かけた。

ペトロの離反を予告する（マコ14 27–31、ルカ22 31–34、ヨハ13 36–38）

31そのとき、イエスは弟子たちに言われた。
「今夜、あなたがたは皆わたしにつまずく。
『わたしは羊飼いを打つ。
すると、羊の群れは散ってしまう』
と書いてあるからだ。32しかし、わたしは復活し
た後、あなたがたより先にガリラヤへ行く。」
33するとペトロが、「たとえ、みんながあなたに
つまずいても、わたしは決してつまずきません」
と言った。34イエスは言われた。「はっきり言っ
ておく。あなたは今夜、鶏が鳴く前に、三度わた
しのことを知らないと言うだろう。」35ペトロは、
「たとえ、御一緒に死なねばならなくなっても、

あなたのことを知らないなどとは決して申しませ
ん」と言った。弟子たちも皆、同じように言った。

ゲッセマネで祈る（マコ14 32–42、ルカ22 39–46）

36それから、イエスは弟子たちと一緒にゲッセ
マネという所に来て、「わたしが向こうへ行って
祈っている間、ここに座っていなさい」と言われ
た。37ペトロおよびゼベダイの子二人を伴われた
が、そのとき、悲しみもだえ始められた。38そし
て、彼らに言われた。「わたしは死ぬばかりに悲
しい。ここを離れず、わたしと共に目を覚まして
いなさい。」39少し進んで行って、うつ伏せにな
り、祈って言われた。「父よ、できることなら、
この杯をわたしから過ぎ去らせてください。しか
し、わたしの願いどおりではなく、御心のまま
に。」40それから、弟子たちのところへ戻って御
覧になると、彼らは眠っていたので、ペトロに言
われた。「あなたがたはこのように、わずか一時
もわたしと共に目を覚ましていられなかったのか。
41誘惑に陥らぬよう、目を覚まして祈っていなさ
い。心は燃えても、肉体は弱い。」42更に、二度
目に向こうへ行って祈られた。「父よ、わたしが
飲まないかぎりこの杯が過ぎ去らないのでしたら、
あなたの御心が行われますように。」43再び戻っ
て御覧になると、弟子たちは眠っていた。ひどく
眠かったのである。44そこで、彼らを離れ、また
向こうへ行って、三度目も同じ言葉で祈られた。
45それから、弟子たちのところに戻って来て言わ
れた。「あなたがたはまだ眠っている。休んでい
る。時が近づいた。人の子は罪人《つみびと》たちの手に引き
渡される。46立て、行こう。見よ、わたしを裏切
る者が来た。」

裏切られ、逮捕される（マコ14 43–50、ルカ
22 47–53、ヨハ18 3–12）

47イエスがまだ話しておられると、十二人の一
人であるユダがやって来た。祭司長たちや民の長
老たちの遣わした大勢の群衆も、剣や棒を持って
一緒に来た。48イエスを裏切ろうとしていたユダ
は、「わたしが接吻するのが、その人だ。それを
捕まえろ」と、前もって合図を決めていた。49ユ
ダはすぐイエスに近寄り、「先生、こんばんは」
と言って接吻した。50イエスは、**「友よ、しよう**
としていることをするがよい」と言われた。する
と人々は進み寄り、イエスに手をかけて捕らえた。
51そのとき、イエスと一緒にいた者の一人が、手
を伸ばして剣を抜き、大祭司の手下に打ちかかっ
て、片方の耳を切り落とした。52そこで、イエス
は言われた。**「剣をさやに納めなさい。剣を取る**
者は皆、剣で滅びる。53**わたしが父にお願いでき**
ないとでも思うのか。お願いすれば、父は十二軍
団以上の天使を今すぐ送ってくださるであろう。
54**しかしそれでは、必ずこうなると書かれている**
聖書の言葉がどうして実現されよう。」55またそ
のとき、群衆に言われた。**「まるで強盗にでも向**
かうように、剣や棒を持って捕らえに来たのか。
わたしは毎日、神殿の境内に座って教えていたの
に、あなたたちはわたしを捕らえなかった。56**こ**
のすべてのことが起こったのは、預言者たちの書
いたことが実現するためである。」このとき、弟
子たちは皆、イエスを見捨てて逃げてしまった。

最高法院で裁判を受ける（マコ14 53–65、
ルカ22 54–55、ヨハ18 13–14、19–24）

57人々はイエスを捕らえると、大祭司カイアフ
ァのところへ連れて行った。そこには、律法学者
たちや長老たちが集まっていた。58ペトロは遠く
離れてイエスに従い、大祭司の屋敷の中庭まで行
き、事の成り行きを見ようと、中に入って、下役

たちと一緒に座っていた。59さて、祭司長たちと
最高法院の全員は、死刑にしようとしてイエスに
とって不利な偽証を求めた。60偽証人《ぎしょうにん》は何人も現
れたが、証拠は得られなかった。最後に二人の者
が来て、61「この男は、『神の神殿を打ち倒し、三
日あれば建てることができる』と言いました」と
告げた。62そこで、大祭司は立ち上がり、イエス
に言った。「何も答えないのか、この者たちがお
前に不利な証言をしているが、どうなのか。」
63イエスは黙り続けておられた。大祭司は言った。
「生ける神に誓って我々に答えよ。お前は神の子、
メシアなのか。」64イエスは言われた。**「それは、**
あなたが言ったことです。しかし、わたしは言っ
ておく。
あなたたちはやがて、
人の子が全能の神の右に座り、
天の雲に乗って来るのを見る。」
65そこで、大祭司は服を引き裂きながら言った。
「神を冒瀆した。これでもまだ証人が必要だろう
か。諸君は今、冒瀆の言葉を聞いた。66どう思う
か。」人々は、「死刑にすべきだ」と答えた。67そ
して、イエスの顔に唾《つば》を吐きかけ、こぶしで殴り、
ある者は平手で打ちながら、68「メシア、お前を
殴ったのはだれか。言い当ててみろ」と言った。

ペトロ、イエスを知らないと言う（マコ**14**66-72、ルカ**22**56-62、ヨハ**18**15-18、25-27）

69ペトロは外にいて中庭に座っていた。そこへ
一人の女中が近寄って来て、「あなたもガリラヤ
のイエスと一緒にいた」と言った。70ペトロは皆
の前でそれを打ち消して、「何のことを言ってい
るのか、わたしには分からない」と言った。71ペ
トロが門の方に行くと、ほかの女中が彼に目を留
め、居合わせた人々に、「この人はナザレのイエ
スと一緒にいました」と言った。72そこで、ペト
ロは再び、「そんな人は知らない」と誓って打ち

消した。73しばらくして、そこにいた人々が近寄
って来てペトロに言った。「確かに、お前もあの
連中の仲間だ。言葉遣いでそれが分かる。」74そ
のとき、ペトロは呪いの言葉さえ口にしながら、
「そんな人は知らない」と誓い始めた。するとす
ぐ、鶏が鳴いた。75ペトロは、**「鶏が鳴く前に、
あなたは三度わたしを知らないと言うだろう」**と
言われたイエスの言葉を思い出した。そして外に
出て、激しく泣いた。

ピラトに引き渡される（マコ**15** 1、ルカ**23** 1–2、ヨハ**18** 28–32）

27
1夜が明けると、祭司長たちと民の長老たち
一同は、イエスを殺そうと相談した。2そし
て、イエスを縛って引いて行き、総督ピラトに渡
した。

ユダ、自殺する（使徒**1** 18–19）

3そのころ、イエスを裏切ったユダは、イエス
に有罪の判決が下ったのを知って後悔し、銀貨三
十枚を祭司長たちや長老たちに返そうとして、
4「わたしは罪のない人の血を売り渡し、罪を犯
しました」と言った。しかし彼らは、「我々の知
ったことではない。お前の問題だ」と言った。
5そこで、ユダは銀貨を神殿に投げ込んで立ち去
り、首をつって死んだ。6祭司長たちは銀貨を拾
い上げて、「これは血の代金だから、神殿の収入
にするわけにはいかない」と言い、7相談のうえ、
その金で「陶器職人の畑」を買い、外国人の墓地
にすることにした。8このため、この畑は今日ま
で「血の畑」と言われている。9こうして、預言
者エレミヤを通して言われていたことが実現した。
「彼らは銀貨三十枚を取った。それは、値踏みさ
れた者、すなわち、イスラエルの子らが値踏みし
た者の価《あたい》である。10主がわたしにお命じになった

ように、彼らはこの金で陶器職人の畑を買い取っ
た。」

ピラトから尋問される（マコ**15**2–5、ルカ**23**3–5、ヨハ**18**33–38）

11さて、イエスは総督の前に立たれた。総督が
イエスに、「お前がユダヤ人の王なのか」と尋問
すると、イエスは、**「それは、あなたが言ってい
ることです」**と言われた。12祭司長たちや長老た
ちから訴えられている間、これには何もお答えに
ならなかった。13するとピラトは、「あのように
お前に不利な証言をしているのに、聞こえないの
か」と言った。14それでも、どんな訴えにもお答
えにならなかったので、総督は非常に不思議に思
った。

死刑の判決を受ける（マコ**15**6–15、ルカ**23**13–25、ヨハ**18**39–**19**16）

15ところで、祭りの度ごとに、総督は民衆の希
望する囚人を一人釈放することにしていた。16そ
のころ、バラバ・イエスという評判の囚人がいた。
17ピラトは、人々が集まって来たときに言った。
「どちらを釈放してほしいのか。バラバ・イエス
か。それともメシアといわれるイエスか。」
18人々がイエスを引き渡したのは、ねたみのため
だと分かっていたからである。19一方、ピラトが
裁判の席に着いているときに、妻から伝言があっ
た。「あの正しい人に関係しないでください。そ
の人のことで、わたしは昨夜、夢で随分苦しめら
れました。」20しかし、祭司長たちや長老たちは、
バラバを釈放して、イエスを死刑に処してもらう
ように群衆を説得した。21そこで、総督が、
「二人のうち、どちらを釈放してほしいのか」と
言うと、人々は、「バラバを」と言った。22ピラ

トが、「では、メシアといわれているイエスの方
は、どうしたらよいか」と言うと、皆は、「十字
架につけろ」と言った。23ピラトは、「いったい
どんな悪事を働いたというのか」と言ったが、群
衆はますます激しく、「十字架につけろ」と叫び
続けた。24ピラトは、それ以上言っても無駄なば
かりか、かえって騒動が起こりそうなのを見て、
水を持って来させ、群衆の前で手を洗って言った。
「この人の血について、わたしには責任がない。
お前たちの問題だ。」25民はこぞって答えた。「そ
の血の責任は、我々と子孫にある。」26そこで、
ピラトはバラバを釈放し、イエスを鞭打ってから、
十字架につけるために引き渡した。

兵士から侮辱される（マコ**15** 16–20、ヨハ**19** 2–3）

27それから、総督の兵士たちは、イエスを総督
官邸に連れて行き、部隊の全員をイエスの周りに
集めた。28そして、イエスの着ている物をはぎ取
り、赤い外套《がいとう》を着せ、29茨で冠を編んで頭に載せ、
また、右手に葦の棒を持たせて、その前にひざま
ずき、「ユダヤ人の王、万歳」と言って、侮辱し
た。30また、唾を吐きかけ、葦の棒を取り上げて
頭をたたき続けた。31このようにイエスを侮辱し
たあげく、外套を脱がせて元の服を着せ、十字架
につけるために引いて行った。

十字架につけられる（マコ**15** 21–32、ルカ**23** 26–43、ヨハ**19** 17–27）

32兵士たちは出て行くと、シモンという名前の
キレネ人に出会ったので、イエスの十字架を無理
に担がせた。33そして、ゴルゴタという所、すな
わち「されこうべの場所」に着くと、34苦いもの
を混ぜたぶどう酒を飲ませようとしたが、イエス
はなめただけで、飲もうとされなかった。35彼ら
はイエスを十字架につけると、くじを引いてその

服を分け合い、36そこに座って見張りをしていた。
37イエスの頭の上には、「これはユダヤ人の王イ
エスである」と書いた罪状書きを掲げた。38折か
ら、イエスと一緒に二人の強盗が、一人は右にも
う一人は左に、十字架につけられていた。39そこ
を通りかかった人々は、頭を振りながらイエスを
ののしって、40言った。「神殿を打ち倒し、三日
で建てる者、神の子なら、自分を救ってみろ。そ
して十字架から降りて来い。」41同じように、祭
司長たちも律法学者たちや長老たちと一緒に、イ
エスを侮辱して言った。42「他人は救ったのに、
自分は救えない。イスラエルの王だ。今すぐ十字
架から降りるがいい。そうすれば、信じてやろう。
43神に頼っているが、神の御心ならば、今すぐ救
ってもらえ。『わたしは神の子だ』と言っていた
のだから。」44一緒に十字架につけられた強盗た
ちも、同じようにイエスをののしった。

イエスの死（マコ**15**33―41、ルカ**23**44―49、ヨハ**19**28―30）

45さて、昼の十二時に、全地は暗くなり、それ
が三時まで続いた。46三時ごろ、イエスは大声で
叫ばれた。**「エリ、エリ、レマ、サバクタニ。」**こ
れは、**「わが神、わが神、なぜわたしをお見捨て
になったのですか」**という意味である。47そこに
居合わせた人々のうちには、これを聞いて、「こ
の人はエリヤを呼んでいる」と言う者もいた。
48そのうちの一人が、すぐに走り寄り、海綿を取
って酸《す》いぶどう酒を含ませ、葦の棒に付けて、イ
エスに飲ませようとした。49ほかの人々は、「待
て、エリヤが彼を救いに来るかどうか、見ていよ
う」と言った。50しかし、イエスは再び大声で叫
び、息を引き取られた。51そのとき、神殿の垂れ
幕が上から下まで真っ二つに裂け、地震が起こり、
岩が裂け、52墓が開いて、眠りについていた多く
の聖なる者たちの体が生き返った。53そして、イ

エスの復活の後、墓から出て来て、聖なる都に入
り、多くの人々に現れた。54百人隊長や一緒にイ
エスの見張りをしていた人たちは、地震やいろい
ろの出来事を見て、非常に恐れ、「本当に、この
人は神の子だった」と言った。55またそこでは、
大勢の婦人たちが遠くから見守っていた。この婦
人たちは、ガリラヤからイエスに従って来て世話
をしていた人々である。56その中には、マグダラ
のマリア、ヤコブとヨセフの母マリア、ゼベダイ
の子らの母がいた。

墓に葬られる（マコ**15**42–47、ルカ**23**50–56、ヨハ**19**38–42）

57夕方になると、アリマタヤ出身の金持ちでヨ
セフという人が来た。この人もイエスの弟子であ
った。58この人がピラトのところに行って、イエ
スの遺体を渡してくれるようにと願い出た。そこ
でピラトは、渡すようにと命じた。59ヨセフはイ
エスの遺体を受け取ると、きれいな亜麻布《あまぬの》に包み、
60岩に掘った自分の新しい墓の中に納め、墓の入
り口には大きな石を転がしておいて立ち去った。
61マグダラのマリアともう一人のマリアとはそこ
に残り、墓の方を向いて座っていた。

番兵、墓を見張る

62明くる日、すなわち、準備の日の翌日、祭司
長たちとファリサイ派の人々は、ピラトのところ
に集まって、63こう言った。「閣下、人を惑わす
あの者がまだ生きていたとき、『**自分は三日後に
復活する**』と言っていたのを、わたしたちは思い
出しました。64ですから、三日目まで墓を見張る
ように命令してください。そうでないと、弟子た
ちが来て死体を盗み出し、『イエスは死者の中か
ら復活した』などと民衆に言いふらすかもしれま
せん。そうなると、人々は前よりもひどく惑わさ
れることになります。」65ピラトは言った。「あな

たたちには、番兵がいるはずだ。行って、しっか
りと見張らせるがよい。」[66]そこで、彼らは行っ
て墓の石に封印をし、番兵をおいた。

28

復活する（マコ16 1-8、ルカ24 1-12、ヨハ20 1-10）

[1]さて、安息日が終わって、週の初めの日の
明け方に、マグダラのマリアともう一人のマ
リアが、墓を見に行った。[2]すると、大きな地震
が起こった。主の天使が天から降って近寄り、石
をわきへ転がし、その上に座ったのである。[3]そ
の姿は稲妻のように輝き、衣は雪のように白かっ
た。[4]番兵たちは、恐ろしさのあまり震え上がり、
死人のようになった。[5]天使は婦人たちに言った。
「恐れることはない。十字架につけられたイエス
を捜しているのだろうが、[6]あの方は、ここには
おられない。かねて言われていたとおり、復活な
さったのだ。さあ、遺体の置いてあった場所を見
なさい。[7]それから、急いで行って弟子たちにこ
う告げなさい。『あの方は死者の中から復活され
た。そして、あなたがたより先にガリラヤに行か
れる。そこでお目にかかれる。』確かに、あなた
がたに伝えました。」[8]婦人たちは、恐れながら
も大いに喜び、急いで墓を立ち去り、弟子たちに
知らせるために走って行った。[9]すると、イエス
が行く手に立っていて、**「おはよう」**と言われた
ので、婦人たちは近寄り、イエスの足を抱き、そ
の前にひれ伏した。[10]イエスは言われた。**「恐れ
ることはない。行って、わたしの兄弟たちにガリ
ラヤへ行くように言いなさい。そこでわたしに会
うことになる。」**

番兵、報告する

[11]婦人たちが行き着かないうちに、数人の番兵
は都に帰り、この出来事をすべて祭司長たちに報
告した。[12]そこで、祭司長たちは長老たちと集ま

って相談し、兵士たちに多額の金を与えて、13言
った。「『弟子たちが夜中にやって来て、我々の寝
ている間に死体を盗んで行った』と言いなさい。
14もしこのことが総督の耳に入っても、うまく総
督を説得して、あなたがたには心配をかけないよ
うにしよう。」15兵士たちは金を受け取って、教
えられたとおりにした。この話は、今日に至るま
でユダヤ人の間に広まっている。

弟子たちを派遣する（マコ**16** 14–18、ルカ**24** 36–49、ヨハ**20** 19–23、使徒**1** 6–8）

16さて、十一人の弟子たちはガリラヤに行き、
イエスが指示しておかれた山に登った。17そして、
イエスに会い、ひれ伏した。しかし、疑う者もい
た。18イエスは、近寄って来て言われた。**「わた**
しは天と地の一切の権能を授かっている。19**だか**
ら、あなたがたは行って、すべての民をわたしの
弟子にしなさい。彼らに父と子と聖霊の名によっ
て洗礼を授け、20**あなたがたに命じておいたこと**
をすべて守るように教えなさい。わたしは世の終
わりまで、いつもあなたがたと共にいる。」

底本に節が欠けている個所の異本による訳文

17 21 **しかし、この種のものは、祈りと断食によらなければ出て行かない。**

18 11 **人の子は、失われたものを救うために来た。**

23 14 **律法学者とファリサイ派の人々、あなたたち偽善者は不幸だ。やもめの家を食い物にし、見せかけの長い祈りをする。だからあなたたちは、人一倍厳しい裁きを受けることになる。**

「神の国」はどこにある——「マルコによる福音書」案内

佐藤 優

19世紀まで、「マルコによる福音書」はあまり注目されていなかった。「マタイによる福音書」と「ルカによる福音書」をもとにした簡略版が「マルコによる福音書」だという誤解があったからだ。たいして分量もかわらないのだから、簡略版ではなく、オリジナルを読んだ方がよいと考えるのが、読者の心理だ。

19世紀に実証的な文献研究が進むにつれて、「マルコによる福音書」が、新約聖書に収録された福音書のうち最古のものであるという見解がアカデミズムにおける共通了解になった。それとともに新約聖書研究の中心は「マルコによる福音書」になる。

さらに、「マルコによる福音書」の原本には、死後イエスが復活して弟子たちやマグダラのマリアの前に現れたという記述がない。この説明を聞いて、「マルコによる福音書」を読んだ読者から「いや、私が読んだ聖書には、〈イエスは週の初めの日の朝早く、復活して、まずマグダラのマリアに御自身を現された。このマリアは、以前イエスに七つの悪霊を追い出していただいた婦人である。

マリアは、イエスと一緒にいた人々が泣き悲しんでいるところへ行って、このことを知らせた。しかし彼らは、イエスが生きておられること、そしてマリアがそのイエスを見たことを聞いても、信じなかった。／その後、彼らのうちの二人が田舎の方へ歩いて行く途中、イエスが別の姿で御自身を現された。この二人も行って残りの人たちに知らせたが、彼らは二人の言うことも信じなかった。〉（マルコ**16** 9－13）と書いているではないか。あなたの言うことは事実に反している」という反論がなされることと思う。しかし、「マルコによる福音書」の16章9節以下は、後代の加筆なのである。文献学的には、原本に入っていないことがほぼ確定されているが、長い間、原本にあると信じられてきたので、読者の心を惑わさないように、あえて残してあるのだ。ただし、日本聖書協会の新共同訳では、このような後代の加筆と見られる部分には、括弧〔 〕がつけられている。それだから、注意深く読めば、誤解することがないような本の作りになっている。

このように復活に関する記述がないので、キリストの復活を否定する人々や、無神論の立場から宗教批判をする人が「マルコによる福音書」の研究に精力的に取り組むという傾向がある。

「マルコによる福音書」の中心的メッセージは、「神の国」の到来だ。

〈ヨハネが捕らえられた後、イエスはガリラヤへ行き、神の福音を宣べ伝えて、「時は満ち、神の国は近づいた。悔い改めて福音を信じなさい」と言われた。〉（マルコ**1** 14－15）

「神の国」とは、神が王として支配することを意味する。人間による支配の民主主義と対極にある神権政治が「神の国」なのである。キリスト教は性悪説に立つ宗教なので、人間により理想的な社会や国家ができるとは考えない。神の支配がもうすぐ実現するのだから、人間は悔い改め、その支配を受け入れる準備をせよというのがイエスが伝えたメッセージなのである。共観福音書はいずれも「神の国」をイエスの中心的メッセージであると考え、編集されている。これに対して、「ヨハネによる福音書」では、イエスの伝えた中心的メッセージを神の国ではなく「永遠の命」であるという編集がなされている。

それでは、「神の国」について、イエスは具体的にどのような説明をしたのであろうか? 実は、具体的な説明を何もしていない。「神の国」をはじめ、イエスが説く重要な教えのほとんどが具体性に欠けている。そして、たとえを使って語るのである。「マルコによる福音書」で、イエスはたとえに対する基本姿勢をこう説明している。

〈イエスは、再び湖のほとりで教え始められた。おびただしい群衆が、そばに集まって来た。そこで、イエスは舟に乗って腰を下ろし、湖の上におられたが、群衆は皆、湖畔にいた。イエスはたとえでいろいろと教えられ、その中で次のように言われた。「よく聞きなさい。種を蒔く人が種蒔きに出て行った。蒔いている間に、ある種は道端に落ち、鳥が来て食べてしまった。ほかの種は、石だらけで土の少ない所に落ち、そこは土が浅いのですぐ芽を出した。しかし、日が昇ると焼けて、根がないために枯れてしまった。ほかの種は茨の中に落ちた。すると茨が伸びて覆いふさいだので、実を結ばなかった。また、ほかの種は良い土地に落ち、芽生え、育って実を結び、あるものは三十倍、あるものは六十倍、あるものは百倍にもなった。」そして、「聞く耳のある者は聞きなさい」と言われた。

イエスがひとりになられたとき、十二人と、イエスの周りにいた人たちとが、たとえについて尋ねた。そこで、イエスは言われた。「あなたがたには神の国の秘密が打ち明けられているが、外の人々には、すべてがたとえで示される。それは、

『彼らが見るには見るが、認めず、
聞くには聞くが、理解できず、
こうして、立ち帰って赦されることがない』

ようになるためである。」

また、イエスは言われた。「このたとえが分からないのか。では、どうしてほかのたとえが理解できるだろうか。種を蒔く人は、神の言葉を蒔くのである。道端のものとは、こういう人たちである。そこに御言葉が蒔かれ、それを聞いても、すぐにサタンが来て、彼らに蒔かれた御言葉を奪い去る。石だらけの所に蒔かれるものとは、こういう人たちである。御言葉を聞くとすぐ喜んで受け入れるが、自分には根がないので、しばらくは続いても、後で御言葉のために艱難や迫害が起こると、すぐにつまずいてしまう。また、ほかの人たちは茨の中に蒔かれるものである。この人たちは

御言葉を聞くが、この世の思い煩いや富の誘惑、その他いろいろな欲望が心に入り込み、御言葉を覆いふさいで実らない。良い土地に蒔かれたものとは、御言葉を聞いて受け入れる人たちであり、ある者は三十倍、ある者は六十倍、ある者は百倍の実を結ぶのである。」〉(マルコ4 1-20)

神と人間は質的に絶対的に異なる。人間が神について知ることはできないのである。ただし、イエス・キリストは、「真の神であり、真の人間である」。すなわち神と人間の唯一の媒介者である。ここで重要なのは、イエスが真の人間だということだ。他の人間と同様に食事もすれば酒も飲む。糞も小便もする。喜怒哀楽もあれば、痛みも感じる。ただ唯一、他の人間と異なるのは、罪をもたないことだ。罪をもたないにもかかわらず、他者の罪を一身に背負って死んだ。この事実によって、人間は救われるとキリスト教徒は信じる。

神は人間を救済することを意図しているのである。この意図を人間に伝えるためには、たとえを用いるしかないとイエスは考えた。「神の国」について、無縁に思われるような日常的な出来事との関係を、誇張、ユーモア、皮肉などによって語るのである。そこから、イエスの話を聞いた人々は、驚いて、創造的なイメージを膨らませる。

人間が日常的に意識しているのは、人間の心のごく一部分に過ぎない。スイスの心理学者カール・ユングは、人間の心の全体を意識と無意識に分けた。そして、自我(Ego)は意識される部分にあると考えたが、自己(Self)は無意識の部分にあると考えた。その無意識の部分が夢になって現れるので、ユングは夢分析を重視したのである。イエスのたとえを用いる方法は、人間の無意識を刺激する力がある。

あるいはイエスをサーカスの道化（ピエロ）と見てもいい。奇抜でおかしな発言や行動をとることで、人間の類比、隠喩に対する感覚を刺激するのである。イエスという存在自体が、神のたとえなのである。新約聖書に記されたイエスのたとえを読むことによって、無意識が刺激される。そして、自分の心をより深く見つめる技法を身につけることができる。心理学の教科書として新約聖書を活用することもできるのである。

さらに「マルコによる福音書」においては、キリスト教徒にとっての倫理が端的に示されている。以下の部分だ。

〈彼らの議論を聞いていた一人の律法学者が進み出、イエスが立派にお答えになったのを見て、尋ねた。「あらゆる掟のうちで、どれが第一でしょうか。」イエスはお答えになった。「第一の掟は、これである。『イスラエルよ、聞け、わたしたちの神である主は、唯一の主である。心を尽くし、精神を尽くし、思いを尽くし、力を尽くして、あなたの神である主を愛しなさい。』第二の掟は、これである。『隣人を自分のように愛しなさい。』この二つにまさる掟はほかにない。」律法学者はイエスに言った。「先生、おっしゃるとおりです。『神は唯一である。ほかに神はない』とおっしゃったのは、本当です。そして、『心を尽くし、知恵を尽くし、力を尽くして神を愛し、また隣人を自分のように愛する』ということは、どんな焼き尽くす献げ物やいけにえよりも優れています。」イエスは律法学者が適切な答えをしたのを見て、「あなたは、神の国から遠くない」と言われた。もはや、あえて質問する者はなかった。〉（マルコ12 28－34）

この部分は二重の意味で面白い。

まず「神を愛し、隣人を愛せ」という教えを伝えるのにイエスは、「隣人を自分のように愛しなさい」と述べる。ここで「自分のように」という一言が加わることによって、愛するという行為がどのようなものであるかということが、普通の人の皮膚感覚として理解できるようになる。ちなみにイエスは知識人ではない。イエスの教養の水準は「中の上」くらいだ。本職は大工だ。ただし、イエスには類い稀な洞察力とたとえ話をする能力があった。人間の心に訴える言葉の力を新約聖書から学び取ることができる。

次に面白いのは、このやりとりがイエスと弟子の間ではなく、イエスと律法学者の間でなされていることだ。律法学者はイエスの敵である。律法学者は、発言の揚げ足取りをして、イエスを社会的に抹殺することを考えている。ただし、この律法学者とのやりとりは例外的に「まっすぐ」なのである。この律法学者は、イエスの愛に関する主張を神殿祭儀よりも優れていると認めている。敵の中にも味方がいるということをイエスは理解している。また、敵のかたくなな心を打ち破る言葉の力をイエスが持っていることをこのやりとりは示している。

もっとも、最後にイエスは、「あなたは、神の国から遠くない」と言っている。「遠くない」というのは、「神の国にいる」ということではない。この律法学者が神の国に入るためには、越えなくてはならないハードルがあることも同時に示している。新約聖書を読むことによって得られる利点は、言葉のニュアンスに対して敏感になることだ。

「マルコによる福音書」の著者については、ペトロの通訳マルコであるという伝承があるが、信憑性が低い。マルコという名をつけられた未確定の人物である。書かれた時期については、70年代初頭、場所については、ローマ、シリア、パレスチナなどの説が唱えられているが、確定的なことは言えない。

マルコによる福音書

1

洗礼者ヨハネ、教えを宣べる（マタ**3** 1―12、ルカ**3** 1―9、15―17、ヨハ**1** 19―28）

1神の子イエス・キリストの福音の初め。
2預言者イザヤの書にこう書いてある。
「見よ、わたしはあなたより先に使者を遣わし、
あなたの道を準備させよう。
3荒れ野で叫ぶ者の声がする。
『主《しゅ》の道を整え、
その道筋をまっすぐにせよ。』」
そのとおり、4洗礼者ヨハネが荒れ野に現れて、
罪の赦《ゆる》しを得させるために悔い改めの洗礼《〔バプテスマ〕》を宣《の》べ
伝《つた》えた。5ユダヤの全地方とエルサレムの住民は
皆、ヨハネのもとに来て、罪を告白し、ヨルダン
川で彼から洗礼を受けた。6ヨハネはらくだの毛《け》
衣《ごろも》を着、腰に革の帯を締め、いなごと野蜜《のみつ》を食べ
ていた。7彼はこう宣べ伝えた。「わたしよりも
優れた方が、後から来られる。わたしは、かがん
でその方の履物のひもを解く値打ちもない。8わ
たしは水であなたたちに洗礼を授けたが、その方
は聖霊で洗礼をお授けになる。」

イエス、洗礼を受ける（マタ**3** 13―17、ルカ**3** 21―22）

9そのころ、イエスはガリラヤのナザレから来
て、ヨルダン川でヨハネから洗礼を受けられた。
10水の中から上がるとすぐ、天が裂けて〝霊〟が
鳩のように御自分に降《くだ》って来るのを、御覧になっ
た。11すると、「あなたはわたしの愛する子、わ
たしの心に適《かな》う者」という声が、天から聞こえた。

誘惑を受ける（マタ**4** 1―11、ルカ**4** 1―13）

12それから、〝霊〟はイエスを荒れ野に送り出
した。13イエスは四十日間そこにとどまり、サタ

ンから誘惑を受けられた。その間、野獣と一緒に
おられたが、天使たちが仕えていた。

ガリラヤで伝道を始める（マタ4 12−17、ルカ4 14−15）

14ヨハネが捕らえられた後、イエスはガリラヤ
へ行き、神の福音を宣べ伝えて、15**「時は満ち、
神の国は近づいた。悔い改めて福音を信じなさ
い」**と言われた。

四人の漁師を弟子にする（マタ4 18−22、ルカ5 1−11）

16イエスは、ガリラヤ湖のほとりを歩いておら
れたとき、シモンとシモンの兄弟アンデレが湖で
網を打っているのを御覧になった。彼らは漁師だ
った。17イエスは、**「わたしについて来なさい。
人間をとる漁師にしよう」**と言われた。18二人は
すぐに網を捨てて従った。19また、少し進んで、
ゼベダイの子ヤコブとその兄弟ヨハネが、舟の中
で網の手入れをしているのを御覧になると、20す
ぐに彼らをお呼びになった。この二人も父ゼベダ
イを雇い人たちと一緒に舟に残して、イエスの後
について行った。

汚れた霊に取りつかれた男をいやす（ルカ4 31−37）

21一行はカファルナウムに着いた。イエスは、
安息日《あんそくび》に会堂に入って教え始められた。22人々は
その教えに非常に驚いた。律法学者のようにでは
なく、権威ある者としてお教えになったからであ
る。23そのとき、この会堂に汚《けが》れた霊に取りつか
れた男がいて叫んだ。24「ナザレのイエス、かま
わないでくれ。我々を滅ぼしに来たのか。正体は
分かっている。神の聖者だ。」25イエスが、**「黙れ。
この人から出て行け」**とお叱りになると、26汚れ
た霊はその人にけいれんを起こさせ、大声をあげ

て出て行った。27人々は皆驚いて、論じ合った。
「これはいったいどういうことなのだ。権威ある
新しい教えだ。この人が汚れた霊に命じると、そ
の言うことを聴く。」28イエスの評判は、たちま
ちガリラヤ地方の隅々にまで広まった。

多くの病人をいやす（マタ**8**14–17、ルカ**4**38–41）

29すぐに、一行は会堂を出て、シモンとアンデ
レの家に行った。ヤコブとヨハネも一緒であった。
30シモンのしゅうとめが熱を出して寝ていたので、
人々は早速、彼女のことをイエスに話した。31イ
エスがそばに行き、手を取って起こされると、熱
は去り、彼女は一同をもてなした。32夕方になっ
て日が沈むと、人々は、病人や悪霊《あくれい》に取りつかれ
た者を皆、イエスのもとに連れて来た。33町中の
人が、戸口に集まった。34イエスは、いろいろな
病気にかかっている大勢の人たちをいやし、また、
多くの悪霊を追い出して、悪霊にものを言うこと
をお許しにならなかった。悪霊はイエスを知って
いたからである。

巡回して宣教する（ルカ**4**42–44）

35朝早くまだ暗いうちに、イエスは起きて、人
里離れた所へ出て行き、そこで祈っておられた。
36シモンとその仲間はイエスの後を追い、37見つ
けると、「みんなが捜しています」と言った。
38イエスは言われた。**「近くのほかの町や村へ行**
こう。そこでも、わたしは宣教する。そのために
わたしは出て来たのである。」39そして、ガリラ
ヤ中の会堂に行き、宣教し、悪霊を追い出された。

重い皮膚病を患っている人をいやす（マタ**8**1–4、ルカ**5**12–16）

40さて、重い皮膚病を患っている人が、イエス
のところに来てひざまずいて願い、「御心《みこころ》ならば、

わたしを清くすることがおできになります」と言
った。41イエスが深く憐《あわ》れんで、手を差し伸べて
その人に触れ、**「よろしい。清くなれ」**と言われ
ると、42たちまち重い皮膚病は去り、その人は清
くなった。43イエスはすぐにその人を立ち去らせ
ようとし、厳しく注意して、44言われた。**「だれ**
にも、何も話さないように気をつけなさい。ただ、
行って祭司に体を見せ、モーセが定めたものを清
めのために献《ささ》げて、人々に証明しなさい。」45し
かし、彼はそこを立ち去ると、大いにこの出来事
を人々に告げ、言い広め始めた。それで、イエス
はもはや公然と町に入ることができず、町の外の
人のいない所におられた。それでも、人々は四方
からイエスのところに集まって来た。

中風の人をいやす（マタ9 1-8、ルカ5 17-26）

2

1数日後、イエスが再びカファルナウムに来
られると、家におられることが知れ渡り、
2大勢の人が集まったので、戸口の辺りまですき
まもないほどになった。イエスが御言葉《みことば》を語って
おられると、3四人の男が中風《ちゅうぶ》の人を運んで来た。
4しかし、群衆に阻まれて、イエスのもとに連れ
て行くことができなかったので、イエスがおられ
る辺りの屋根をはがして穴をあけ、病人の寝てい
る床《とこ》をつり降ろした。5イエスはその人たちの信
仰を見て、中風の人に、**「子よ、あなたの罪は赦**
される」と言われた。6ところが、そこに律法学
者が数人座っていて、心の中であれこれと考えた。
7「この人は、なぜこういうことを口にするのか。
神を冒瀆している。神おひとりのほかに、いった
いだれが、罪を赦すことができるだろうか。」
8イエスは、彼らが心の中で考えていることを、

御自分の霊の力ですぐに知って言われた。**「なぜ、**
そんな考えを心に抱くのか。9**中風の人に『あな**
たの罪は赦される』と言うのと、『起きて、床を
担いで歩け』と言うのと、どちらが易しいか。
10**人の子が地上で罪を赦す権威を持っていること**
を知らせよう。」そして、中風の人に言われた。
11**「わたしはあなたに言う。起き上がり、床を担**
いで家に帰りなさい。」12その人は起き上がり、
すぐに床を担いで、皆の見ている前を出て行った。
人々は皆驚き、「このようなことは、今まで見た
ことがない」と言って、神を賛美した。

レビを弟子にする（マタ**9** 9–13、ルカ**5** 27–32）

13イエスは、再び湖のほとりに出て行かれた。
群衆が皆そばに集まって来たので、イエスは教え
られた。14そして通りがかりに、アルファイの子
レビが収税所に座っているのを見かけて、**「わた**
しに従いなさい」と言われた。彼は立ち上がって
イエスに従った。15イエスがレビの家で食事の席
に着いておられたときのことである。多くの徴税
人や罪人《つみびと》もイエスや弟子たちと同席していた。実
に大勢の人がいて、イエスに従っていたのである。
16ファリサイ派の律法学者は、イエスが罪人や徴
税人と一緒に食事をされるのを見て、弟子たちに、
「どうして彼は徴税人や罪人と一緒に食事をする
のか」と言った。17イエスはこれを聞いて言われ
た。**「医者を必要とするのは、丈夫な人ではなく**
病人である。わたしが来たのは、正しい人を招く
ためではなく、罪人を招くためである。」

断食についての問答（マタ**9** 14–17、ルカ**5** 33–39）

18ヨハネの弟子たちとファリサイ派の人々は、
断食していた。そこで、人々はイエスのところに
来て言った。「ヨハネの弟子たちとファリサイ派

の弟子たちは断食しているのに、なぜ、あなたの
弟子たちは断食しないのですか。」19イエスは言
われた。「花婿が一緒にいるのに、婚礼の客は断
食できるだろうか。花婿が一緒にいるかぎり、断
食はできない。20しかし、花婿が奪い取られる時
が来る。その日には、彼らは断食することになる。
21だれも、織りたての布から布切れを取って、
古い服に継ぎを当てたりはしない。そんなことを
すれば、新しい布切れが古い服を引き裂き、破れ
はいっそうひどくなる。22また、だれも、新しい
ぶどう酒を古い革袋に入れたりはしない。そんな
ことをすれば、ぶどう酒は革袋を破り、ぶどう酒
も革袋もだめになる。新しいぶどう酒は、新しい
革袋に入れるものだ。」

安息日に麦の穂を摘む（マタ12 1–8、ルカ6 1–5）

23ある安息日に、イエスが麦畑を通って行かれ
ると、弟子たちは歩きながら麦の穂を摘み始めた。
24ファリサイ派の人々がイエスに、「御覧なさい。
なぜ、彼らは安息日にしてはならないことをする
のか」と言った。25イエスは言われた。「ダビデ
が、自分も供の者たちも、食べ物がなくて空腹だ
ったときに何をしたか、一度も読んだことがない
のか。26アビアタルが大祭司であったとき、ダビ
デは神の家に入り、祭司のほかにはだれも食べて
はならない供えのパンを食べ、一緒にいた者たち
にも与えたではないか。」27そして更に言われた。
「安息日は、人のために定められた。人が安息日
のためにあるのではない。28だから、人の子は安
息日の主《しゅ》でもある。」

手の萎えた人をいやす（マタ12 9–14、ルカ6 6–11）

3
1イエスはまた会堂にお入りになった。そこ
に片手の萎《な》えた人がいた。2人々はイエスを

訴えようと思って、安息日にこの人の病気をいや
されるかどうか、注目していた。3イエスは手の
萎えた人に、**「真ん中に立ちなさい」**と言われた。
4そして人々にこう言われた。**「安息日に律法で**
許されているのは、善を行うことか、悪を行うこ
とか。命を救うことか、殺すことか。」彼らは黙
っていた。5そこで、イエスは怒って人々を見回
し、彼らのかたくなな心を悲しみながら、その人
に、**「手を伸ばしなさい」**と言われた。伸ばすと、
手は元どおりになった。6ファリサイ派の人々は
出て行き、早速、ヘロデ派の人々と一緒に、どの
ようにしてイエスを殺そうかと相談し始めた。

湖の岸辺の群衆

7イエスは弟子たちと共に湖の方へ立ち去られ
た。ガリラヤから来たおびただしい群衆が従った。
また、ユダヤ、8エルサレム、イドマヤ、ヨルダ
ン川の向こう側、ティルスやシドンの辺りからも
おびただしい群衆が、イエスのしておられること
を残らず聞いて、そばに集まって来た。9そこで、
イエスは弟子たちに小舟を用意してほしいと言わ
れた。群衆に押しつぶされないためである。10イ
エスが多くの病人をいやされたので、病気に悩む
人たちが皆、イエスに触れようとして、そばに押
し寄せたからであった。11汚れた霊どもは、イエ
スを見るとひれ伏して、「あなたは神の子だ」と
叫んだ。12イエスは、自分のことを言いふらさな
いようにと霊どもを厳しく戒められた。

十二人を選ぶ（マタ**10**1-4、ルカ**6**12-16）

13イエスが山に登って、これと思う人々を呼び
寄せられると、彼らはそばに集まって来た。14そ
こで、十二人を任命し、使徒と名付けられた。彼
らを自分のそばに置くため、また、派遣して宣教
させ、15悪霊を追い出す権能を持たせるためであ
った。16こうして十二人を任命された。シモンに

はペトロという名を付けられた。17ゼベダイの子
ヤコブとヤコブの兄弟ヨハネ、この二人にはボア
ネルゲス、すなわち、「雷の子ら」という名を付
けられた。18アンデレ、フィリポ、バルトロマイ、
マタイ、トマス、アルファイの子ヤコブ、タダイ、
熱心党のシモン、19それに、イスカリオテのユダ。
このユダがイエスを裏切ったのである。

ベルゼブル論争（マタ**12** 22–32、ルカ**11** 14–23、**12** 10）

20イエスが家に帰られると、群衆がまた集まっ
て来て、一同は食事をする暇もないほどであった。
21身内の人たちはイエスのことを聞いて取り押さ
えに来た。「あの男は気が変になっている」と言
われていたからである。22エルサレムから下って
来た律法学者たちも、「あの男はベルゼブルに取
りつかれている」と言い、また、「悪霊の頭《かしら》の力
で悪霊を追い出している」と言っていた。23そこ
で、イエスは彼らを呼び寄せて、たとえを用いて
語られた。**「どうして、サタンがサタンを追い出**
せよう。24国が内輪で争えば、その国は成り立た
ない。25家が内輪で争えば、その家は成り立たな
い。26同じように、サタンが内輪もめして争えば、
立ち行かず、滅びてしまう。27また、まず強い人
を縛り上げなければ、だれも、その人の家に押し
入って、家財道具を奪い取ることはできない。ま
ず縛ってから、その家を略奪するものだ。28はっ
きり言っておく。人の子らが犯す罪やどんな冒瀆
の言葉も、すべて赦される。29しかし、聖霊を冒
瀆する者は永遠に赦されず、永遠に罪の責めを負
う。」30イエスがこう言われたのは、「彼は汚れた
霊に取りつかれている」と人々が言っていたから
である。

イエスの母、兄弟（マタ12 46–50、ルカ8 19–21）

31イエスの母と兄弟たちが来て外に立ち、人を
やってイエスを呼ばせた。32大勢の人が、イエス
の周りに座っていた。「御覧なさい。母上と兄弟
姉妹がたが外であなたを捜しておられます」と知
らされると、33イエスは、**「わたしの母、わたし
の兄弟とはだれか」**と答え、34周りに座っている
人々を見回して言われた。**「見なさい。ここにわ
たしの母、わたしの兄弟がいる。**35**神の御心を行
う人こそ、わたしの兄弟、姉妹、また母なのだ。」**

「種を蒔く人」のたとえ（マタ13 1–9、ルカ8 4–8）

4

1イエスは、再び湖のほとりで教え始められ
た。おびただしい群衆が、そばに集まって来
た。そこで、イエスは舟に乗って腰を下ろし、湖
の上におられたが、群衆は皆、湖畔にいた。2イ
エスはたとえでいろいろと教えられ、その中で次
のように言われた。3**「よく聞きなさい。種を蒔《ま》
く人が種蒔きに出て行った。**4**蒔いている間に、
ある種は道端に落ち、鳥が来て食べてしまった。**
5**ほかの種は、石だらけで土の少ない所に落ち、
そこは土が浅いのですぐ芽を出した。**6**しかし、
日が昇ると焼けて、根がないために枯れてしまっ
た。**7**ほかの種は茨《いばら》の中に落ちた。すると茨が伸
びて覆いふさいだので、実を結ばなかった。**8**ま
た、ほかの種は良い土地に落ち、芽生え、育って
実を結び、あるものは三十倍、あるものは六十倍、
あるものは百倍にもなった。」**9そして、**「聞く耳
のある者は聞きなさい」**と言われた。

たとえを用いて話す理由（マタ13 10–17、ルカ8 9–10）

10イエスがひとりになられたとき、十二人と、
イエスの周りにいた人たちとが、たとえについて

尋ねた。11そこで、イエスは言われた。「あなた
がたには神の国の秘密が打ち明けられているが、
外の人々には、すべてがたとえで示される。12そ
れは、
『彼らが見るには見るが、認めず、
聞くには聞くが、理解できず、
こうして、立ち帰って赦されることがない』
ようになるためである。」

「種を蒔く人」のたとえの説明（マタ13 18−23、ルカ8 11−15）

13また、イエスは言われた。「このたとえが分
からないのか。では、どうしてほかのたとえが理
解できるだろうか。14種を蒔く人は、神の言葉を
蒔くのである。15道端のものとは、こういう人た
ちである。そこに御言葉が蒔かれ、それを聞いて
も、すぐにサタンが来て、彼らに蒔かれた御言葉
を奪い去る。16石だらけの所に蒔かれるものとは、
こういう人たちである。御言葉を聞くとすぐ喜ん
で受け入れるが、17自分には根がないので、しば
らくは続いても、後で御言葉のために艱難や迫害
が起こると、すぐにつまずいてしまう。18また、
ほかの人たちは茨の中に蒔かれるものである。こ
の人たちは御言葉を聞くが、19この世の思い煩い
や富の誘惑、その他いろいろな欲望が心に入り込
み、御言葉を覆いふさいで実らない。20良い土地
に蒔かれたものとは、御言葉を聞いて受け入れる
人たちであり、ある者は三十倍、ある者は六十倍、
ある者は百倍の実を結ぶのである。」

「ともし火」と「秤」のたとえ（ルカ8 16−18）

21また、イエスは言われた。「ともし火を持っ
て来るのは、升《ます》の下や寝台の下に置くためだろう
か。燭台の上に置くためではないか。22隠れてい
るもので、あらわにならないものはなく、秘めら
れたもので、公にならないものはない。23聞く耳

のある者は聞きなさい。」
24また、彼らに言われた。「何を聞いているか
に注意しなさい。あなたがたは自分の量る秤《はかり》で量
り与えられ、更にたくさん与えられる。25持って
いる人は更に与えられ、持っていない人は持って
いるものまでも取り上げられる。」

「成長する種」のたとえ

26また、イエスは言われた。「神の国は次のよ
うなものである。人が土に種を蒔いて、27夜昼、
寝起きしているうちに、種は芽を出して成長する
が、どうしてそうなるのか、その人は知らない。
28土はひとりでに実を結ばせるのであり、まず茎、
次に穂、そしてその穂には豊かな実ができる。
29実が熟すと、早速、鎌を入れる。収穫の時が来
たからである。」

「からし種」のたとえ（マタ13 31–32、ルカ13 18–19）

30更に、イエスは言われた。「神の国を何にた
とえようか。どのようなたとえで示そうか。31そ
れは、からし種《だね》のようなものである。土に蒔くと
きには、地上のどんな種よりも小さいが、32蒔く
と、成長してどんな野菜よりも大きくなり、葉の
陰に空の鳥が巣を作れるほど大きな枝を張る。」

たとえを用いて語る（マタ13 34–35）

33イエスは、人々の聞く力に応じて、このよう
に多くのたとえで御言葉を語られた。34たとえを
用いずに語ることはなかったが、御自分の弟子た
ちにはひそかにすべてを説明された。

突風を静める（マタ8 23–27、ルカ8 22–25）

35その日の夕方になって、イエスは、「向こう
岸に渡ろう」と弟子たちに言われた。36そこで、

弟子たちは群衆を後に残し、イエスを舟に乗せた
まま漕ぎ出した。ほかの舟も一緒であった。37激
しい突風が起こり、舟は波をかぶって、水浸しに
なるほどであった。38しかし、イエスは艫《とも》の方で
枕をして眠っておられた。弟子たちはイエスを起
こして、「先生、わたしたちがおぼれてもかまわ
ないのですか」と言った。39イエスは起き上がっ
て、風を叱り、湖に、**「黙れ。静まれ」**と言われ
た。すると、風はやみ、すっかり凪《なぎ》になった。
40イエスは言われた。**「なぜ怖がるのか。まだ信
じないのか。」**41弟子たちは非常に恐れて、「いっ
たい、この方はどなたなのだろう。風や湖さえも
従うではないか」と互いに言った。

5

悪霊に取りつかれたゲラサの人をいやす（マタ8 28-34、ルカ8 26-39）

1一行は、湖の向こう岸にあるゲラサ人の地
方に着いた。2イエスが舟から上がられると
すぐに、汚れた霊に取りつかれた人が墓場からや
って来た。3この人は墓場を住まいとしており、
もはやだれも、鎖を用いてさえつなぎとめておく
ことはできなかった。4これまでにも度々足枷《あしかせ》や
鎖で縛られたが、鎖は引きちぎり足枷は砕いてし
まい、だれも彼を縛っておくことはできなかった
のである。5彼は昼も夜も墓場や山で叫んだり、
石で自分を打ちたたいたりしていた。6イエスを
遠くから見ると、走り寄ってひれ伏し、7大声で
叫んだ。「いと高き神の子イエス、かまわないで
くれ。後生だから、苦しめないでほしい。」8イ
エスが、**「汚れた霊、この人から出て行け」**と言
われたからである。9そこで、イエスが、**「名は
何というのか」**とお尋ねになると、「名はレギオ
ン。大勢だから」と言った。10そして、自分たち
をこの地方から追い出さないようにと、イエスに
しきりに願った。

11ところで、その辺りの山で豚の大群がえさを

あさっていた。12汚れた霊どもはイエスに、「豚
の中に送り込み、乗り移らせてくれ」と願った。
13イエスがお許しになったので、汚れた霊どもは
出て、豚の中に入った。すると、二千匹ほどの豚
の群れが崖を下って湖になだれ込み、湖の中で
次々とおぼれ死んだ。14豚飼いたちは逃げ出し、
町や村にこのことを知らせた。人々は何が起こっ
たのかと見に来た。15彼らはイエスのところに来
ると、レギオンに取りつかれていた人が服を着、
正気になって座っているのを見て、恐ろしくなっ
た。16成り行きを見ていた人たちは、悪霊に取り
つかれた人の身に起こったことと豚のことを人々
に語った。17そこで、人々はイエスにその地方か
ら出て行ってもらいたいと言いだした。18イエス
が舟に乗られると、悪霊に取りつかれていた人が、
一緒に行きたいと願った。19イエスはそれを許さ
ないで、こう言われた。**「自分の家に帰りなさい。**
そして身内の人に、主があなたを憐れみ、あなた
にしてくださったことをことごとく知らせなさ
い。」20その人は立ち去り、イエスが自分にして
くださったことをことごとくデカポリス地方に言
い広め始めた。人々は皆驚いた。

ヤイロの娘とイエスの服に触れる女（マタ9 18-26、ルカ8 40-56）

21イエスが舟に乗って再び向こう岸に渡られる
と、大勢の群衆がそばに集まって来た。イエスは
湖のほとりにおられた。22会堂長の一人でヤイロ
という名の人が来て、イエスを見ると足もとにひ
れ伏して、23しきりに願った。「わたしの幼い娘
が死にそうです。どうか、おいでになって手を置
いてやってください。そうすれば、娘は助かり、
生きるでしょう。」24そこで、イエスはヤイロと
一緒に出かけて行かれた。
　大勢の群衆も、イエスに従い、押し迫って来た。
25さて、ここに十二年間も出血の止まらない女が

いた。26多くの医者にかかって、ひどく苦しめら
れ、全財産を使い果たしても何の役にも立たず、
ますます悪くなるだけであった。27イエスのこと
を聞いて、群衆の中に紛れ込み、後ろからイエス
の服に触れた。28「この方の服にでも触れればい
やしていただける」と思ったからである。29する
と、すぐ出血が全く止まって病気がいやされたこ
とを体に感じた。30イエスは、自分の内から力が
出て行ったことに気づいて、群衆の中で振り返り、
「わたしの服に触れたのはだれか」と言われた。
31そこで、弟子たちは言った。「群衆があなたに
押し迫っているのがお分かりでしょう。それなの
に、**『だれがわたしに触れたのか』**とおっしゃる
のですか。」32しかし、イエスは、触れた者を見
つけようと、辺りを見回しておられた。33女は自
分の身に起こったことを知って恐ろしくなり、震
えながら進み出てひれ伏し、すべてをありのまま
話した。34イエスは言われた。**「娘よ、あなたの
信仰があなたを救った。安心して行きなさい。も
うその病気にかからず、元気に暮らしなさい。」**
35イエスがまだ話しておられるときに、会堂長
の家から人々が来て言った。「お嬢さんは亡くな
りました。もう、先生を煩わすには及ばないでし
ょう。」36イエスはその話をそばで聞いて、**「恐れ
ることはない。ただ信じなさい」**と会堂長に言わ
れた。37そして、ペトロ、ヤコブ、またヤコブの
兄弟ヨハネのほかは、だれもついて来ることをお
許しにならなかった。38一行は会堂長の家に着い
た。イエスは人々が大声で泣きわめいて騒いでい
るのを見て、39家の中に入り、人々に言われた。
**「なぜ、泣き騒ぐのか。子供は死んだのではない。
眠っているのだ。」**40人々はイエスをあざ笑った。
しかし、イエスは皆を外に出し、子供の両親と三
人の弟子だけを連れて、子供のいる所へ入って行
かれた。41そして、子供の手を取って、**「タリタ、
クム」**と言われた。これは、**「少女よ、わたしは**

あなたに言う。起きなさい」という意味である。
42少女はすぐに起き上がって、歩きだした。もう
十二歳になっていたからである。それを見るや、
人々は驚きのあまり我を忘れた。43イエスはこの
ことをだれにも知らせないようにと厳しく命じ、
また、食べ物を少女に与えるようにと言われた。

6

ナザレで受け入れられない（マタ**13** 53–58、ルカ**4** 16–30）

1イエスはそこを去って故郷にお帰りになっ
たが、弟子たちも従った。2安息日になった
ので、イエスは会堂で教え始められた。多くの
人々はそれを聞いて、驚いて言った。「この人は、
このようなことをどこから得たのだろう。この人
が授かった知恵と、その手で行われるこのような
奇跡はいったい何か。3この人は、大工ではない
か。マリアの息子で、ヤコブ、ヨセ、ユダ、シモ
ンの兄弟ではないか。姉妹たちは、ここで我々と
一緒に住んでいるではないか。」このように、
人々はイエスにつまずいた。4イエスは、**「預言**
者が敬われないのは、自分の故郷、親戚や家族の
間だけである」と言われた。5そこでは、ごくわ
ずかの病人に手を置いていやされただけで、その
ほかは何も奇跡を行うことがおできにならなかっ
た。6そして、人々の不信仰に驚かれた。

十二人を派遣する（マタ**10** 1、5–15、ルカ**9** 1–6）

それから、イエスは付近の村を巡り歩いてお教
えになった。7そして、十二人を呼び寄せ、二人
ずつ組にして遣わすことにされた。その際、汚れ
た霊に対する権能を授け、8旅には杖一本のほか
何も持たず、パンも、袋も、また帯の中に金も持
たず、9ただ履物は履くように、そして**「下着は**
二枚着てはならない」と命じられた。10また、こ
うも言われた。**「どこでも、ある家に入ったら、**

その土地から旅立つときまで、その家にとどまり
なさい。 11**しかし、あなたがたを迎え入れず、あ**
なたがたに耳を傾けようともしない所があったら、
そこを出ていくとき、彼らへの証《あか》しとして足の裏
の埃を払い落としなさい。」 12十二人は出かけて
行って、悔い改めさせるために宣教した。13そし
て、多くの悪霊を追い出し、油を塗って多くの病
人をいやした。

洗礼者ヨハネ、殺される（マタ14 1–12、ルカ9 7–9）

14イエスの名が知れ渡ったので、ヘロデ王の耳
にも入った。人々は言っていた。「洗礼者ヨハネ
が死者の中から生き返ったのだ。だから、奇跡を
行う力が彼に働いている。」15そのほかにも、「彼
はエリヤだ」と言う人もいれば、「昔の預言者の
ような預言者だ」と言う人もいた。16ところが、
ヘロデはこれを聞いて、「わたしが首をはねたあ
のヨハネが、生き返ったのだ」と言った。17実は、
ヘロデは、自分の兄弟フィリポの妻ヘロディアと
結婚しており、そのことで人をやってヨハネを捕
らえさせ、牢につないでいた。18ヨハネが、「自
分の兄弟の妻と結婚することは、律法で許されて
いない」とヘロデに言ったからである。19そこで、
ヘロディアはヨハネを恨み、彼を殺そうと思って
いたが、できないでいた。20なぜなら、ヘロデが、
ヨハネは正しい聖なる人であることを知って、彼
を恐れ、保護し、また、その教えを聞いて非常に
当惑しながらも、なお喜んで耳を傾けていたから
である。21ところが、良い機会が訪れた。ヘロデ
が、自分の誕生日の祝いに高官や将校、ガリラヤ
の有力者などを招いて宴会を催すと、22ヘロディ
アの娘が入って来て踊りをおどり、ヘロデとその
客を喜ばせた。そこで、王は少女に、「欲しいも
のがあれば何でも言いなさい。お前にやろう」と
言い、23更に、「お前が願うなら、この国の半分

でもやろう」と固く誓ったのである。24少女が座
を外して、母親に、「何を願いましょうか」と言
うと、母親は、「洗礼者ヨハネの首を」と言った。
25早速、少女は大急ぎで王のところに行き、「今
すぐに洗礼者ヨハネの首を盆に載せて、いただき
とうございます」と願った。26王は非常に心を痛
めたが、誓ったことではあるし、また客の手前、
少女の願いを退けたくなかった。27そこで、王は
衛兵を遣わし、ヨハネの首を持って来るようにと
命じた。衛兵は出て行き、牢の中でヨハネの首を
はね、28盆に載せて持って来て少女に渡し、少女
はそれを母親に渡した。29ヨハネの弟子たちはこ
のことを聞き、やって来て、遺体を引き取り、墓
に納めた。

五千人に食べ物を与える（マタ14 13-21、ルカ9 10-17、ヨハ6 1-14）

30さて、使徒たちはイエスのところに集まって
来て、自分たちが行ったことや教えたことを残ら
ず報告した。31イエスは、**「さあ、あなたがただ
けで人里離れた所へ行って、しばらく休むがよ
い」**と言われた。出入りする人が多くて、食事を
する暇もなかったからである。32そこで、一同は
舟に乗って、自分たちだけで人里離れた所へ行っ
た。33ところが、多くの人々は彼らが出かけて行
くのを見て、それと気づき、すべての町からそこ
へ一斉に駆けつけ、彼らより先に着いた。34イエ
スは舟から上がり、大勢の群衆を見て、飼い主の
いない羊のような有様を深く憐れみ、いろいろと
教え始められた。35そのうち、時もだいぶたった
ので、弟子たちがイエスのそばに来て言った。
「ここは人里離れた所で、時間もだいぶたちまし
た。36人々を解散させてください。そうすれば、
自分で周りの里や村へ、何か食べる物を買いに行
くでしょう。」37これに対してイエスは、**「あなた
がたが彼らに食べ物を与えなさい」**とお答えにな

った。弟子たちは、「わたしたちが二百デナリオ
ンものパンを買って来て、みんなに食べさせるの
ですか」と言った。38イエスは言われた。**「パン**
は幾つあるのか。見て来なさい。」 弟子たちは確
かめて来て、言った。「五つあります。それに魚
が二匹です。」39そこで、イエスは弟子たちに、
皆を組に分けて、青草の上に座らせるようにお命
じになった。40人々は、百人、五十人ずつまとま
って腰を下ろした。41イエスは五つのパンと二匹
の魚を取り、天を仰いで賛美の祈りを唱え、パン
を裂いて、弟子たちに渡しては配らせ、二匹の魚
も皆に分配された。42すべての人が食べて満腹し
た。43そして、パンの屑《くず》と魚の残りを集めると、
十二の籠にいっぱいになった。44パンを食べた人
は男が五千人であった。

湖の上を歩く（マタ**14** 22-33、ヨハ**6** 15-21）

45それからすぐ、イエスは弟子たちを強いて舟
に乗せ、向こう岸のベトサイダへ先に行かせ、そ
の間に御自分は群衆を解散させられた。46群衆と
別れてから、祈るために山へ行かれた。47夕方に
なると、舟は湖の真ん中に出ていたが、イエスだ
けは陸地におられた。48ところが、逆風のために
弟子たちが漕ぎ悩んでいるのを見て、夜が明ける
ころ、湖の上を歩いて弟子たちのところに行き、
そばを通り過ぎようとされた。49弟子たちは、イ
エスが湖上を歩いておられるのを見て、幽霊だと
思い、大声で叫んだ。50皆はイエスを見ておびえ
たのである。しかし、イエスはすぐ彼らと話し始
めて、**「安心しなさい。わたしだ。恐れることは**
ない」 と言われた。51イエスが舟に乗り込まれる
と、風は静まり、弟子たちは心の中で非常に驚い
た。52パンの出来事を理解せず、心が鈍くなって
いたからである。

ゲネサレトで病人をいやす（マタ14 34–36）

53こうして、一行は湖を渡り、ゲネサレトとい
う土地に着いて舟をつないだ。54一行が舟から上
がると、すぐに人々はイエスと知って、55その地
方をくまなく走り回り、どこでもイエスがおられ
ると聞けば、そこへ病人を床に乗せて運び始めた。
56村でも町でも里でも、イエスが入って行かれる
と、病人を広場に置き、せめてその服のすそにで
も触れさせてほしいと願った。触れた者は皆いや
された。

7

昔の人の言い伝え（マタ15 1–20）

1ファリサイ派の人々と数人の律法学者たち
が、エルサレムから来て、イエスのもとに集
まった。2そして、イエスの弟子たちの中に汚れ
た手、つまり洗わない手で食事をする者がいるの
を見た。3――ファリサイ派の人々をはじめユダ
ヤ人は皆、昔の人の言い伝えを固く守って、念入
りに手を洗ってからでないと食事をせず、4また、
市場から帰ったときには、身を清めてからでない
と食事をしない。そのほか、杯《さかずき》、鉢、銅の器や寝
台を洗うことなど、昔から受け継いで固く守って
いることがたくさんある。――5そこで、ファリ
サイ派の人々と律法学者たちが尋ねた。「なぜ、
あなたの弟子たちは昔の人の言い伝えに従って歩
まず、汚れた手で食事をするのですか。」6イエ
スは言われた。「**イザヤは、あなたたちのような**
偽善者のことを見事に預言したものだ。彼はこう
書いている。
『この民は口先ではわたしを敬うが、
その心はわたしから遠く離れている。
7**人間の戒めを教えとしておしえ、**
むなしくわたしをあがめている。』
8**あなたたちは神の掟を捨てて、人間の言い伝え**
を固く守っている。」9更に、イエスは言われた。
「**あなたたちは自分の言い伝えを大事にして、よ**

くも神の掟をないがしろにしたものである。10モ
ーセは、『父と母を敬え』と言い、『父または母を
ののしる者は死刑に処せられるべきである』とも
言っている。11それなのに、あなたたちは言って
いる。『もし、だれかが父または母に対して、「あ
なたに差し上げるべきものは、何でもコルバン、
つまり神への供え物です」と言えば、12その人は
もはや父または母に対して何もしないで済むの
だ』と。13こうして、あなたたちは、受け継いだ
言い伝えで神の言葉を無にしている。また、これ
と同じようなことをたくさん行っている。」
14それから、イエスは再び群衆を呼び寄せて言
われた。「皆、わたしの言うことを聞いて悟りな
さい。15外から人の体に入るもので人を汚すこと
ができるものは何もなく、人の中から出て来るも
のが、人を汚すのである。」† 17イエスが群衆と別
れて家に入られると、弟子たちはこのたとえにつ
いて尋ねた。18イエスは言われた。「あなたがた
も、そんなに物分かりが悪いのか。すべて外から
人の体に入るものは、人を汚すことができないこ
とが分からないのか。19それは人の心の中に入る
のではなく、腹の中に入り、そして外に出される。
こうして、すべての食べ物は清められる。」20更
に、次のように言われた。「人から出て来るもの
こそ、人を汚す。21中から、つまり人間の心から、
悪い思いが出て来るからである。みだらな行い、
盗み、殺意、22姦淫、貪欲、悪意、詐欺、好色、
ねたみ、悪口《あっこう》、傲慢、無分別など、23これらの悪
はみな中から出て来て、人を汚すのである。」

シリア・フェニキアの女の信仰（マタ15 21―28）

24イエスはそこを立ち去って、ティルスの地方
に行かれた。ある家に入り、だれにも知られたく
ないと思っておられたが、人々に気づかれてしま
った。25汚れた霊に取りつかれた幼い娘を持つ女

が、すぐにイエスのことを聞きつけ、来てその足
もとにひれ伏した。26女はギリシア人でシリア・
フェニキアの生まれであったが、娘から悪霊を追
い出してくださいと頼んだ。27イエスは言われた。
「まず、子供たちに十分食べさせなければならな
い。子供たちのパンを取って、小犬にやってはい
けない。」28ところが、女は答えて言った。「主よ、
しかし、食卓の下の小犬も、子供のパン屑はいた
だきます。」29そこで、イエスは言われた。**「それ**
ほど言うなら、よろしい。家に帰りなさい。悪霊
はあなたの娘からもう出てしまった。」30女が家
に帰ってみると、その子は床の上に寝ており、悪
霊は出てしまっていた。

耳が聞こえず舌の回らない人をいやす

31それからまた、イエスはティルスの地方を去
り、シドンを経てデカポリス地方を通り抜け、ガ
リラヤ湖へやって来られた。32人々は耳が聞こえ
ず舌の回らない人を連れて来て、その上に手を置
いてくださるようにと願った。33そこで、イエス
はこの人だけを群衆の中から連れ出し、指をその
両耳に差し入れ、それから唾《つば》をつけてその舌に触
れられた。34そして、天を仰いで深く息をつき、
その人に向かって、**「エッファタ」**と言われた。
これは、**「開け」**という意味である。35すると、
たちまち耳が開き、舌のもつれが解け、はっきり
話すことができるようになった。36イエスは人々
に、だれにもこのことを話してはいけない、と口
止めをされた。しかし、イエスが口止めをされれ
ばされるほど、人々はかえってますます言い広め
た。37そして、すっかり驚いて言った。「この方
のなさったことはすべて、すばらしい。耳の聞こ
えない人を聞こえるようにし、口の利けない人を
話せるようにしてくださる。」

8

四千人に食べ物を与える（マタ15 32-39）

1そのころ、また群衆が大勢いて、何も食べ
る物がなかったので、イエスは弟子たちを呼
び寄せて言われた。2**「群衆がかわいそうだ。も**
う三日もわたしと一緒にいるのに、食べ物がない。
3**空腹のまま家に帰らせると、途中で疲れきって**
しまうだろう。中には遠くから来ている者もい
る。」4弟子たちは答えた。「こんな人里離れた所
で、いったいどこからパンを手に入れて、これだ
けの人に十分食べさせることができるでしょう
か。」5イエスが**「パンは幾つあるか」**とお尋ね
になると、弟子たちは、「七つあります」と言っ
た。6そこで、イエスは地面に座るように群衆に
命じ、七つのパンを取り、感謝の祈りを唱えてこ
れを裂き、人々に配るようにと弟子たちにお渡し
になった。弟子たちは群衆に配った。7また、小
さい魚が少しあったので、賛美の祈りを唱えて、
それも配るようにと言われた。8人々は食べて満
腹したが、残ったパンの屑を集めると、七籠にな
った。9およそ四千人の人がいた。イエスは彼ら
を解散させられた。10それからすぐに、弟子たち
と共に舟に乗って、ダルマヌタの地方に行かれた。

人々はしるしを欲しがる（マタ16 1-4）

11ファリサイ派の人々が来て、イエスを試そう
として、天からのしるしを求め、議論をしかけた。
12イエスは、心の中で深く嘆いて言われた。**「ど**
うして、今の時代の者たちはしるしを欲しがるの
だろう。はっきり言っておく。今の時代の者たち
には、決してしるしは与えられない。」13そして、
彼らをそのままにして、また舟に乗って向こう岸
へ行かれた。

ファリサイ派の人々とヘロデのパン種（マタ16 5-12）

14弟子たちはパンを持って来るのを忘れ、舟の

中には一つのパンしか持ち合わせていなかった。
15そのとき、イエスは、**「ファリサイ派の人々の**
パン種とヘロデのパン種によく気をつけなさい」
と戒められた。16弟子たちは、これは自分たちが
パンを持っていないからなのだ、と論じ合ってい
た。17イエスはそれに気づいて言われた。**「なぜ、**
パンを持っていないことで議論するのか。まだ、
分からないのか。悟らないのか。心がかたくなに
なっているのか。18**目があっても見えないのか。**
耳があっても聞こえないのか。覚えていないのか。
19**わたしが五千人に五つのパンを裂いたとき、集**
めたパンの屑でいっぱいになった籠は、幾つあっ
たか。」弟子たちは、「十二です」と言った。
20**「七つのパンを四千人に裂いたときには、集め**
たパンの屑でいっぱいになった籠は、幾つあった
か。」「七つです」と言うと、21イエスは、**「まだ**
悟らないのか」と言われた。

ベトサイダで盲人をいやす

22一行はベトサイダに着いた。人々が一人の盲
人をイエスのところに連れて来て、触れていただ
きたいと願った。23イエスは盲人の手を取って、
村の外に連れ出し、その目に唾をつけ、両手をそ
の人の上に置いて、**「何か見えるか」**とお尋ねに
なった。24すると、盲人は見えるようになって、
言った。「人が見えます。木のようですが、歩い
ているのが分かります。」25そこで、イエスがも
う一度両手をその目に当てられると、よく見えて
きていやされ、何でもはっきり見えるようになっ
た。26イエスは、**「この村に入ってはいけない」**
と言って、その人を家に帰された。

ペトロ、信仰を言い表す（マタ**16** 13–20、ルカ**9** 18–21）

27イエスは、弟子たちとフィリポ・カイサリア
地方の方々の村にお出かけになった。その途中、

弟子たちに、「**人々は、わたしのことを何者だと**
言っているか」と言われた。28弟子たちは言った。
「『洗礼者ヨハネだ』と言っています。ほかに、
『エリヤだ』と言う人も、『預言者の一人だ』と言
う人もいます。」29そこでイエスがお尋ねになっ
た。「**それでは、あなたがたはわたしを何者だと**
言うのか。」ペトロが答えた。「あなたは、メシア
です。」30するとイエスは、御自分のことをだれ
にも話さないようにと弟子たちを戒められた。

イエス、死と復活を予告する（マタ16 21―28、ルカ9 22―27）

31それからイエスは、人の子は必ず多くの苦し
みを受け、長老、祭司長、律法学者たちから排斥
されて殺され、三日の後に復活することになって
いる、と弟子たちに教え始められた。32しかも、
そのことをはっきりとお話しになった。すると、
ペトロはイエスをわきへお連れして、いさめ始め
た。33イエスは振り返って、弟子たちを見ながら、
ペトロを叱って言われた。「**サタン、引き下がれ。**
あなたは神のことを思わず、人間のことを思って
いる。」34それから、群衆を弟子たちと共に呼び
寄せて言われた。「**わたしの後に従いたい者は、**
自分を捨て、自分の十字架を背負って、わたしに
従いなさい。35**自分の命を救いたいと思う者は、**
それを失うが、わたしのため、また福音のために
命を失う者は、それを救うのである。36**人は、た**
とえ全世界を手に入れても、自分の命を失ったら、
何の得があろうか。37**自分の命を買い戻すのに、**
どんな代価を支払えようか。38**神に背いたこの罪**
深い時代に、わたしとわたしの言葉を恥じる者は、
人の子もまた、父の栄光に輝いて聖なる天使たち
と共に来るときに、その者を恥じる。」**9** 1また、
イエスは言われた。「**はっきり言っておく。ここ**
に一緒にいる人々の中には、神の国が力にあふれ
て現れるのを見るまでは、決して死なない者がい

る。」

イエスの姿が変わる（マタ**17** 1−13、ルカ
9 28−36）

[2]六日の後、イエスは、ただペトロ、ヤコブ、
ヨハネだけを連れて、高い山に登られた。イエス
の姿が彼らの目の前で変わり、[3]服は真っ白に輝
き、この世のどんなさらし職人の腕も及ばぬほど
白くなった。[4]エリヤがモーセと共に現れて、イ
エスと語り合っていた。[5]ペトロが口をはさんで
イエスに言った。「先生、わたしたちがここにい
るのは、すばらしいことです。仮小屋を三つ建て
ましょう。一つはあなたのため、一つはモーセの
ため、もう一つはエリヤのためです。」[6]ペトロ
は、どう言えばよいのか、分からなかった。弟子
たちは非常に恐れていたのである。[7]すると、雲
が現れて彼らを覆い、雲の中から声がした。「こ
れはわたしの愛する子。これに聞け。」[8]弟子た
ちは急いで辺りを見回したが、もはやだれも見え
ず、ただイエスだけが彼らと一緒におられた。
[9]一同が山を下りるとき、イエスは、**「人の子**
が死者の中から復活するまでは、今見たことをだ
れにも話してはいけない」と弟子たちに命じられ
た。[10]彼らはこの言葉を心に留めて、死者の中か
ら復活するとはどういうことかと論じ合った。
[11]そして、イエスに、「なぜ、律法学者は、まず
エリヤが来るはずだと言っているのでしょうか」
と尋ねた。[12]イエスは言われた。**「確かに、まず**
エリヤが来て、すべてを元どおりにする。それな
ら、人の子は苦しみを重ね、辱《はずかし》めを受けると聖書
に書いてあるのはなぜか。[13]しかし、言っておく。
エリヤは来たが、彼について聖書に書いてあるよ
うに、人々は好きなようにあしらったのである。」

汚れた霊に取りつかれた子をいやす（マタ**17**14–20、ルカ**9**37–43ａ）

14一同がほかの弟子たちのところに来てみると、
彼らは大勢の群衆に取り囲まれて、律法学者たち
と議論していた。15群衆は皆、イエスを見つけて
非常に驚き、駆け寄って来て挨拶した。16イエス
が、**「何を議論しているのか」**とお尋ねになると、
17群衆の中のある者が答えた。「先生、息子をお
そばに連れて参りました。この子は霊に取りつか
れて、ものが言えません。18霊がこの子に取りつ
くと、所かまわず地面に引き倒すのです。すると、
この子は口から泡を出し、歯ぎしりして体をこわ
ばらせてしまいます。この霊を追い出してくださ
るようにお弟子たちに申しましたが、できません
でした。」19イエスはお答えになった。**「なんと信**
仰のない時代なのか。いつまでわたしはあなたが
たと共にいられようか。いつまで、あなたがたに
我慢しなければならないのか。その子をわたしの
ところに連れて来なさい。」20人々は息子をイエ
スのところに連れて来た。霊は、イエスを見ると、
すぐにその子を引きつけさせた。その子は地面に
倒れ、転び回って泡を吹いた。21イエスは父親に、
「このようになったのは、いつごろからか」とお
尋ねになった。父親は言った。「幼い時からです。
22霊は息子を殺そうとして、もう何度も火の中や
水の中に投げ込みました。おできになるなら、わ
たしどもを憐れんでお助けください。」23イエス
は言われた。**「『できれば』と言うか。信じる者に**
は何でもできる。」24その子の父親はすぐに叫ん
だ。「信じます。信仰のないわたしをお助けくだ
さい。」25イエスは、群衆が走り寄って来るのを
見ると、汚れた霊をお叱りになった。**「ものも言**
わせず、耳も聞こえさせない霊、わたしの命令だ。
この子から出て行け。二度とこの子の中に入る
な。」26すると、霊は叫び声をあげ、ひどく引き
つけさせて出て行った。その子は死んだようにな

ったので、多くの者が、「死んでしまった」と言
った。27しかし、イエスが手を取って起こされる
と、立ち上がった。28イエスが家の中に入られる
と、弟子たちはひそかに、「なぜ、わたしたちは
あの霊を追い出せなかったのでしょうか」と尋ね
た。29イエスは、**「この種のものは、祈りによら
なければ決して追い出すことはできないのだ」**と
言われた。

再び自分の死と復活を予告する（マタ17 22-23、ルカ9 43b-45）

30一行はそこを去って、ガリラヤを通って行っ
た。しかし、イエスは人に気づかれるのを好まれ
なかった。31それは弟子たちに、**「人の子は、
人々の手に引き渡され、殺される。殺されて三日
の後に復活する」**と言っておられたからである。
32弟子たちはこの言葉が分からなかったが、怖く
て尋ねられなかった。

いちばん偉い者（マタ18 1-5、ルカ9 46-48）

33一行はカファルナウムに来た。家に着いてか
ら、イエスは弟子たちに、**「途中で何を議論して
いたのか」**とお尋ねになった。34彼らは黙ってい
た。途中でだれがいちばん偉いかと議論し合って
いたからである。35イエスが座り、十二人を呼び
寄せて言われた。**「いちばん先になりたい者は、
すべての人の後になり、すべての人に仕える者に
なりなさい。」**36そして、一人の子供の手を取っ
て彼らの真ん中に立たせ、抱き上げて言われた。
37**「わたしの名のためにこのような子供の一人を
受け入れる者は、わたしを受け入れるのである。
わたしを受け入れる者は、わたしではなくて、わ
たしをお遣わしになった方を受け入れるのであ
る。」**

逆らわない者は味方（ルカ9 49-50）

38ヨハネがイエスに言った。「先生、お名前を
使って悪霊を追い出している者を見ましたが、わ
たしたちに従わないので、やめさせようとしまし
た。」39イエスは言われた。「やめさせてはならな
い。わたしの名を使って奇跡を行い、そのすぐ後
で、わたしの悪口は言えまい。40わたしたちに逆
らわない者は、わたしたちの味方なのである。
41はっきり言っておく。キリストの弟子だという
理由で、あなたがたに一杯の水を飲ませてくれる
者は、必ずその報いを受ける。」

罪への誘惑（マタ18 6-9、ルカ17 1-2）

42「わたしを信じるこれらの小さな者の一人を
つまずかせる者は、大きな石臼を首に懸けられて、
海に投げ込まれてしまう方がはるかによい。43も
し片方の手があなたをつまずかせるなら、切り捨
ててしまいなさい。両手がそろったまま地獄の消
えない火の中に落ちるよりは、片手になっても命
にあずかる方がよい。† 45もし片方の足があなた
をつまずかせるなら、切り捨ててしまいなさい。
両足がそろったままで地獄に投げ込まれるよりは、
片足になっても命にあずかる方がよい。† 47もし
片方の目があなたをつまずかせるなら、えぐり出
しなさい。両方の目がそろったまま地獄に投げ込
まれるよりは、一つの目になっても神の国に入る
方がよい。48地獄では蛆《うじ》が尽きることも、火が消
えることもない。49人は皆、火で塩味を付けられ
る。50塩は良いものである。だが、塩に塩気がな
くなれば、あなたがたは何によって塩に味を付け
るのか。自分自身の内に塩を持ちなさい。そして、
互いに平和に過ごしなさい。」

10

離縁について教える（マタ19 1-12）

1イエスはそこを立ち去って、ユダヤ地方と
ヨルダン川の向こう側に行かれた。群衆がま

た集まって来たので、イエスは再びいつものよう
に教えておられた。2ファリサイ派の人々が近寄
って、「夫が妻を離縁することは、律法に適って
いるでしょうか」と尋ねた。イエスを試そうとし
たのである。3イエスは、**「モーセはあなたたち**
に何と命じたか」と問い返された。4彼らは、
「モーセは、離縁状を書いて離縁することを許し
ました」と言った。5イエスは言われた。**「あな**
たたちの心が頑固なので、このような掟をモーセ
は書いたのだ。6**しかし、天地創造の初めから、**
神は人を男と女とにお造りになった。7**それゆえ、**
人は父母を離れてその妻と結ばれ、8**二人は一体**
となる。だから二人はもはや別々ではなく、一体
である。9**従って、神が結び合わせてくださった**
ものを、人は離してはならない。」10家に戻って
から、弟子たちがまたこのことについて尋ねた。
11イエスは言われた。**「妻を離縁して他の女を妻**
にする者は、妻に対して姦通の罪を犯すことにな
る。12**夫を離縁して他の男を夫にする者も、姦通**
の罪を犯すことになる。」

子供を祝福する（マタ19 13–15、ルカ18 15–17）

13イエスに触れていただくために、人々が子供
たちを連れて来た。弟子たちはこの人々を叱った。
14しかし、イエスはこれを見て憤り、弟子たちに
言われた。**「子供たちをわたしのところに来させ**
なさい。妨げてはならない。神の国はこのような
者たちのものである。15**はっきり言っておく。子**
供のように神の国を受け入れる人でなければ、決
してそこに入ることはできない。」16そして、子
供たちを抱き上げ、手を置いて祝福された。

金持ちの男（マタ19 16–30、ルカ18 18–30）

17イエスが旅に出ようとされると、ある人が走
り寄って、ひざまずいて尋ねた。「善い先生、永
遠の命を受け継ぐには、何をすればよいでしょう

か。」18イエスは言われた。「なぜ、わたしを『善
い』と言うのか。神おひとりのほかに、善い者は
だれもいない。19『殺すな、姦淫するな、盗むな、
偽証するな、奪い取るな、父母を敬え』という掟
をあなたは知っているはずだ。」20すると彼は、
「先生、そういうことはみな、子供の時から守っ
てきました」と言った。21イエスは彼を見つめ、
慈しんで言われた。「あなたに欠けているものが
一つある。行って持っている物を売り払い、貧し
い人々に施しなさい。そうすれば、天に富を積む
ことになる。それから、わたしに従いなさい。」
22その人はこの言葉に気を落とし、悲しみながら
立ち去った。たくさんの財産を持っていたからで
ある。
23イエスは弟子たちを見回して言われた。「財
産のある者が神の国に入るのは、なんと難しいこ
とか。」24弟子たちはこの言葉を聞いて驚いた。
イエスは更に言葉を続けられた。「子たちよ、神
の国に入るのは、なんと難しいことか。25金持ち
が神の国に入るよりも、らくだが針の穴を通る方
がまだ易しい。」26弟子たちはますます驚いて、
「それでは、だれが救われるのだろうか」と互い
に言った。27イエスは彼らを見つめて言われた。
「人間にできることではないが、神にはできる。
神は何でもできるからだ。」28ペトロがイエスに、
「このとおり、わたしたちは何もかも捨ててあな
たに従って参りました」と言いだした。29イエス
は言われた。「はっきり言っておく。わたしのた
めまた福音のために、家、兄弟、姉妹、母、父、
子供、畑を捨てた者はだれでも、30今この世で、
迫害も受けるが、家、兄弟、姉妹、母、子供、畑
も百倍受け、後の世では永遠の命を受ける。31し
かし、先にいる多くの者が後になり、後にいる多
くの者が先になる。」

イエス、三度自分の死と復活を予告する

（マタ20 17–19、ルカ18 31–34）

32一行がエルサレムへ上って行く途中、イエスは先頭に立って進んで行かれた。それを見て、弟子たちは驚き、従う者たちは恐れた。イエスは再び十二人を呼び寄せて、自分の身に起ころうとしていることを話し始められた。
33**「今、わたしたちはエルサレムへ上って行く。人の子は祭司長たちや律法学者たちに引き渡される。彼らは死刑を宣告して異邦人に引き渡す。**
34**異邦人は人の子を侮辱し、唾をかけ、鞭《むち》打ったうえで殺す。そして、人の子は三日の後に復活する。」**

ヤコブとヨハネの願い

（マタ20 20–28）


35ゼベダイの子ヤコブとヨハネが進み出て、イエスに言った。「先生、お願いすることをかなえていただきたいのですが。」

36イエスが、**「何をしてほしいのか」**と言われると、
37二人は言った。「栄光をお受けになるとき、わたしどもの一人をあなたの右に、もう一人を左に座らせてください。」

38イエスは言われた。**「あなたがたは、自分が何を願っているか、分かっていない。このわたしが飲む杯を飲み、このわたしが受ける洗礼を受けることができるか。」**

39彼らが、「できます」と言うと、イエスは言われた。**「確かに、あなたがたはわたしが飲む杯を飲み、わたしが受ける洗礼を受けることになる。**

40**しかし、わたしの右や左にだれが座るかは、わたしの決めることではない。それは、定められた人々に許されるのだ。」**

41ほかの十人の者はこれを聞いて、ヤコブとヨハネのことで腹を立て始めた。

42そこで、イエスは一同を呼び寄せて言われた。**「あなたがたも知っているように、異邦人の間では、支配者と見なされている人々が民を支配し、偉い人たちが権力を振るっている。**

43**しかし、あなたがたの間では、そうではない。あなたがたの中で偉くなりたい者は、**

皆に仕える者になり、44**いちばん上になりたい者**
は、すべての人の僕《しもべ》になりなさい。45**人の子は仕**
えられるためではなく仕えるために、また、多く
の人の身代金として自分の命を献げるために来た
のである。」

盲人バルティマイをいやす（マタ20 29–34、ルカ18 35–43）

46一行はエリコの町に着いた。イエスが弟子た
ちや大勢の群衆と一緒に、エリコを出て行こうと
されたとき、ティマイの子で、バルティマイとい
う盲人が道端に座って物乞いをしていた。47ナザ
レのイエスだと聞くと、叫んで、「ダビデの子イ
エスよ、わたしを憐れんでください」と言い始め
た。48多くの人々が叱りつけて黙らせようとした
が、彼はますます、「ダビデの子よ、わたしを憐
れんでください」と叫び続けた。49イエスは立ち
止まって、**「あの男を呼んで来なさい」**と言われ
た。人々は盲人を呼んで言った。「安心しなさい。
立ちなさい。お呼びだ。」50盲人は上着を脱ぎ捨
て、躍り上がってイエスのところに来た。51イエ
スは、**「何をしてほしいのか」**と言われた。盲人
は、「先生、目が見えるようになりたいのです」
と言った。52そこで、イエスは言われた。**「行き**
なさい。あなたの信仰があなたを救った。」盲人
は、すぐ見えるようになり、なお道を進まれるイ
エスに従った。

11

エルサレムに迎えられる（マタ21 1–11、ルカ19 28–40、ヨハ12 12–19）

1一行がエルサレムに近づいて、オリーブ山《やま》
のふもとにあるベトファゲとベタニアにさし
かかったとき、イエスは二人の弟子を使いに出そ
うとして、2言われた。**「向こうの村へ行きなさ**
い。村に入るとすぐ、まだだれも乗ったことのな
い子ろばのつないであるのが見つかる。それをほ

どいて、連れて来なさい。3もし、だれかが、
『なぜ、そんなことをするのか』と言ったら、『主
がお入り用なのです。すぐここにお返しになりま
す』と言いなさい。」4二人は、出かけて行くと、
表通りの戸口に子ろばのつないであるのを見つけ
たので、それをほどいた。5すると、そこに居合
わせたある人々が、「その子ろばをほどいてどう
するのか」と言った。6二人が、イエスの言われ
たとおり話すと、許してくれた。7二人が子ろば
を連れてイエスのところに戻って来て、その上に
自分の服をかけると、イエスはそれにお乗りにな
った。8多くの人が自分の服を道に敷き、また、
ほかの人々は野原から葉の付いた枝を切って来て
道に敷いた。9そして、前を行く者も後に従う者
も叫んだ。
「ホサナ。
主の名によって来られる方に、
祝福があるように。
10我らの父ダビデの来《きた》るべき国に、
祝福があるように。
いと高きところにホサナ。」
11こうして、イエスはエルサレムに着いて、神殿
の境内に入り、辺りの様子を見て回った後、もは
や夕方になったので、十二人を連れてベタニアへ
出て行かれた。

いちじくの木を呪う（マタ21 18–19）

12翌日、一行がベタニアを出るとき、イエスは
空腹を覚えられた。13そこで、葉の茂ったいちじ
くの木を遠くから見て、実がなってはいないかと
近寄られたが、葉のほかは何もなかった。いちじ
くの季節ではなかったからである。14イエスはそ
の木に向かって、**「今から後いつまでも、お前か**
ら実を食べる者がないように」と言われた。弟子
たちはこれを聞いていた。

神殿から商人を追い出す（マタ**21** 12–17、ルカ**19** 45–48、ヨハ**2** 13–22）

15それから、一行はエルサレムに来た。イエス
は神殿の境内に入り、そこで売り買いしていた
人々を追い出し始め、両替人の台や鳩を売る者の
腰掛けをひっくり返された。16また、境内を通っ
て物を運ぶこともお許しにならなかった。17そし
て、人々に教えて言われた。**「こう書いてあるで**
はないか。

『わたしの家は、すべての国の人の
祈りの家と呼ばれるべきである。』
ところが、あなたたちは
それを強盗の巣にしてしまった。」

18祭司長たちや律法学者たちはこれを聞いて、イ
エスをどのようにして殺そうかと謀《はか》った。群衆が
皆その教えに打たれていたので、彼らはイエスを
恐れたからである。19夕方になると、イエスは弟
子たちと都の外に出て行かれた。

枯れたいちじくの木の教訓（マタ**21** 20–22）

20翌朝早く、一行は通りがかりに、あのいちじ
くの木が根元から枯れているのを見た。21そこで、
ペトロは思い出してイエスに言った。「先生、御
覧ください。あなたが呪われたいちじくの木が、
枯れています。」22そこで、イエスは言われた。
「神を信じなさい。23**はっきり言っておく。だれ**
でもこの山に向かい、『立ち上がって、海に飛び
込め』と言い、少しも疑わず、自分の言うとおり
になると信じるならば、そのとおりになる。24**だ**
から、言っておく。祈り求めるものはすべて既に
得られたと信じなさい。そうすれば、そのとおり
になる。25**また、立って祈るとき、だれかに対し**
て何か恨みに思うことがあれば、赦してあげなさ
い。そうすれば、あなたがたの天の父も、あなた
がたの過ちを赦してくださる。」†

権威についての問答（マタ21 23－27、ルカ20 1－8）

27一行はまたエルサレムに来た。イエスが神殿
の境内を歩いておられると、祭司長、律法学者、
長老たちがやって来て、28言った。「何の権威で、
このようなことをしているのか。だれが、そうす
る権威を与えたのか。」29イエスは言われた。**「で**
は、一つ尋ねるから、それに答えなさい。そうし
たら、何の権威でこのようなことをするのか、あ
なたたちに言おう。30**ヨハネの洗礼は天からのも**
のだったか、それとも、人からのものだったか。
答えなさい。」31彼らは論じ合った。「『天からの
ものだ』と言えば、『では、なぜヨハネを信じな
かったのか』と言うだろう。32しかし、『人から
のものだ』と言えば……。」彼らは群衆が怖かっ
た。皆が、ヨハネは本当に預言者だと思っていた
からである。33そこで、彼らはイエスに、「分か
らない」と答えた。すると、イエスは言われた。
「それなら、何の権威でこのようなことをするの
か、わたしも言うまい。」

「ぶどう園と農夫」のたとえ（マタ21 33－46、ルカ20 9－19）

12
1イエスは、たとえで彼らに話し始められた。
「ある人がぶどう園を作り、垣を巡らし、搾《しぼ》
り場を掘り、見張りのやぐらを立て、これを農夫
たちに貸して旅に出た。2**収穫の時になったので、**
ぶどう園の収穫を受け取るために、僕を農夫たち
のところへ送った。3**だが、農夫たちは、この僕**
を捕まえて袋だたきにし、何も持たせないで帰し
た。4**そこでまた、他の僕を送ったが、農夫たち**
はその頭を殴り、侮辱した。5**更に、もう一人を**
送ったが、今度は殺した。そのほかに多くの僕を
送ったが、ある者は殴られ、ある者は殺された。
6**まだ一人、愛する息子がいた。『わたしの息子**
なら敬ってくれるだろう』と言って、最後に息子

を送った。7農夫たちは話し合った。『これは跡
取りだ。さあ、殺してしまおう。そうすれば、相
続財産は我々のものになる。』8そして、息子を
捕まえて殺し、ぶどう園の外にほうり出してしま
った。9さて、このぶどう園の主人は、どうする
だろうか。戻って来て農夫たちを殺し、ぶどう園
をほかの人たちに与えるにちがいない。10聖書に
こう書いてあるのを読んだことがないのか。
『家を建てる者の捨てた石、
これが隅の親石《おやいし》となった。
11これは、主がなさったことで、
わたしたちの目には不思議に見える。』」
12彼らは、イエスが自分たちに当てつけてこの
たとえを話されたと気づいたので、イエスを捕ら
えようとしたが、群衆を恐れた。それで、イエス
をその場に残して立ち去った。

皇帝への税金（マタ22 15–22、ルカ20 20–26）

13さて、人々は、イエスの言葉じりをとらえて
陥れようとして、ファリサイ派やヘロデ派の人を
数人イエスのところに遣わした。14彼らは来て、
イエスに言った。「先生、わたしたちは、あなた
が真実な方で、だれをもはばからない方であるこ
とを知っています。人々を分け隔てせず、真理に
基づいて神の道を教えておられるからです。とこ
ろで、皇帝に税金を納めるのは、律法に適ってい
るでしょうか、適っていないでしょうか。納める
べきでしょうか、納めてはならないのでしょう
か。」15イエスは、彼らの下心を見抜いて言われ
た。**「なぜ、わたしを試そうとするのか。デナリ**
オン銀貨を持って来て見せなさい。」16彼らがそ
れを持って来ると、イエスは、**「これは、だれの**
肖像と銘か」と言われた。彼らが、「皇帝のもの
です」と言うと、17イエスは言われた。**「皇帝の**
ものは皇帝に、神のものは神に返しなさい。」彼

らは、イエスの答えに驚き入った。

復活についての問答（マタ22 23–33、ルカ20 27–40）

18復活はないと言っているサドカイ派の人々が、
イエスのところへ来て尋ねた。19「先生、モーセ
はわたしたちのために書いています。『ある人の
兄が死に、妻を後に残して子がない場合、その弟
は兄嫁と結婚して、兄の跡継ぎをもうけねばなら
ない』と。20ところで、七人の兄弟がいました。
長男が妻を迎えましたが、跡継ぎを残さないで死
にました。21次男がその女を妻にしましたが、跡
継ぎを残さないで死に、三男も同様でした。22こ
うして、七人とも跡継ぎを残しませんでした。最
後にその女も死にました。23復活の時、彼らが復
活すると、その女はだれの妻になるのでしょうか。
七人ともその女を妻にしたのです。」24イエスは
言われた。**「あなたたちは聖書も神の力も知らな
いから、そんな思い違いをしているのではないか。**
25**死者の中から復活するときには、めとることも
嫁ぐこともなく、天使のようになるのだ。**26**死者
が復活することについては、モーセの書の『柴』
の個所で、神がモーセにどう言われたか、読んだ
ことがないのか。『わたしはアブラハムの神、イ
サクの神、ヤコブの神である』とあるではないか。**
27**神は死んだ者の神ではなく、生きている者の神
なのだ。あなたたちは大変な思い違いをしてい
る。」**

最も重要な掟（マタ22 34–40、ルカ10 25–28）

28彼らの議論を聞いていた一人の律法学者が進
み出、イエスが立派にお答えになったのを見て、
尋ねた。「あらゆる掟のうちで、どれが第一でし
ょうか。」29イエスはお答えになった。**「第一の掟
は、これである。『イスラエルよ、聞け、わたし
たちの神である主は、唯一の主である。**30**心を尽**

くし、精神を尽くし、思いを尽くし、力を尽くし
て、あなたの神である主を愛しなさい。』 31**第二**
の掟は、これである。『隣人を自分のように愛し
なさい。』この二つにまさる掟はほかにない。」
32律法学者はイエスに言った。「先生、おっしゃ
るとおりです。『神は唯一である。ほかに神はな
い』とおっしゃったのは、本当です。33そして、
『心を尽くし、知恵を尽くし、力を尽くして神を
愛し、また隣人を自分のように愛する』というこ
とは、どんな焼き尽くす献げ物やいけにえよりも
優れています。」34イエスは律法学者が適切な答
えをしたのを見て、**「あなたは、神の国から遠く**
ない」と言われた。もはや、あえて質問する者は
なかった。

ダビデの子についての問答（マタ22 41–46、ルカ20 41–44）

35イエスは神殿の境内で教えていたとき、こう
言われた。**「どうして律法学者たちは、『メシアは**
ダビデの子だ』と言うのか。 36**ダビデ自身が聖霊**
を受けて言っている。
『主は、わたしの主にお告げになった。
「わたしの右の座に着きなさい。
わたしがあなたの敵を
あなたの足もとに屈服させるときまで」
と。』
37**このようにダビデ自身がメシアを主と呼んでい**
るのに、どうしてメシアがダビデの子なのか。」
大勢の群衆は、イエスの教えに喜んで耳を傾けた。

律法学者を非難する（マタ23 1–36、ルカ20 45–47）

38イエスは教えの中でこう言われた。**「律法学**
者に気をつけなさい。彼らは、長い衣をまとって
歩き回ることや、広場で挨拶されること、 39**会堂**
では上席《じょうせき》、宴会では上座《じょうざ》に座ることを望み、 40**ま**

た、やもめの家を食い物にし、見せかけの長い祈
りをする。このような者たちは、人一倍厳しい裁
きを受けることになる。」

やもめの献金（ルカ21 1-4）

41イエスは賽銭箱《さいせんばこ》の向かいに座って、群衆がそ
れに金を入れる様子を見ておられた。大勢の金持
ちがたくさん入れていた。42ところが、一人の貧
しいやもめが来て、レプトン銅貨二枚、すなわち
一クァドランスを入れた。43イエスは、弟子たち
を呼び寄せて言われた。**「はっきり言っておく。**
この貧しいやもめは、賽銭箱に入れている人の中
で、だれよりもたくさん入れた。44**皆は有り余る**
中から入れたが、この人は、乏しい中から自分の
持っている物をすべて、生活費を全部入れたから
である。」

13

神殿の崩壊を予告する（マタ24 1-2、ルカ21 5-6）

1イエスが神殿の境内を出て行かれるとき、
弟子の一人が言った。「先生、御覧ください。
なんとすばらしい石、なんとすばらしい建物でし
ょう。」2イエスは言われた。**「これらの大きな建**
物を見ているのか。一つの石もここで崩されずに
他の石の上に残ることはない。」

終末の徴（マタ24 3-14、ルカ21 7-19）

3イエスがオリーブ山で神殿の方を向いて座っ
ておられると、ペトロ、ヤコブ、ヨハネ、アンデ
レが、ひそかに尋ねた。4「おっしゃってくださ
い。そのことはいつ起こるのですか。また、その
ことがすべて実現するときには、どんな徴《しるし》がある
のですか。」5イエスは話し始められた。**「人に惑**
わされないように気をつけなさい。6**わたしの名**
を名乗る者が大勢現れ、『わたしがそれだ』と言

って、多くの人を惑わすだろう。7戦争の騒ぎや
戦争のうわさを聞いても、慌ててはいけない。そ
ういうことは起こるに決まっているが、まだ世の
終わりではない。8民は民に、国は国に敵対して
立ち上がり、方々に地震があり、飢饉が起こる。
これらは産みの苦しみの始まりである。9あなた
がたは自分のことに気をつけていなさい。あなた
がたは地方法院に引き渡され、会堂で打ちたたか
れる。また、わたしのために総督や王の前に立た
されて、証しをすることになる。10しかし、まず、
福音があらゆる民に宣べ伝えられねばならない。
11引き渡され、連れて行かれるとき、何を言おう
かと取り越し苦労をしてはならない。そのときに
は、教えられることを話せばよい。実は、話すの
はあなたがたではなく、聖霊なのだ。12兄弟は兄
弟を、父は子を死に追いやり、子は親に反抗して
殺すだろう。13また、わたしの名のために、あな
たがたはすべての人に憎まれる。しかし、最後ま
で耐え忍ぶ者は救われる。」

大きな苦難を予告する（マタ24 15–28、ルカ21 20–24）

14「憎むべき破壊者が立ってはならない所に立
つのを見たら——読者は悟れ——、そのとき、ユ
ダヤにいる人々は山に逃げなさい。15屋上にいる
者は下に降りてはならない。家にある物を何か取
り出そうとして中に入ってはならない。16畑にい
る者は、上着を取りに帰ってはならない。17それ
らの日には、身重の女と乳飲み子を持つ女は不幸
だ。18このことが冬に起こらないように、祈りな
さい。19それらの日には、神が天地を造られた創
造の初めから今までなく、今後も決してないほど
の苦難が来るからである。20主がその期間を縮め
てくださらなければ、だれ一人救われない。しか
し、主は御自分のものとして選んだ人たちのため
に、その期間を縮めてくださったのである。21そ

のとき、『見よ、ここにメシアがいる』『見よ、あ
そこだ』と言う者がいても、信じてはならない。
22偽《にせ》メシアや偽預言者が現れて、しるしや不思議
な業《わざ》を行い、できれば、選ばれた人たちを惑わそ
うとするからである。
23だから、あなたがたは気
をつけていなさい。一切の事を前もって言ってお
く。」

人の子が来る（マタ24 29―31、ルカ21 25―28）

24「それらの日には、このような苦難の後、
太陽は暗くなり、
月は光を放たず、
25星は空から落ち、
天体は揺り動かされる。
26そのとき、人の子が大いなる力と栄光を帯びて
雲に乗って来るのを、人々は見る。
27そのとき、
人の子は天使たちを遣わし、地の果てから天の果
てまで、彼によって選ばれた人たちを四方から呼
び集める。」

いちじくの木の教え（マタ24 32―35、ルカ21 29―33）

28「いちじくの木から教えを学びなさい。枝が
柔らかくなり、葉が伸びると、夏の近づいたこと
が分かる。
29それと同じように、あなたがたは、
これらのことが起こるのを見たら、人の子が戸口
に近づいていると悟りなさい。
30はっきり言って
おく。これらのことがみな起こるまでは、この時
代は決して滅びない。
31天地は滅びるが、わたし
の言葉は決して滅びない。」

目を覚ましていなさい（マタ24 36―44）

32「その日、その時は、だれも知らない。天使
たちも子も知らない。父だけがご存じである。
33気をつけて、目を覚ましていなさい。その時が
いつなのか、あなたがたには分からないからであ

る。34**それは、ちょうど、家を後に旅に出る人が、**
僕たちに仕事を割り当てて責任を持たせ、門番に
は目を覚ましているようにと、言いつけておくよ
うなものだ。35**だから、目を覚ましていなさい。**
いつ家の主人が帰って来るのか、夕方か、夜中か、
鶏の鳴くころか、明け方か、あなたがたには分か
らないからである。36**主人が突然帰って来て、あ**
なたがたが眠っているのを見つけるかもしれない。
37**あなたがたに言うことは、すべての人に言うの**
だ。目を覚ましていなさい。」

14　イエスを殺す計略（マタ26 1–5、ルカ22 1–2、ヨハ11 45–53）

1さて、過越祭《すぎこしさい》と除酵祭《じょこうさい》の二日前になった。
祭司長たちや律法学者たちは、なんとか計略
を用いてイエスを捕らえて殺そうと考えていた。
2彼らは、「民衆が騒ぎだすといけないから、祭
りの間はやめておこう」と言っていた。

ベタニアで香油を注がれる（マタ26 6–13、ヨハ12 1–8）

3イエスがベタニアで重い皮膚病の人シモンの
家にいて、食事の席に着いておられたとき、一人
の女が、純粋で非常に高価なナルドの香油の入っ
た石膏の壺を持って来て、それを壊し、香油をイ
エスの頭に注ぎかけた。4そこにいた人の何人か
が、憤慨して互いに言った。「なぜ、こんなに香
油を無駄遣いしたのか。5この香油は三百デナリ
オン以上に売って、貧しい人々に施すことができ
たのに。」そして、彼女を厳しくとがめた。6イ
エスは言われた。**「するままにさせておきなさい。**
なぜ、この人を困らせるのか。わたしに良いこと
をしてくれたのだ。7**貧しい人々はいつもあなた**
がたと一緒にいるから、したいときに良いことを
してやれる。しかし、わたしはいつも一緒にいる
わけではない。8**この人はできるかぎりのことを**

した。つまり、前もってわたしの体に香油を注ぎ、
埋葬の準備をしてくれた。9はっきり言っておく。
世界中どこでも、福音が宣べ伝えられる所では、
この人のしたことも記念として語り伝えられるだ
ろう。」

ユダ、裏切りを企てる（マタ26 14-16、ルカ22 3-6）

10十二人の一人イスカリオテのユダは、イエス
を引き渡そうとして、祭司長たちのところへ出か
けて行った。11彼らはそれを聞いて喜び、金を与
える約束をした。そこでユダは、どうすれば折よ
くイエスを引き渡せるかとねらっていた。

過越の食事をする（マタ26 17-25、ルカ22 7-14、21-23、ヨハ13 21-30）

12除酵祭の第一日、すなわち過越の小羊を屠《ほふ》る
日、弟子たちがイエスに、「過越の食事をなさる
のに、どこへ行って用意いたしましょうか」と言
った。13そこで、イエスは次のように言って、二
人の弟子を使いに出された。**「都へ行きなさい。**
すると、水がめを運んでいる男に出会う。その人
について行きなさい。14その人が入って行く家の
主人にはこう言いなさい。『先生が、「弟子たちと
一緒に過越の食事をするわたしの部屋はどこか」
と言っています。』15すると、席が整って用意の
できた二階の広間を見せてくれるから、そこにわ
たしたちのために準備をしておきなさい。」16弟
子たちは出かけて都に行ってみると、イエスが言
われたとおりだったので、過越の食事を準備した。
17夕方になると、イエスは十二人と一緒にそこへ
行かれた。18一同が席に着いて食事をしていると
き、イエスは言われた。**「はっきり言っておくが、**
あなたがたのうちの一人で、わたしと一緒に食事
をしている者が、わたしを裏切ろうとしている。」
19弟子たちは心を痛めて、「まさかわたしのこと

では」と代わる代わる言い始めた。20イエスは言
われた。「十二人のうちの一人で、わたしと一緒
に鉢に食べ物を浸している者がそれだ。21人の子
は、聖書に書いてあるとおりに、去って行く。だ
が、人の子を裏切るその者は不幸だ。生まれなか
った方が、その者のためによかった。」

主の晩餐（マタ26 26-30、ルカ22 15-20、一コリ11 23-25）

22一同が食事をしているとき、イエスはパンを
取り、賛美の祈りを唱えて、それを裂き、弟子た
ちに与えて言われた。「取りなさい。これはわた
しの体である。」23また、杯を取り、感謝の祈り
を唱えて、彼らにお渡しになった。彼らは皆その
杯から飲んだ。24そして、イエスは言われた。
「これは、多くの人のために流されるわたしの血、
契約の血である。25はっきり言っておく。神の国
で新たに飲むその日まで、ぶどうの実から作った
ものを飲むことはもう決してあるまい。」26一同
は賛美の歌をうたってから、オリーブ山へ出かけ
た。

ペトロの離反を予告する（マタ26 31-35、ルカ22 31-34、ヨハ13 36-38）

27イエスは弟子たちに言われた。「あなたがた
は皆わたしにつまずく。
『わたしは羊飼いを打つ。
すると、羊は散ってしまう』
と書いてあるからだ。28しかし、わたしは復活し
た後、あなたがたより先にガリラヤへ行く。」
29するとペトロが、「たとえ、みんながつまずい
ても、わたしはつまずきません」と言った。30イ
エスは言われた。「はっきり言っておくが、あな
たは、今日、今夜、鶏が二度鳴く前に、三度わた
しのことを知らないと言うだろう。」31ペトロは
力を込めて言い張った。「たとえ、御一緒に死な

ねばならなくなっても、あなたのことを知らない
などとは決して申しません。」皆の者も同じよう
に言った。

ゲッセマネで祈る（マタ26 36–46、ルカ22 39–46）

32一同がゲッセマネという所に来ると、イエス
は弟子たちに、**「わたしが祈っている間、ここに**
座っていなさい」と言われた。33そして、ペトロ、
ヤコブ、ヨハネを伴われたが、イエスはひどく恐
れてもだえ始め、34彼らに言われた。**「わたしは**
死ぬばかりに悲しい。ここを離れず、目を覚まし
ていなさい。」35少し進んで行って地面にひれ伏
し、できることなら、この苦しみの時が自分から
過ぎ去るようにと祈り、36こう言われた。**「アッ**
バ、父よ、あなたは何でもおできになります。こ
の杯をわたしから取りのけてください。しかし、
わたしが願うことではなく、御心に適うことが行
われますように。」37それから、戻って御覧にな
ると、弟子たちは眠っていたので、ペトロに言わ
れた。**「シモン、眠っているのか。わずか一時も**
目を覚ましていられなかったのか。38**誘惑に陥ら**
ぬよう、目を覚まして祈っていなさい。心は燃え
ても、肉体は弱い。」39更に、向こうへ行って、
同じ言葉で祈られた。40再び戻って御覧になると、
弟子たちは眠っていた。ひどく眠かったのである。
彼らは、イエスにどう言えばよいのか、分からな
かった。41イエスは三度目に戻って来て言われた。
「あなたがたはまだ眠っている。休んでいる。も
うこれでいい。時が来た。人の子は罪人たちの手
に引き渡される。42**立て、行こう。見よ、わたし**
を裏切る者が来た。」

裏切られ、逮捕される（マタ26 47–56、ルカ22 47–53、ヨハ18 3–12）

43さて、イエスがまだ話しておられると、十二

人の一人であるユダが進み寄って来た。祭司長、
律法学者、長老たちの遣わした群衆も、剣《つるぎ》や棒を
持って一緒に来た。44イエスを裏切ろうとしてい
たユダは、「わたしが接吻するのが、その人だ。
捕まえて、逃がさないように連れて行け」と、前
もって合図を決めていた。45ユダはやって来ると
すぐに、イエスに近寄り、「先生」と言って接吻
した。46人々は、イエスに手をかけて捕らえた。
47居合わせた人々のうちのある者が、剣を抜いて
大祭司の手下に打ってかかり、片方の耳を切り落
とした。48そこで、イエスは彼らに言われた。
「まるで強盗にでも向かうように、剣や棒を持っ
て捕らえに来たのか。49**わたしは毎日、神殿の境**
内で一緒にいて教えていたのに、あなたたちはわ
たしを捕らえなかった。しかし、これは聖書の言
葉が実現するためである。」50弟子たちは皆、イ
エスを見捨てて逃げてしまった。

一人の若者、逃げる

51一人の若者が、素肌に亜麻布をまとってイエ
スについて来ていた。人々が捕らえようとすると、
52亜麻布を捨てて裸で逃げてしまった。

最高法院で裁判を受ける（マタ**26** 57–68、ルカ**22** 54–55、63–71、ヨハ**18** 13–14、19–24）

53人々は、イエスを大祭司のところへ連れて行
った。祭司長、長老、律法学者たちが皆、集まっ
て来た。54ペトロは遠く離れてイエスに従い、大
祭司の屋敷の中庭まで入って、下役たちと一緒に
座って、火にあたっていた。55祭司長たちと最高
法院の全員は、死刑にするためイエスにとって不
利な証言を求めたが、得られなかった。56多くの
者がイエスに不利な偽証をしたが、その証言は食
い違っていたからである。57すると、数人の者が
立ち上がって、イエスに不利な偽証をした。
58「この男が、『わたしは人間の手で造ったこの神

殿を打ち倒し、三日あれば、手で造らない別の神
殿を建ててみせる』と言うのを、わたしたちは聞
きました。」59しかし、この場合も、彼らの証言
は食い違った。60そこで、大祭司は立ち上がり、
真ん中に進み出て、イエスに尋ねた。「何も答え
ないのか、この者たちがお前に不利な証言をして
いるが、どうなのか。」61しかし、イエスは黙り
続け何もお答えにならなかった。そこで、重ねて
大祭司は尋ね、「お前はほむべき方の子、メシア
なのか」と言った。62イエスは言われた。**「そう
です。**
あなたたちは、人の子が全能の神の右に座り、
天の雲に囲まれて来るのを見る。」
63大祭司は、衣を引き裂きながら言った。「これ
でもまだ証人が必要だろうか。64諸君は冒瀆の言
葉を聞いた。どう考えるか。」一同は、死刑にす
べきだと決議した。65それから、ある者はイエス
に唾を吐きかけ、目隠しをしてこぶしで殴りつけ、
「言い当ててみろ」と言い始めた。また、下役た
ちは、イエスを平手で打った。

ペトロ、イエスを知らないと言う（マタ**26** 69–75、ルカ**22** 56–62、ヨハ**18** 15–18、25–27）

66ペトロが下の中庭にいたとき、大祭司に仕え
る女中の一人が来て、67ペトロが火にあたってい
るのを目にすると、じっと見つめて言った。「あ
なたも、あのナザレのイエスと一緒にいた。」
68しかし、ペトロは打ち消して、「あなたが何の
ことを言っているのか、わたしには分からないし、
見当もつかない」と言った。そして、出口の方へ
出て行くと、鶏が鳴いた。69女中はペトロを見て、
周りの人々に、「この人は、あの人たちの仲間で
す」とまた言いだした。70ペトロは、再び打ち消
した。しばらくして、今度は、居合わせた人々が
ペトロに言った。「確かに、お前はあの連中の仲
間だ。ガリラヤの者だから。」71すると、ペトロ

は呪いの言葉さえ口にしながら、「あなたがたの
言っているそんな人は知らない」と誓い始めた。
72するとすぐ、鶏が再び鳴いた。ペトロは、**「鶏
が二度鳴く前に、あなたは三度わたしを知らない
と言うだろう」**とイエスが言われた言葉を思い出
して、いきなり泣きだした。

15

ピラトから尋問される（マタ**27** 1–2、11–14、ルカ**23** 1–5、ヨハ**18** 28–38）

1夜が明けるとすぐ、祭司長たちは、長老や
律法学者たちと共に、つまり最高法院全体で
相談した後、イエスを縛って引いて行き、ピラト
に渡した。2ピラトがイエスに、「お前がユダヤ
人の王なのか」と尋問すると、イエスは、**「それ
は、あなたが言っていることです」**と答えられた。
3そこで祭司長たちが、いろいろとイエスを訴え
た。4ピラトが再び尋問した。「何も答えないの
か。彼らがあのようにお前を訴えているのに。」
5しかし、イエスがもはや何もお答えにならなか
ったので、ピラトは不思議に思った。

死刑の判決を受ける（マタ**27** 15–26、ルカ**23** 13–25、ヨハ**18** 39–**19** 16）

6ところで、祭りの度ごとに、ピラトは人々が
願い出る囚人を一人釈放していた。7さて、暴動
のとき人殺しをして投獄されていた暴徒たちの中
に、バラバという男がいた。8群衆が押しかけて
来て、いつものようにしてほしいと要求し始めた。
9そこで、ピラトは、「あのユダヤ人の王を釈放
してほしいのか」と言った。10祭司長たちがイエ
スを引き渡したのは、ねたみのためだと分かって
いたからである。11祭司長たちは、バラバの方を
釈放してもらうように群衆を扇動した。12そこで、
ピラトは改めて、「それでは、ユダヤ人の王とお
前たちが言っているあの者は、どうしてほしいの
か」と言った。13群衆はまた叫んだ。「十字架に

つけろ。」14ピラトは言った。「いったいどんな悪
事を働いたというのか。」群衆はますます激しく、
「十字架につけろ」と叫び立てた。15ピラトは群
衆を満足させようと思って、バラバを釈放した。
そして、イエスを鞭打ってから、十字架につける
ために引き渡した。

兵士から侮辱される（マタ**27**27‐31、ヨハ**19**
2‐3）

16兵士たちは、官邸、すなわち総督官邸の中に、
イエスを引いて行き、部隊の全員を呼び集めた。
17そして、イエスに紫の服を着せ、茨の冠を編ん
でかぶらせ、18「ユダヤ人の王、万歳」と言って
敬礼し始めた。19また何度も、葦《あし》の棒で頭をたた
き、唾を吐きかけ、ひざまずいて拝んだりした。
20このようにイエスを侮辱したあげく、紫の服を
脱がせて元の服を着せた。そして、十字架につけ
るために外へ引き出した。

十字架につけられる（マタ**27**32‐44、ルカ**23**
26‐43、ヨハ**19**17‐27）

21そこへ、アレクサンドロとルフォスとの父で
シモンというキレネ人が、田舎から出て来て通り
かかったので、兵士たちはイエスの十字架を無理
に担がせた。22そして、イエスをゴルゴタという
所――その意味は「されこうべの場所」――に連
れて行った。23没薬を混ぜたぶどう酒を飲ませよ
うとしたが、イエスはお受けにならなかった。
24それから、兵士たちはイエスを十字架につけて、
その服を分け合った、
だれが何を取るかをくじ引きで決めてから。
25イエスを十字架につけたのは、午前九時であっ
た。26罪状書きには、「ユダヤ人の王」と書いて
あった。27また、イエスと一緒に二人の強盗を、
一人は右にもう一人は左に、十字架につけた。†
29そこを通りかかった人々は、頭を振りながらイ

エスをののしって言った。「おやおや、神殿を打
ち倒し、三日で建てる者、30十字架から降りて自
分を救ってみろ。」31同じように、祭司長たちも
律法学者たちと一緒になって、代わる代わるイエ
スを侮辱して言った。「他人は救ったのに、自分
は救えない。32メシア、イスラエルの王、今すぐ
十字架から降りるがいい。それを見たら、信じて
やろう。」一緒に十字架につけられた者たちも、
イエスをののしった。

イエスの死（マタ**27**45–56、ルカ**23**44–49、ヨハ**19**28–30）

33昼の十二時になると、全地は暗くなり、それ
が三時まで続いた。34三時にイエスは大声で叫ば
れた。**「エロイ、エロイ、レマ、サバクタニ。」**こ
れは、**「わが神、わが神、なぜわたしをお見捨て
になったのですか」**という意味である。35そばに
居合わせた人々のうちには、これを聞いて、「そ
ら、エリヤを呼んでいる」と言う者がいた。36あ
る者が走り寄り、海綿に酸《す》いぶどう酒を含ませて
葦の棒に付け、「待て、エリヤが彼を降ろしに来
るかどうか、見ていよう」と言いながら、イエス
に飲ませようとした。37しかし、イエスは大声を
出して息を引き取られた。38すると、神殿の垂れ
幕が上から下まで真っ二つに裂けた。39百人隊長
がイエスの方を向いて、そばに立っていた。そし
て、イエスがこのように息を引き取られたのを見
て、「本当に、この人は神の子だった」と言った。
40また、婦人たちも遠くから見守っていた。その
中には、マグダラのマリア、小《しょう》ヤコブとヨセの母
マリア、そしてサロメがいた。41この婦人たちは、
イエスがガリラヤにおられたとき、イエスに従っ
て来て世話をしていた人々である。なおそのほか
にも、イエスと共にエルサレムへ上って来た婦人
たちが大勢いた。

墓に葬られる（マタ27 57-61、ルカ23 50-56、ヨハ19 38-42）

42既に夕方になった。その日は準備の日、すな
わち安息日の前日であったので、43アリマタヤ出
身で身分の高い議員ヨセフが来て、勇気を出して
ピラトのところへ行き、イエスの遺体を渡してく
れるようにと願い出た。この人も神の国を待ち望
んでいたのである。44ピラトは、イエスがもう死
んでしまったのかと不思議に思い、百人隊長を呼
び寄せて、既に死んだかどうかを尋ねた。45そし
て、百人隊長に確かめたうえ、遺体をヨセフに下
げ渡した。46ヨセフは亜麻布を買い、イエスを十
字架から降ろしてその布で巻き、岩を掘って作っ
た墓の中に納め、墓の入り口には石を転がしてお
いた。47マグダラのマリアとヨセの母マリアとは、
イエスの遺体を納めた場所を見つめていた。

16

復活する（マタ28 1-8、ルカ24 1-12、ヨハ20 1-10）

1安息日が終わると、マグダラのマリア、ヤ
コブの母マリア、サロメは、イエスに油を塗
りに行くために香料を買った。2そして、週の初
めの日の朝ごく早く、日が出るとすぐ墓に行った。
3彼女たちは、「だれが墓の入り口からあの石を
転がしてくれるでしょうか」と話し合っていた。
4ところが、目を上げて見ると、石は既にわきへ
転がしてあった。石は非常に大きかったのである。
5墓の中に入ると、白い長い衣を着た若者が右手
に座っているのが見えたので、婦人たちはひどく
驚いた。6若者は言った。「驚くことはない。あ
なたがたは十字架につけられたナザレのイエスを
捜しているが、あの方は復活なさって、ここには
おられない。御覧なさい。お納めした場所である。
7さあ、行って、弟子たちとペトロに告げなさい。
『あの方は、あなたがたより先にガリラヤへ行か

れる。かねて言われたとおり、そこでお目にかか
れる』と。」8婦人たちは墓を出て逃げ去った。
震え上がり、正気を失っていた。そして、だれに
も何も言わなかった。恐ろしかったからである。

結び 一

マグダラのマリアに現れる（マタ28 9-10、ヨハ20 11-18）

9〔イエスは週の初めの日の朝早く、復活して、
まずマグダラのマリアに御自身を現された。この
マリアは、以前イエスに七つの悪霊を追い出して
いただいた婦人である。10マリアは、イエスと一
緒にいた人々が泣き悲しんでいるところへ行って、
このことを知らせた。11しかし彼らは、イエスが
生きておられること、そしてマリアがそのイエス
を見たことを聞いても、信じなかった。

二人の弟子に現れる（ルカ24 13-35）

12その後、彼らのうちの二人が田舎の方へ歩い
て行く途中、イエスが別の姿で御自身を現された。
13この二人も行って残りの人たちに知らせたが、
彼らは二人の言うことも信じなかった。

弟子たちを派遣する（マタ28 16-20、ルカ24 36-49、ヨハ20 19-23、使徒1 6-8）

14その後、十一人が食事をしているとき、イエ
スが現れ、その不信仰とかたくなな心をおとがめ
になった。復活されたイエスを見た人々の言うこ
とを、信じなかったからである。15それから、イ
エスは言われた。**「全世界に行って、すべての造**
られたものに福音を宣べ伝えなさい。16信じて洗
礼を受ける者は救われるが、信じない者は滅びの
宣告を受ける。17信じる者には次のようなしるし
が伴う。彼らはわたしの名によって悪霊を追い出
し、新しい言葉を語る。18手で蛇をつかみ、また、

毒を飲んでも決して害を受けず、病人に手を置けば治る。」

天に上げられる（ルカ**24** 50–53、使徒**1** 9–11）

19主イエスは、弟子たちに話した後、天に上げ
られ、神の右の座に着かれた。20一方、弟子たち
は出かけて行って、至るところで宣教した。主は
彼らと共に働き、彼らの語る言葉が真実であるこ
とを、それに伴うしるしによってはっきりとお示
しになった。」

結び　二

〔婦人たちは、命じられたことをすべてペトロと
その仲間たちに手短に伝えた。その後、イエス御
自身も、東から西まで、彼らを通して、永遠の救
いに関する聖なる朽ちることのない福音を広めら
れた。アーメン。〕

底本に節が欠けている個所の異本による訳文

7 16 **聞く耳のある者は聞きなさい。**

9 44 **地獄では蛆が尽きることも、火が消えることもない。**

9 46 **地獄では蛆が尽きることも、火が消えることもない。**

11 26 **もし赦さないなら、あなたがたの天の父も、あなたがたの過ちをお赦しにならない。**

15 28 こうして、「その人は犯罪人の一人に数えられた」という聖書の言葉が実現した。

「復活」とは死人の甦り――「ルカによる福音書」案内

佐藤 優

「ルカによる福音書」は、「マルコによる福音書」を下敷きにして書かれている。それにQ（言語資料）とルカ独自の資料とを合わせて、この福音書は作成されている。日本語の翻訳からだとわかりにくいが、知識人が書いた文体だ。さらに著者は、この福音書だけでなく「使徒言行録」（巻II に収録）も執筆している。イエスが生きていた時代だけでなく、その死後も、弟子たちの姿を通して、神の救いの歴史を描き出している。私は本書の序文で「キリスト教は救済宗教である」と述べたが、「ルカによる福音書」と「使徒言行録」にもっとも筋道を立ててイエスの救済観が述べられている。

「ルカによる福音書」は、演劇的な手法で書かれている。洗礼者ヨハネ、百人隊長、イエスの服に触れる女性など、いろいろな人物が出てきて、物語が進行する。これは当時、ギリシア語を解する知識人の間で流行していた物語の手法である。著者は、イエスを主人公とする神の救済の歴史を読者に提示しているのだ。ここで示される時間の流れは、直線的だ。

この直線的な時間というのが、日本人にはわかりにくい。日本人の宗教観は、日常生活に埋め込まれている。例えば、大晦日のNHKテレビを考えてみよう。あの歌番組が、特に優れているとは、誰も思っていないだろう。しかし、あそこで一種のどんちゃんさわぎをし、その雰囲気がテレビの画面を通じ、日本人に広く伝わることに意味がある。そして「紅白歌合戦」が終わると「ゆく年くる年」に番組が切り替わる。「紅白歌合戦」の喧噪から、「ゆく年くる年」の静寂に日本人の意識を切り替えるのである。「紅白歌合戦」で人為的にカオス（混沌）を繰り返し、「ゆく年くる年」でコスモス（秩序）を作り出すという宗教行為を、NHKは無意識のうちに行っており、私たちはその宗教行事に無意識のうちに参加しているのだ。ここで、時間は円環をなしている。それだから、日本人は新年になると何となく新しい気持ちになるのだ。

もっとも、このような円環をなす時間の観念は、農業社会ではごく普通のことである。四季の移り変わりによって、同じような出来事が繰り返されていると考えるからだ。これに対してユダヤ教の歴史観は、始まりがあって、終わりがあるという直線をなしている。古代ギリシア人も時間は円環をなしていると考えていた。そこにキリスト教が直線的な時間という異質な時間を持ち込んだ。

ギリシア語にテロスという言葉がある。目的、終焉、完成を意味する。キリスト教においては、この世の終わりは、歴史の目的であり、終焉であり、完成であるのだ。目的に向かって突き進んでいくという発想は、キリスト教的なのである。このような目的論（テレオロジー）的な考え方が、人間に幸せをもたらしているかどうかについては、大きな疑念がある。ただし、欧米文明に刷り込まれているこういう考え方を理解しておくことは日本人にとっても重要だ。「ルカによる福音書」は目的論を知るための最良の参考書でもある。

「ルカによる福音書」の演劇的な手法がもっともよく現れているのが、十字架においてイエスが死ぬ過程についての以下の描写だ。

〈人々はイエスを引いて行く途中、田舎から出て来たシモンというキレネ人を捕まえて、十字架を背負わせ、イエスの後ろから運ばせた。民衆と嘆き悲しむ婦人たちが大きな群れを成して、イエスに従った。イエスは婦人たちの方を振り向いて言われた。「エルサレムの娘たち、わたしのために泣くな。むしろ、自分と自分の子供たちのために泣け。人々が、『子を産めない女、産んだことのない胎、乳を飲ませたことのない乳房は幸いだ』と言う日が来る。

そのとき、人々は山に向かっては、

『我々の上に崩れ落ちてくれ』と言い、

丘に向かっては、

『我々を覆ってくれ』と言い始める。

『生の木』さえこうされるのなら、『枯れた木』はいったいどうなるのだろうか。」

ほかにも、二人の犯罪人が、イエスと一緒に死刑にされるために、引かれて行った。「されこうべ」と呼ばれている所に来ると、そこで人々はイエスを十字架につけた。犯罪人も、一人は右に一人は左に、十字架につけた。〔そのとき、イエスは言われた。「父よ、彼らをお赦しください。自分が何をしているのか知らないのです。」〕人々はくじを引いて、イエスの服を分け合った。民衆は立って見つめていた。議員たちも、あざ笑って言った。「他人を救ったのだ。もし神からのメシアで、選ばれた者なら、自分を救うがよい。」兵士たちもイエスに近寄り、酸《す》いぶどう酒を突きつけながら侮辱して、言った。「お前がユダヤ人の王なら、自分を救ってみろ。」イエスの頭の上には、「これはユダヤ人の王」と書いた札も掲げてあった。

十字架にかけられていた犯罪人の一人が、イエスをののしった。「お前はメシアではないか。自分自身と我々を救ってみろ。」すると、もう一人の方がたしなめた。「お前は神をも恐れないのか、同じ刑罰を受けているのに。我々は、自分のやったことの報いを受けているのだから、当然だ。しかし、この方は何も悪いことをしていない。」そして、「イエスよ、あなたの御国においでになるときには、わたしを思い出してください」と言った。するとイエスは、「はっきり言っておくが、あなたは今日わたしと一緒に楽園にいる」と言われた。

既に昼の十二時ごろであった。全地は暗くなり、それが三時まで続いた。太陽は光を失っていた。神殿の垂れ幕が真ん中から裂けた。イエスは大声で叫ばれた。「父よ、わたしの霊を御手《みて》にゆだねます。」こう言って息を引き取られた。百人隊長はこの出来事を見て、「本当に、この人は正しい人だった」と言って、神を賛美した。見物に集まっていた群衆も皆、これらの出来事を見て、胸を打ちながら帰って行った。イエスを知っていたすべての人たちと、ガリラヤから従って来た婦人たちとは遠くに立って、これらのことを見ていた。〉（ルカ23 26―49）

十字架による死刑を言い渡された人は、刑場まで十字架を背負っていった。イエスには十字架を背負い続ける体力が残っていなかったのであろう。そこで、北アフリカのキレネ出身のシモンが、当局から強要されて十字架を背負うことになった。「されこうべ」は、当時、ユダヤ人が日常的に用いていたアラム語で「グルゴルタ」となる。それがなまって「ゴルゴタ」になった。現在、エルサレムの聖墳墓教会のある場所と推定されている。

また、イエスの弟子たちは、恐くなって、全員が逃げてしまった。生前、イエスの教えに従った人たちの中で、最後までついていくのは一部の女性だけだった。

「酸いぶどう酒」とは、痛みを軽減させるためのものである。処刑の場に居合わせた多くの人々がイエスを嘲笑したのである。

イエスが死ぬ前に、全地が暗くなり、太陽が光を失ったが、これは闇の支配を象徴する。そのときエルサレムの神殿の垂れ幕が真ん中から裂ける。この裂け目を通して、イエスは父なる神と対話し、人間の救済を願ったのである。罪がなく、正しいイエスが、人間の罪を背負って殺されることによって、人間は救われることになったというキリスト教の救済観がここに端的に表れている。

「ルカによる福音書」で興味深いのは、男性中心主義的世界観のグロテスクさを描き出したことだ。復活したイエスは、まず、最後までイエスについてきた女性たちの前に現れる。

〈そして、週の初めの日の明け方早く、準備しておいた香料を持って墓に行った。見ると、石が墓のわきに転がしてあり、中に入っても、主イエスの遺体が見当たらなかった。そのため途方に暮れていると、輝く衣を着た二人の人がそばに現れた。婦人たちが恐れて地に顔を伏せると、二人は言った。「なぜ、生きておられる方を死者の中に捜すのか。あの方は、ここにはおられない。復活なさったのだ。まだガリラヤにおられたころ、お話しになったことを思い出しなさい。人の子は必ず、罪人の手に渡され、十字架につけられ、三日目に復活することになっている、と言われたではないか。」そこで、婦人たちはイエスの言葉を思い出した。そして、墓から帰って、十一人とほかの人皆に一部始終を知らせた。それは、マグダラのマリア、ヨハナ、ヤコブの母マリア、そして一緒にいた他の婦人たちであった。婦人たちはこれらのことを使徒たちに話したが、使徒たちは、この話がたわ言のように思われたので、婦人たちを信じなかった。しかし、ペトロは立ち上がって墓へ走り、身をかがめて中をのぞくと、亜麻布しかなかったので、この出来事に驚きながら家に帰った。〉（ルカ24 1―12）

キリストの墓が空であったことは、客観的な事実だ。ユダヤ教徒は、キリスト教徒がイエスの遺体をどこかに隠したのだと考える。また、復活というと、現代人は超自然的現象を考えるが、イエスと同時代の人にとって、復活はそれほど珍しいことではない。夢や幻でイエスの姿が見えても、それは現実にイエスがいることと同じだからだ。

『源氏物語』における六条御息所の怨霊について思い出してみよう。六条御息所は、16歳で東宮妃となるが、20歳で東宮と死別した。その後、光源氏と恋愛関係になる。六条御息所は、美人で教養もあり、品性もよい。ただし、プライドが高い。光源氏の心が徐々に離れていく。六条御息所は光源氏を独占したいと思うが、年上であることの引け目と、身分が高く教養のある女性としてのプライドが邪魔をして、正直になることができない。抑圧された六条御息所の怨念が、生霊、死霊となり、光源氏の恋人たちに取り憑いて災いをもたらす。現代的に言うならば、光源氏とその恋人たちは、六条御息所の夢を見たのである。従って、イエスの夢を見たならば、当時の世界観（素朴実在論）の下では、実際にその人が出現したのと同じ事なのだ。それだから、イエスの時代の人々にとって、復活はそれほど珍しい出来事ではない。ただし、死体が復活するということについては抵抗を覚える人が多かった。

「ルカによる福音書」の復活に関する記述において重要なのは、輝く衣を着た2人の人の証言だ。ユダヤ教の伝統で、証言は2人以上によってなされなくてはならない。

〈いかなる犯罪であれ、およそ人の犯す罪について、一人の証人によって立証されることはない。二人ないし三人の証人の証言によって、その事は立証されねばならない。〉（申命記**19**15）

天からやってきた2人によって、イエスのあの死体が確かに復活したという証言がなされた。これによって、イエスの復活は、夢とは本質的に異なる「死人の甦り」であることが明らかになった。

さらにこの女性たちは、イエスの生前は、イエス一行の身の回りの世話をするだけで、弟子とは認知されていなかった。これに対して、天からやってきた2人は、「(イエスが)まだガリラヤにおられたころ、お話しになったことを思い出しなさい。人の子は必ず、罪人の手に渡され、十字架につけられ、三日目に復活することになっている、と言われたではないか」と伝え、女性たちを弟子と同じく扱っている。これも当時の男性中心的世界観と対立する発想だ。女性たちからこの証言を聞いても、弟子たちは、この話を「たわ言」と思い、信じなかった。女性たちに証言能力がないという、当時の常識の下で、イエスの弟子たちも思考していたからだ。そして、弟子たちは、自らがイエスと出会うことによって、はじめてあの死体が甦ったと信じるのである。このようにキリスト教には常識を打ち破る力がある。それを知るために、新約聖書を注意深く読み解くことが求められるのだ。

「ルカによる福音書」の著者は、パウロの協力者で、医者のルカと伝えられているが、信憑性が低い。「ルカによる福音書」のテキストを注意深く分析すると、この著者はパウロ書簡(巻Ⅱに収録)の存在について知らないことがわかる。また、「ルカによる福音書」に医学的表現が見られるわけでもない。他の福音書と同様に、著者は不詳である。読者として想定されていたのは、ギリシア語に堪能な非ユダヤ人キリスト教共同体と見られている。執筆時期は、70～90年の間、恐らく80年頃で、書かれた場所はパウロが伝道した領域のどこかと推定されている。

ルカによる福音書

献呈の言葉

1

1–2わたしたちの間で実現した事柄につい
て、最初から目撃して御言葉《みことば》のために働いた
人々がわたしたちに伝えたとおりに、物語を書き
連ねようと、多くの人々が既に手を着けています。
3そこで、敬愛するテオフィロさま、わたしもす
べての事を初めから詳しく調べていますので、順
序正しく書いてあなたに献呈するのがよいと思い
ました。4お受けになった教えが確実なものであ
ることを、よく分かっていただきたいのでありま
す。

洗礼者ヨハネの誕生、予告される

5ユダヤの王ヘロデの時代、アビヤ組の祭司に
ザカリアという人がいた。その妻はアロン家の娘
の一人で、名をエリサベトといった。6二人とも
神の前に正しい人で、主《しゅ》の掟と定めをすべて守り、
非のうちどころがなかった。7しかし、エリサベ
トは不妊の女だったので、彼らには、子供がなく、
二人とも既に年をとっていた。8さて、ザカリア
は自分の組が当番で、神の御前《みまえ》で祭司の務めをし
ていたとき、9祭司職のしきたりによってくじを
引いたところ、主の聖所に入って香をたくことに
なった。10香をたいている間、大勢の民衆が皆外
で祈っていた。11すると、主の天使が現れ、香壇《こうだん》
の右に立った。12ザカリアはそれを見て不安にな
り、恐怖の念に襲われた。13天使は言った。「恐
れることはない。ザカリア、あなたの願いは聞き
入れられた。あなたの妻エリサベトは男の子を産
む。その子をヨハネと名付けなさい。14その子は
あなたにとって喜びとなり、楽しみとなる。多く
の人もその誕生を喜ぶ。15彼は主の御前に偉大な
人になり、ぶどう酒や強い酒を飲まず、既に母の

胎《たい》にいるときから聖霊に満たされていて、16イス
ラエルの多くの子らをその神である主のもとに立
ち帰らせる。17彼はエリヤの霊と力で主に先立っ
て行き、父の心を子に向けさせ、逆らう者に正し
い人の分別を持たせて、準備のできた民を主のた
めに用意する。」18そこで、ザカリアは天使に言
った。「何によって、わたしはそれを知ることが
できるのでしょうか。わたしは老人ですし、妻も
年をとっています。」19天使は答えた。「わたしは
ガブリエル、神の前に立つ者。あなたに話しかけ
て、この喜ばしい知らせを伝えるために遣わされ
たのである。20あなたは口が利けなくなり、この
事の起こる日まで話すことができなくなる。時が
来れば実現するわたしの言葉を信じなかったから
である。」

21民衆はザカリアを待っていた。そして、彼が
聖所で手間取るのを、不思議に思っていた。22ザ
カリアはやっと出て来たけれども、話すことがで
きなかった。そこで、人々は彼が聖所で幻を見た
のだと悟った。ザカリアは身振りで示すだけで、
口が利けないままだった。23やがて、務めの期間
が終わって自分の家に帰った。24その後、妻エリ
サベトは身ごもって、五か月の間身を隠していた。
そして、こう言った。25「主は今こそ、こうして、
わたしに目を留め、人々の間からわたしの恥を取
り去ってくださいました。」

イエスの誕生が予告される

26六か月目に、天使ガブリエルは、ナザレとい
うガリラヤの町に神から遣わされた。27ダビデ家
のヨセフという人のいいなずけであるおとめのと
ころに遣わされたのである。そのおとめの名はマ
リアといった。28天使は、彼女のところに来て言
った。「おめでとう、恵まれた方。主があなたと
共におられる。」29マリアはこの言葉に戸惑い、
いったいこの挨拶は何のことかと考え込んだ。

30すると、天使は言った。「マリア、恐れること
はない。あなたは神から恵みをいただいた。31あ
なたは身ごもって男の子を産むが、その子をイエ
スと名付けなさい。32その子は偉大な人になり、
いと高き方の子と言われる。神である主は、彼に
父ダビデの王座をくださる。33彼は永遠にヤコブ
の家を治め、その支配は終わることがない。」
34マリアは天使に言った。「どうして、そのよう
なことがありえましょうか。わたしは男の人を知
りませんのに。」35天使は答えた。「聖霊があなた
に降《くだ》り、いと高き方の力があなたを包む。だから、
生まれる子は聖なる者、神の子と呼ばれる。36あ
なたの親類のエリサベトも、年をとっているが、
男の子を身ごもっている。不妊の女と言われてい
たのに、もう六か月になっている。37神にできな
いことは何一つない。」38マリアは言った。「わた
しは主のはしためです。お言葉どおり、この身に
成りますように。」そこで、天使は去って行った。

マリア、エリサベトを訪ねる

39そのころ、マリアは出かけて、急いで山里に
向かい、ユダの町に行った。40そして、ザカリア
の家に入ってエリサベトに挨拶した。41マリアの
挨拶をエリサベトが聞いたとき、その胎内の子が
おどった。エリサベトは聖霊に満たされて、42声
高らかに言った。「あなたは女の中で祝福された
方です。胎内のお子さまも祝福されています。
43わたしの主のお母さまがわたしのところに来て
くださるとは、どういうわけでしょう。44あなた
の挨拶のお声をわたしが耳にしたとき、胎内の子
は喜んでおどりました。45主がおっしゃったこと
は必ず実現すると信じた方は、なんと幸いでしょ
う。」

マリアの賛歌

46そこで、マリアは言った。

「わたしの魂は主をあがめ、
47わたしの霊は救い主である神を喜びたたえます。
48身分の低い、この主のはしためにも
　目を留めてくださったからです。
今から後、いつの世の人も
　わたしを幸いな者と言うでしょう、
49力ある方が、
　わたしに偉大なことをなさいましたから。
その御名《みな》は尊く、
50その憐《あわ》れみは代々《よよ》に限りなく、
主を畏れる者に及びます。
51主はその腕で力を振るい、
思い上がる者を打ち散らし、
52権力ある者をその座から引き降ろし、
身分の低い者を高く上げ、
53飢えた人を良い物で満たし、
　富める者を空腹のまま追い返されます。
54その僕《しもべ》イスラエルを受け入れて、
　憐れみをお忘れになりません、
55わたしたちの先祖におっしゃったとおり、
アブラハムとその子孫に対してとこしえに。」
　56マリアは、三か月ほどエリサベトのところに
滞在してから、自分の家に帰った。

洗礼者ヨハネの誕生

57さて、月が満ちて、エリサベトは男の子を産
んだ。58近所の人々や親類は、主がエリサベトを
大いに慈しまれたと聞いて喜び合った。59八日目
に、その子に割礼を施すために来た人々は、父の
名を取ってザカリアと名付けようとした。60とこ
ろが、母は、「いいえ、名はヨハネとしなければ
なりません」と言った。61しかし人々は、「あな
たの親類には、そういう名の付いた人はだれもい
ない」と言い、62父親に、「この子に何と名を付
けたいか」と手振りで尋ねた。63父親は字を書く
板を出させて、「この子の名はヨハネ」と書いた

ので、人々は皆驚いた。64すると、たちまちザカ
リアは口が開き、舌がほどけ、神を賛美し始めた。
65近所の人々は皆恐れを感じた。そして、このこ
とすべてが、ユダヤの山里中で話題になった。
66聞いた人々は皆これを心に留め、「いったい、
この子はどんな人になるのだろうか」と言った。
この子には主の力が及んでいたのである。

ザカリアの預言

67父ザカリアは聖霊に満たされ、こう預言した。
68「ほめたたえよ、イスラエルの神である主を。
主はその民を訪れて解放し、
69我らのために救いの角《つの》を、
僕ダビデの家から起こされた。
70昔から聖なる預言者たちの口を通して
語られたとおりに。
71それは、我らの敵、
すべて我らを憎む者の手からの救い。
72主は我らの先祖を憐れみ、
その聖なる契約を覚えていてくださる。
73これは我らの父アブラハムに立てられた誓い。
こうして我らは、
74敵の手から救われ、
恐れなく主に仕える、
75生涯、主の御前に清く正しく。
76幼子よ、お前はいと高き方の預言者と呼ばれる。
主に先立って行き、その道を整え、
77主の民に罪の赦《ゆる》しによる救いを
知らせるからである。
78これは我らの神の憐れみの心による。
この憐れみによって、
高い所からあけぼのの光が我らを訪れ、
79暗闇と死の陰に座している者たちを照らし、
我らの歩みを平和の道に導く。」
80幼子は身も心も健やかに育ち、イスラエルの
人々の前に現れるまで荒れ野にいた。

イエスの誕生（マタイ1 18―25）

2

1そのころ、皇帝アウグストゥスから全領土
の住民に、登録をせよとの勅令が出た。2こ
れは、キリニウスがシリア州の総督であったとき
に行われた最初の住民登録である。3人々は皆、
登録するためにおのおの自分の町へ旅立った。
4ヨセフもダビデの家に属し、その血筋であった
ので、ガリラヤの町ナザレから、ユダヤのベツレ
ヘムというダビデの町へ上って行った。5身ごも
っていた、いいなずけのマリアと一緒に登録する
ためである。6ところが、彼らがベツレヘムにい
るうちに、マリアは月が満ちて、7初めての子を
産み、布にくるんで飼い葉桶に寝かせた。宿屋に
は彼らの泊まる場所がなかったからである。

羊飼いと天使

8その地方で羊飼いたちが野宿をしながら、夜
通し羊の群れの番をしていた。9すると、主の天
使が近づき、主の栄光が周りを照らしたので、彼
らは非常に恐れた。10天使は言った。「恐れるな。
わたしは、民全体に与えられる大きな喜びを告げ
る。11今日ダビデの町で、あなたがたのために救
い主がお生まれになった。この方こそ主メシアで
ある。12あなたがたは、布にくるまって飼い葉桶
の中に寝ている乳飲み子を見つけるであろう。こ
れがあなたがたへのしるしである。」13すると、
突然、この天使に天の大軍が加わり、神を賛美し
て言った。
14「いと高きところには栄光、神にあれ、
地には平和、御心《みこころ》に適《かな》う人にあれ。」
15天使たちが離れて天に去ったとき、羊飼いた
ちは、「さあ、ベツレヘムへ行こう。主が知らせ
てくださったその出来事を見ようではないか」と
話し合った。16そして急いで行って、マリアとヨ
セフ、また飼い葉桶に寝かせてある乳飲み子を探

し当てた。17その光景を見て、羊飼いたちは、こ
の幼子について天使が話してくれたことを人々に
知らせた。18聞いた者は皆、羊飼いたちの話を不
思議に思った。19しかし、マリアはこれらの出来
事をすべて心に納めて、思い巡らしていた。20羊
飼いたちは、見聞きしたことがすべて天使の話し
たとおりだったので、神をあがめ、賛美しながら
帰って行った。
21八日たって割礼の日を迎えたとき、幼子はイ
エスと名付けられた。これは、胎内に宿る前に天
使から示された名である。

神殿で献げられる

22さて、モーセの律法に定められた彼らの清め
の期間が過ぎたとき、両親はその子を主に献《ささ》げる
ため、エルサレムに連れて行った。23それは主の
律法に、「初めて生まれる男子は皆、主のために
聖別される」と書いてあるからである。24また、
主の律法に言われているとおりに、山鳩一つがい
か、家鳩の雛二羽をいけにえとして献げるためで
あった。
25そのとき、エルサレムにシメオンという人が
いた。この人は正しい人で信仰があつく、イスラ
エルの慰められるのを待ち望み、聖霊が彼にとど
まっていた。26そして、主が遣わすメシアに会う
までは決して死なない、とのお告げを聖霊から受
けていた。27シメオンが〝霊〟に導かれて神殿の
境内に入って来たとき、両親は、幼子のために律
法の規定どおりにいけにえを献げようとして、イ
エスを連れて来た。28シメオンは幼子を腕に抱き、
神をたたえて言った。
29「主よ、今こそあなたは、お言葉どおり
この僕を安らかに去らせてくださいます。
30わたしはこの目であなたの救いを見たからです。
31これは万民のために整えてくださった救いで、
32異邦人を照らす啓示の光、

あなたの民イスラエルの誉《ほま》れです。」
33父と母は、幼子についてこのように言われたこ
とに驚いていた。34シメオンは彼らを祝福し、母
親のマリアに言った。「御覧なさい。この子は、
イスラエルの多くの人を倒したり立ち上がらせた
りするためにと定められ、また、反対を受けるし
るしとして定められています。35――あなた自身
も剣《つるぎ》で心を刺し貫かれます――多くの人の心にあ
る思いがあらわにされるためです。」
36また、アシェル族のファヌエルの娘で、アン
ナという女預言者がいた。非常に年をとっていて、
若いとき嫁いでから七年間夫と共に暮らしたが、
37夫に死に別れ、八十四歳になっていた。彼女は
神殿を離れず、断食したり祈ったりして、夜も昼
も神に仕えていたが、38そのとき、近づいて来て
神を賛美し、エルサレムの救いを待ち望んでいる
人々皆に幼子のことを話した。

ナザレに帰る

39親子は主の律法で定められたことをみな終え
たので、自分たちの町であるガリラヤのナザレに
帰った。40幼子はたくましく育ち、知恵に満ち、
神の恵みに包まれていた。

神殿での少年イエス

41さて、両親は過越祭《すぎこしさい》には毎年エルサレムへ旅
をした。42イエスが十二歳になったときも、両親
は祭りの慣習に従って都に上った。43祭りの期間
が終わって帰路についたとき、少年イエスはエル
サレムに残っておられたが、両親はそれに気づか
なかった。44イエスが道連れの中にいるものと思
い、一日分の道のりを行ってしまい、それから、
親類や知人の間を捜し回ったが、45見つからなか
ったので、捜しながらエルサレムに引き返した。
46三日の後、イエスが神殿の境内で学者たちの真
ん中に座り、話を聞いたり質問したりしておられ

るのを見つけた。47聞いている人は皆、イエスの
賢い受け答えに驚いていた。48両親はイエスを見
て驚き、母が言った。「なぜこんなことをしてく
れたのです。御覧なさい。お父さんもわたしも心
配して捜していたのです。」49すると、イエスは
言われた。**「どうしてわたしを捜したのですか。
わたしが自分の父の家にいるのは当たり前だとい
うことを、知らなかったのですか。」**50しかし、
両親にはイエスの言葉の意味が分からなかった。
51それから、イエスは一緒に下って行き、ナザレ
に帰り、両親に仕えてお暮らしになった。母はこ
れらのことをすべて心に納めていた。52イエスは
知恵が増し、背丈も伸び、神と人とに愛された。

3

洗礼者ヨハネ、教えを宣べる（マタ3 1―12、マコ1 1―8、ヨハ1 19―28）

1皇帝ティベリウスの治世の第十五年、ポン
ティオ・ピラトがユダヤの総督、ヘロデがガ
リラヤの領主、その兄弟フィリポがイトラヤとト
ラコン地方の領主、リサニアがアビレネの領主、
2アンナスとカイアファとが大祭司であったとき、
神の言葉が荒れ野でザカリアの子ヨハネに降った。
3そこで、ヨハネはヨルダン川沿いの地方一帯に
行って、罪の赦しを得させるために悔い改めの
洗礼《（バプテスマ）》を宣べ伝《つた》えた。4これは、預言者イザヤの
書に書いてあるとおりである。
「荒れ野で叫ぶ者の声がする。
『主の道を整え、
その道筋をまっすぐにせよ。
5谷はすべて埋められ、
山と丘はみな低くされる。
曲がった道はまっすぐに、
でこぼこの道は平らになり、
6人は皆、神の救いを仰ぎ見る。』」
7そこでヨハネは、洗礼を授けてもらおうとし
て出て来た群衆に言った。「蝮《まむし》の子らよ、差し迫

った神の怒りを免れると、だれが教えたのか。
8悔い改めにふさわしい実を結べ。『我々の父は
アブラハムだ』などという考えを起こすな。言っ
ておくが、神はこんな石ころからでも、アブラハ
ムの子たちを造り出すことがおできになる。9斧
は既に木の根元に置かれている。良い実を結ばな
い木はみな、切り倒されて火に投げ込まれる。」
10そこで群衆は、「では、わたしたちはどうすれ
ばよいのですか」と尋ねた。11ヨハネは、「下着
を二枚持っている者は、一枚も持たない者に分け
てやれ。食べ物を持っている者も同じようにせ
よ」と答えた。12徴税人も洗礼を受けるために来
て、「先生、わたしたちはどうすればよいのです
か」と言った。13ヨハネは、「規定以上のものは
取り立てるな」と言った。14兵士も、「このわた
したちはどうすればよいのですか」と尋ねた。ヨ
ハネは、「だれからも金をゆすり取ったり、だま
し取ったりするな。自分の給料で満足せよ」と言
った。
15民衆はメシアを待ち望んでいて、ヨハネについ
て、もしかしたら彼がメシアではないかと、皆
心の中で考えていた。16そこで、ヨハネは皆に向
かって言った。「わたしはあなたたちに水で洗礼
を授けるが、わたしよりも優れた方が来られる。
わたしは、その方の履物のひもを解く値打ちもな
い。その方は、聖霊と火であなたたちに洗礼をお
授けになる。17そして、手に箕《み》を持って、脱穀場
を隅々まできれいにし、麦を集めて倉に入れ、殻
を消えることのない火で焼き払われる。」18ヨハ
ネは、ほかにもさまざまな勧めをして、民衆に福
音を告げ知らせた。19ところで、領主ヘロデは、
自分の兄弟の妻ヘロディアとのことについて、ま
た、自分の行ったあらゆる悪事について、ヨハネ
に責められたので、20ヨハネを牢に閉じ込めた。
こうしてヘロデは、それまでの悪事にもう一つの
悪事を加えた。

イエス、洗礼を受ける（マタ3 13–17、マコ
1 9–11）

21民衆が皆洗礼を受け、イエスも洗礼を受けて
祈っておられると、天が開け、22聖霊が鳩のよう
に目に見える姿でイエスの上に降って来た。する
と、「あなたはわたしの愛する子、わたしの心に
適う者」という声が、天から聞こえた。

イエスの系図（マタ1 1–17）

23イエスが宣教を始められたときはおよそ三十
歳であった。イエスはヨセフの子と思われていた。
ヨセフはエリの子、それからさかのぼると、24マ
タト、レビ、メルキ、ヤナイ、ヨセフ、25マタテ
ィア、アモス、ナウム、エスリ、ナガイ、26マハ
ト、マタティア、セメイン、ヨセク、ヨダ、27ヨ
ハナン、レサ、ゼルバベル、シャルティエル、ネ
リ、28メルキ、アディ、コサム、エルマダム、エ
ル、29ヨシュア、エリエゼル、ヨリム、マタト、
レビ、30シメオン、ユダ、ヨセフ、ヨナム、エリ
アキム、31メレア、メンナ、マタタ、ナタン、ダ
ビデ、32エッサイ、オベド、ボアズ、サラ、ナフ
ション、33アミナダブ、アドミン、アルニ、ヘツ
ロン、ペレツ、ユダ、34ヤコブ、イサク、アブラ
ハム、テラ、ナホル、35セルグ、レウ、ペレグ、
エベル、シェラ、36カイナム、アルパクシャド、
セム、ノア、レメク、37メトシェラ、エノク、イ
エレド、マハラルエル、ケナン、38エノシュ、セ
ト、アダム。そして神に至る。

4

誘惑を受ける（マタ4 1–11、マコ1 12–13）

1さて、イエスは聖霊に満ちて、ヨルダン川
からお帰りになった。そして、荒れ野の中を
〝霊〟によって引き回され、2四十日間、悪魔か
ら誘惑を受けられた。その間、何も食べず、その
期間が終わると空腹を覚えられた。3そこで、悪

魔はイエスに言った。「神の子なら、この石にパンになるように命じたらどうだ。」4イエスは、**「『人はパンだけで生きるものではない』と書いてある」**とお答えになった。5更に、悪魔はイエスを高く引き上げ、一瞬のうちに世界のすべての国々を見せた。6そして悪魔は言った。「この国々の一切の権力と繁栄とを与えよう。それはわたしに任されていて、これと思う人に与えることができるからだ。7だから、もしわたしを拝むなら、みんなあなたのものになる。」8イエスはお答えになった。

「『あなたの神である主を拝み、
ただ主に仕えよ』
と書いてある。」9そこで、悪魔はイエスをエルサレムに連れて行き、神殿の屋根の端に立たせて言った。「神の子なら、ここから飛び降りたらどうだ。10というのは、こう書いてあるからだ。

『神はあなたのために天使たちに命じて、
あなたをしっかり守らせる。』
11また、
『あなたの足が石に打ち当たることのないように、
天使たちは手であなたを支える。』」

12イエスは、**「『あなたの神である主を試してはならない』と言われている」**とお答えになった。13悪魔はあらゆる誘惑を終えて、時が来るまでイエスを離れた。

ガリラヤで伝道を始める（マタ4 12-17、マコ1 14-15）

14イエスは〝霊〟の力に満ちてガリラヤに帰られた。その評判が周りの地方一帯に広まった。15イエスは諸会堂で教え、皆から尊敬を受けられた。

ナザレで受け入れられない（マタ13 53-58、マコ6 1-6）

16イエスはお育ちになったナザレに来て、いつ
ものとおり安息日《あんそくび》に会堂に入り、聖書を朗読しよ
うとしてお立ちになった。17預言者イザヤの巻物
が渡され、お開きになると、次のように書いてあ
る個所が目に留まった。
18「主の霊がわたしの上におられる。
貧しい人に福音を告げ知らせるために、
主がわたしに油を注がれたからである。
主がわたしを遣わされたのは、
捕らわれている人に解放を、
目の見えない人に視力の回復を告げ、
圧迫されている人を自由にし、
19主の恵みの年を告げるためである。」
20イエスは巻物を巻き、係の者に返して席に座ら
れた。会堂にいるすべての人の目がイエスに注が
れていた。21そこでイエスは、**「この聖書の言葉**
は、今日、あなたがたが耳にしたとき、実現し
た」と話し始められた。22皆はイエスをほめ、そ
の口から出る恵み深い言葉に驚いて言った。「こ
の人はヨセフの子ではないか。」23イエスは言わ
れた。**「きっと、あなたがたは、『医者よ、自分自**
身を治せ』ということわざを引いて、『カファル
ナウムでいろいろなことをしたと聞いたが、郷里
のここでもしてくれ』と言うにちがいない。」
24そして、言われた。**「はっきり言っておく。預**
言者は、自分の故郷では歓迎されないものだ。
25**確かに言っておく。エリヤの時代に三年六か月**
の間、雨が降らず、その地方一帯に大飢饉が起こ
ったとき、イスラエルには多くのやもめがいたが、
26**エリヤはその中のだれのもとにも遣わされない**
で、シドン地方のサレプタのやもめのもとにだけ
遣わされた。27**また、預言者エリシャの時代に、**
イスラエルには重い皮膚病を患っている人が多く
いたが、シリア人ナアマンのほかはだれも清くさ

れなかった。」 28これを聞いた会堂内の人々は皆
憤慨し、29総立ちになって、イエスを町の外へ追
い出し、町が建っている山の崖まで連れて行き、
突き落とそうとした。30しかし、イエスは人々の
間を通り抜けて立ち去られた。

汚れた霊に取りつかれた男をいやす（マコ1 21-28）

31イエスはガリラヤの町カファルナウムに下っ
て、安息日には人々を教えておられた。32人々は
その教えに非常に驚いた。その言葉には権威があ
ったからである。33ところが会堂に、汚《けが》れた悪霊《あくれい》
に取りつかれた男がいて、大声で叫んだ。34「あ
あ、ナザレのイエス、かまわないでくれ。我々を
滅ぼしに来たのか。正体は分かっている。神の聖
者だ。」35イエスが、**「黙れ。この人から出て行
け」**とお叱りになると、悪霊はその男を人々の中
に投げ倒し、何の傷も負わせずに出て行った。
36人々は皆驚いて、互いに言った。「この言葉は
いったい何だろう。権威と力とをもって汚れた霊
に命じると、出て行くとは。」37こうして、イエ
スのうわさは、辺り一帯に広まった。

多くの病人をいやす（マタ8 14-17、マコ1 29-34）

38イエスは会堂を立ち去り、シモンの家にお入
りになった。シモンのしゅうとめが高い熱に苦し
んでいたので、人々は彼女のことをイエスに頼ん
だ。39イエスが枕もとに立って熱を叱りつけられ
ると、熱は去り、彼女はすぐに起き上がって一同
をもてなした。40日が暮れると、いろいろな病気
で苦しむ者を抱えている人が皆、病人たちをイエ
スのもとに連れて来た。イエスはその一人一人に
手を置いていやされた。41悪霊もわめき立て、
「お前は神の子だ」と言いながら、多くの人々か
ら出て行った。イエスは悪霊を戒めて、ものを言

うことをお許しにならなかった。悪霊は、イエス
をメシアだと知っていたからである。

巡回して宣教する（マコ1 35―39）

42朝になると、イエスは人里離れた所へ出て行
かれた。群衆はイエスを捜し回ってそのそばまで
来ると、自分たちから離れて行かないようにと、
しきりに引き止めた。43しかし、イエスは言われ
た。**「ほかの町にも神の国の福音を告げ知らせな**
ければならない。わたしはそのために遣わされた
のだ。」44そして、ユダヤの諸会堂に行って宣教
された。

5

漁師を弟子にする（マタ4 18―22、マコ1 16―20）

1イエスがゲネサレト湖畔に立っておられる
と、神の言葉を聞こうとして、群衆がその周
りに押し寄せて来た。2イエスは、二そうの舟が
岸にあるのを御覧になった。漁師たちは、舟から
上がって網を洗っていた。3そこでイエスは、そ
のうちの一そうであるシモンの持ち舟に乗り、岸
から少し漕ぎ出すようにお頼みになった。そして、
腰を下ろして舟から群衆に教え始められた。4話
し終わったとき、シモンに、**「沖に漕ぎ出して網**
を降ろし、漁をしなさい」と言われた。5シモン
は、「先生、わたしたちは、夜通し苦労しました
が、何もとれませんでした。しかし、お言葉です
から、網を降ろしてみましょう」と答えた。6そ
して、漁師たちがそのとおりにすると、おびただ
しい魚がかかり、網が破れそうになった。7そこ
で、もう一そうの舟にいる仲間に合図して、来て
手を貸してくれるように頼んだ。彼らは来て、二
そうの舟を魚でいっぱいにしたので、舟は沈みそ
うになった。8これを見たシモン・ペトロは、イ
エスの足もとにひれ伏して、「主よ、わたしから
離れてください。わたしは罪深い者なのです」と
言った。9とれた魚にシモンも一緒にいた者も皆

驚いたからである。10シモンの仲間、ゼベダイの
子のヤコブもヨハネも同様だった。するとイエ
スはシモンに言われた。**「恐れることはない。今**
から後、あなたは人間をとる漁師になる。」11そ
こで、彼らは舟を陸に引き上げ、すべてを捨てて
イエスに従った。

重い皮膚病を患っている人をいやす（マタ８1-4、マコ１40-45）

12イエスがある町におられたとき、そこに、全
身重い皮膚病にかかった人がいた。この人はイエ
スを見てひれ伏し、「主よ、御心ならば、わたし
を清くすることがおできになります」と願った。
13イエスが手を差し伸べてその人に触れ、**「よろ**
しい。清くなれ」と言われると、たちまち重い皮
膚病は去った。14イエスは厳しくお命じになった。
「だれにも話してはいけない。ただ、行って祭司
に体を見せ、モーセが定めたとおりに清めの献げ
物をし、人々に証明しなさい。」15しかし、イエ
スのうわさはますます広まったので、大勢の群衆
が、教えを聞いたりいやしていただいたり
するために、集まって来た。16だが、イエスは人
里離れた所に退いて祈っておられた。

中風の人をいやす（マタ９1-8、マコ２1-12）

17ある日のこと、イエスが教えておられると、
ファリサイ派の人々と律法の教師たちがそこに座
っていた。この人々は、ガリラヤとユダヤのすべ
ての村、そしてエルサレムから来たのである。主
の力が働いて、イエスは病気をいやしておられた。
18すると、男たちが中風《ちゅうぶ》を患っている人を床に乗
せて運んで来て、家の中に入れてイエスの前に置
こうとした。19しかし、群衆に阻まれて、運び込
む方法が見つからなかったので、屋根に上って瓦
をはがし、人々の真ん中のイエスの前に、病人を
床ごとつり降ろした。20イエスはその人たちの信

仰を見て、**「人よ、あなたの罪は赦された」**と言
われた。21ところが、律法学者たちやファリサイ
派の人々はあれこれと考え始めた。「神を冒瀆す
るこの男は何者だ。ただ神のほかに、いったいだ
れが、罪を赦すことができるだろうか。」22イエ
スは、彼らの考えを知って、お答えになった。
「何を心の中で考えているのか。23**『あなたの罪は**
赦された』と言うのと、『起きて歩け』と言うの
と、どちらが易しいか。24**人の子が地上で罪を赦**
す権威を持っていることを知らせよう。」そして、
中風の人に、「わたしはあなたに言う。起き上が
り、床を担いで家に帰りなさい」と言われた。
25その人はすぐさま皆の前で立ち上がり、寝てい
た台を取り上げ、神を賛美しながら家に帰って行
った。26人々は皆大変驚き、神を賛美し始めた。
そして、恐れに打たれて、「今日、驚くべきこと
を見た」と言った。

レビを弟子にする（マタ9 9–13、マコ2 13–17）

27その後、イエスは出て行って、レビという徴
税人が収税所に座っているのを見て、**「わたしに**
従いなさい」と言われた。28彼は何もかも捨てて
立ち上がり、イエスに従った。29そして、自分の
家でイエスのために盛大な宴会を催した。そこに
は徴税人やほかの人々が大勢いて、一緒に席に着
いていた。30ファリサイ派の人々やその派の律法
学者たちはつぶやいて、イエスの弟子たちに言っ
た。「なぜ、あなたたちは、徴税人や罪人《つみびと》などと
一緒に飲んだり食べたりするのか。」31イエスは
お答えになった。**「医者を必要とするのは、健康**
な人ではなく病人である。32**わたしが来たのは、**
正しい人を招くためではなく、罪人を招いて悔い
改めさせるためである。」

断食についての問答（マタ9 14–17、マコ2 18–22）

33人々はイエスに言った。「ヨハネの弟子たち
は度々断食し、祈りをし、ファリサイ派の弟子た
ちも同じようにしています。しかし、あなたの弟
子たちは飲んだり食べたりしています。」34そこ
で、イエスは言われた。**「花婿が一緒にいるのに、**
婚礼の客に断食させることがあなたがたにできよ
うか。35**しかし、花婿が奪い取られる時が来る。**
その時には、彼らは断食することになる。」36そ
して、イエスはたとえを話された。**「だれも、新**
しい服から布切れを破り取って、古い服に継ぎを
当てたりはしない。そんなことをすれば、新しい
服も破れるし、新しい服から取った継ぎ切れも古
いものには合わないだろう。37**また、だれも、新**
しいぶどう酒を古い革袋に入れたりはしない。そ
んなことをすれば、新しいぶどう酒は革袋を破っ
て流れ出し、革袋もだめになる。38**新しいぶどう**
酒は、新しい革袋に入れねばならない。39**また、**
古いぶどう酒を飲めば、だれも新しいものを欲し
がらない。『古いものの方がよい』と言うのであ
る。」

6

安息日に麦の穂を摘む（マタ12 1–8、マコ2 23–28）

1ある安息日に、イエスが麦畑を通って行か
れると、弟子たちは麦の穂を摘み、手でもん
で食べた。2ファリサイ派のある人々が、「なぜ、
安息日にしてはならないことを、あなたたちはす
るのか」と言った。3イエスはお答えになった。
「ダビデが自分も供の者たちも空腹だったときに
何をしたか、読んだことがないのか。4**神の家に**
入り、ただ祭司のほかにはだれも食べてはならな
い供えのパンを取って食べ、供の者たちにも与え
たではないか。」5そして、彼らに言われた。**「人**
の子は安息日の主である。」

手の萎えた人をいやす（マタ**12** 9–14、マコ**3** 1–6）

6また、ほかの安息日に、イエスは会堂に入っ
て教えておられた。そこに一人の人がいて、その
右手が萎《な》えていた。7律法学者たちやファリサイ
派の人々は、訴える口実を見つけようとして、イ
エスが安息日に病気をいやされるかどうか、注目
していた。8イエスは彼らの考えを見抜いて、手
の萎えた人に、**「立って、真ん中に出なさい」**と
言われた。その人は身を起こして立った。9そこ
で、イエスは言われた。**「あなたたちに尋ねたい。**
安息日に律法で許されているのは、善を行うこと
か、悪を行うことか。命を救うことか、滅ぼすこ
とか。」10そして、彼ら一同を見回して、その人
に、**「手を伸ばしなさい」**と言われた。言われた
ようにすると、手は元どおりになった。11ところ
が、彼らは怒り狂って、イエスを何とかしようと
話し合った。

十二人を選ぶ（マタ**10** 1–4、マコ**3** 13–19）

12そのころ、イエスは祈るために山に行き、神
に祈って夜を明かされた。13朝になると弟子たち
を呼び集め、その中から十二人を選んで使徒と名
付けられた。14それは、イエスがペトロと名付け
られたシモン、その兄弟アンデレ、そして、ヤコ
ブ、ヨハネ、フィリポ、バルトロマイ、15マタイ、
トマス、アルファイの子ヤコブ、熱心党と呼ばれ
たシモン、16ヤコブの子ユダ、それに後に裏切り
者となったイスカリオテのユダである。

おびただしい病人をいやす（マタ**4** 23–25）

17イエスは彼らと一緒に山から下りて、平らな
所にお立ちになった。大勢の弟子とおびただしい
民衆が、ユダヤ全土とエルサレムから、また、テ
ィルスやシドンの海岸地方から、18イエスの教え

を聞くため、また病気をいやしていただくために
来ていた。汚れた霊に悩まされていた人々もいや
していただいた。19群衆は皆、何とかしてイエス
に触れようとした。イエスから力が出て、すべて
の人の病気をいやしていたからである。

幸いと不幸（マタ5 1-12）

20さて、イエスは目を上げ弟子たちを見て言わ
れた。
「貧しい人々は、幸いである、
神の国はあなたがたのものである。
21今飢えている人々は、幸いである、
あなたがたは満たされる。
今泣いている人々は、幸いである、
あなたがたは笑うようになる。
22人々に憎まれるとき、また、人の子のために追
い出され、ののしられ、汚名を着せられるとき、
あなたがたは幸いである。23その日には、喜び踊
りなさい。天には大きな報いがある。この人々の
先祖も、預言者たちに同じことをしたのである。
24しかし、富んでいるあなたがたは、不幸である、
あなたがたはもう慰めを受けている。
25今満腹している人々、あなたがたは、不幸であ
る、
あなたがたは飢えるようになる。
今笑っている人々は、不幸である、
あなたがたは悲しみ泣くようになる。
26すべての人にほめられるとき、あなたがたは不
幸である。この人々の先祖も、偽《にせ》預言者たちに同
じことをしたのである。」

敵を愛しなさい（マタ5 38-48、7 12a）

27「しかし、わたしの言葉を聞いているあなた
がたに言っておく。敵を愛し、あなたがたを憎む
者に親切にしなさい。28悪口を言う者に祝福を祈
り、あなたがたを侮辱する者のために祈りなさい。

29あなたの頬を打つ者には、もう一方の頬をも向
けなさい。上着を奪い取る者には、下着をも拒ん
ではならない。30求める者には、だれにでも与え
なさい。あなたの持ち物を奪う者から取り返そう
としてはならない。31人にしてもらいたいと思う
ことを、人にもしなさい。32自分を愛してくれる
人を愛したところで、あなたがたにどんな恵みが
あろうか。罪人でも、愛してくれる人を愛してい
る。33また、自分によくしてくれる人に善いこと
をしたところで、どんな恵みがあろうか。罪人で
も同じことをしている。34返してもらうことを当
てにして貸したところで、どんな恵みがあろうか。
罪人さえ、同じものを返してもらおうとして、罪
人に貸すのである。35しかし、あなたがたは敵を
愛しなさい。人に善いことをし、何も当てにしな
いで貸しなさい。そうすれば、たくさんの報いが
あり、いと高き方の子となる。いと高き方は、恩
を知らない者にも悪人にも、情け深いからである。
36あなたがたの父が憐れみ深いように、あなたが
たも憐れみ深い者となりなさい。」

人を裁くな（マタ7 1-5）

37「人を裁くな。そうすれば、あなたがたも裁
かれることがない。人を罪人だと決めるな。そう
すれば、あなたがたも罪人だと決められることが
ない。赦しなさい。そうすれば、あなたがたも赦
される。38与えなさい。そうすれば、あなたがた
にも与えられる。押し入れ、揺すり入れ、あふれ
るほどに量りをよくして、ふところに入れてもら
える。あなたがたは自分の量る秤で量り返される
からである。」39イエスはまた、たとえを話され
た。「盲人が盲人の道案内をすることができよう
か。二人とも穴に落ち込みはしないか。40弟子は
師にまさるものではない。しかし、だれでも、十
分に修行を積めば、その師のようになれる。41あ
なたは、兄弟の目にあるおが屑は見えるのに、な

ぜ自分の目の中の丸太に気づかないのか。42自分
の目にある丸太を見ないで、兄弟に向かって、
『さあ、あなたの目にあるおが屑を取らせてくだ
さい』と、どうして言えるだろうか。偽善者よ、
まず自分の目から丸太を取り除け。そうすれば、
はっきり見えるようになって、兄弟の目にあるお
が屑を取り除くことができる。」

実によって木を知る（マタ7 16–20、12 34b–35）

43「悪い実を結ぶ良い木はなく、また、良い実
を結ぶ悪い木はない。44木は、それぞれ、その結
ぶ実によって分かる。茨《いばら》からいちじくは採れない
し、野ばらからぶどうは集められない。45善い人
は良いものを入れた心の倉から良いものを出し、
悪い人は悪いものを入れた倉から悪いものを出す。
人の口は、心からあふれ出ることを語るのであ
る。」

家と土台（マタ7 24–27）

46「わたしを『主よ、主よ』と呼びながら、な
ぜわたしの言うことを行わないのか。47わたしの
もとに来て、わたしの言葉を聞き、それを行う人
が皆、どんな人に似ているかを示そう。48それは、
地面を深く掘り下げ、岩の上に土台を置いて家を
建てた人に似ている。洪水になって川の水がその
家に押し寄せたが、しっかり建ててあったので、
揺り動かすことができなかった。49しかし、聞い
ても行わない者は、土台なしで地面に家を建てた
人に似ている。川の水が押し寄せると、家はたち
まち倒れ、その壊れ方がひどかった。」

7

百人隊長の僕をいやす（マタ8 5–13、ヨハ4 43–54）

1イエスは、民衆にこれらの言葉をすべて話
し終えてから、カファルナウムに入られた。

2ところで、ある百人隊長に重んじられている部
下が、病気で死にかかっていた。3イエスのこと
を聞いた百人隊長は、ユダヤ人の長老たちを使い
にやって、部下を助けに来てくださるように頼ん
だ。4長老たちはイエスのもとに来て、熱心に願
った。「あの方は、そうしていただくのにふさわ
しい人です。5わたしたちユダヤ人を愛して、自
ら会堂を建ててくれたのです。」6そこで、イエ
スは一緒に出かけられた。ところが、その家から
ほど遠からぬ所まで来たとき、百人隊長は友達を
使いにやって言わせた。「主よ、御足労には及び
ません。わたしはあなたを自分の屋根の下にお迎
えできるような者ではありません。7ですから、
わたしの方からお伺いするのさえふさわしくない
と思いました。ひと言おっしゃってください。そ
して、わたしの僕をいやしてください。8わたし
も権威の下に置かれている者ですが、わたしの下
には兵隊がおり、一人に『行け』と言えば行きま
すし、他の一人に『来い』と言えば来ます。また
部下に『これをしろ』と言えば、そのとおりにし
ます。」9イエスはこれを聞いて感心し、従って
いた群衆の方を振り向いて言われた。**「言ってお**
くが、イスラエルの中でさえ、わたしはこれほど
の信仰を見たことがない。」10使いに行った人た
ちが家に帰ってみると、その部下は元気になって
いた。

やもめの息子を生き返らせる

11それから間もなく、イエスはナインという町
に行かれた。弟子たちや大勢の群衆も一緒であっ
た。12イエスが町の門に近づかれると、ちょうど、
ある母親の一人息子が死んで、棺《かん》が担ぎ出される
ところだった。その母親はやもめであって、町の
人が大勢そばに付き添っていた。13主はこの母親
を見て、憐れに思い、**「もう泣かなくともよい」**
と言われた。14そして、近づいて棺に手を触れら

れると、担いでいる人たちは立ち止まった。イエ
スは、**「若者よ、あなたに言う。起きなさい」**と
言われた。15すると、死人は起き上がってものを
言い始めた。イエスは息子をその母親にお返しに
なった。16人々は皆恐れを抱き、神を賛美して、
「大預言者が我々の間に現れた」と言い、また、
「神はその民を心にかけてくださった」と言った。
17イエスについてのこの話は、ユダヤの全土と周
りの地方一帯に広まった。

洗礼者ヨハネとイエス（マタ11 2―19）

18ヨハネの弟子たちが、これらすべてのことに
ついてヨハネに知らせた。そこで、ヨハネは弟子
の中から二人を呼んで、19主のもとに送り、こう
言わせた。「来る《きた》べき方は、あなたでしょうか。
それとも、ほかの方を待たなければなりません
か。」20二人はイエスのもとに来て言った。「わた
したちは洗礼者ヨハネからの使いの者ですが、
『来るべき方は、あなたでしょうか。それとも、
ほかの方を待たなければなりませんか』とお尋ね
するようにとのことです。」21そのとき、イエス
は病気や苦しみや悪霊に悩んでいる多くの人々を
いやし、大勢の盲人を見えるようにしておられた。
22それで、二人にこうお答えになった。**「行って、**
見聞きしたことをヨハネに伝えなさい。目の見え
ない人は見え、足の不自由な人は歩き、重い皮膚
病を患っている人は清くなり、耳の聞こえない人
は聞こえ、死者は生き返り、貧しい人は福音を告
げ知らされている。23わたしにつまずかない人は
幸いである。」24ヨハネの使いが去ってから、イ
エスは群衆に向かってヨハネについて話し始めら
れた。**「あなたがたは何を見に荒れ野へ行ったの**
か。風にそよぐ葦《あし》か。25**では、何を見に行ったの**
か。しなやかな服を着た人か。華やかな衣を着て、
ぜいたくに暮らす人なら宮殿にいる。26**では、何**
を見に行ったのか。預言者か。そうだ、言ってお

く。預言者以上の者である。
27『見よ、わたしはあなたより先に使者を遣わし、
あなたの前に道を準備させよう』
と書いてあるのは、この人のことだ。28言ってお
くが、およそ女から生まれた者のうち、ヨハネよ
り偉大な者はいない。しかし、神の国で最も小さ
な者でも、彼よりは偉大である。」29民衆は皆ヨ
ハネの教えを聞き、徴税人さえもその洗礼を受け、
神の正しさを認めた。30しかし、ファリサイ派の
人々や律法の専門家たちは、彼から洗礼を受けな
いで、自分に対する神の御心を拒んだ。
31「では、今の時代の人たちは何にたとえたら
よいか。彼らは何に似ているか。32広場に座って、
互いに呼びかけ、こう言っている子供たちに似て
いる。
『笛を吹いたのに、
踊ってくれなかった。
葬式の歌をうたったのに、
泣いてくれなかった。』
33洗礼者ヨハネが来て、パンも食べずぶどう酒も
飲まずにいると、あなたがたは、『あれは悪霊に
取りつかれている』と言い、34人の子が来て、飲
み食いすると、『見ろ、大食漢で大酒飲みだ。徴
税人や罪人の仲間だ』と言う。35しかし、知恵の
正しさは、それに従うすべての人によって証明さ
れる。」

罪深い女を赦す

36さて、あるファリサイ派の人が、一緒に食事
をしてほしいと願ったので、イエスはその家に入
って食事の席に着かれた。37この町に一人の罪深
い女がいた。イエスがファリサイ派の人の家に入
って食事の席に着いておられるのを知り、香油の
入った石膏の壺を持って来て、38後ろからイエス
の足もとに近寄り、泣きながらその足を涙でぬら
し始め、自分の髪の毛でぬぐい、イエスの足に接

吻して香油を塗った。39イエスを招待したファリ
サイ派の人はこれを見て、「この人がもし預言者
なら、自分に触れている女がだれで、どんな人か
分かるはずだ。罪深い女なのに」と思った。40そ
こで、イエスがその人に向かって、**「シモン、あ**
なたに言いたいことがある」と言われると、シモ
ンは、「先生、おっしゃってください」と言った。
41イエスはお話しになった。**「ある金貸しから、**
二人の人が金を借りていた。一人は五百デナリオ
ン、もう一人は五十デナリオンである。42**二人に**
は返す金がなかったので、金貸しは両方の借金を
帳消しにしてやった。二人のうち、どちらが多く
その金貸しを愛するだろうか。」43シモンは、「帳
消しにしてもらった額の多い方だと思います」と
答えた。イエスは、**「そのとおりだ」**と言われた。
44そして、女の方を振り向いて、シモンに言われ
た。**「この人を見ないか。わたしがあなたの家に**
入ったとき、あなたは足を洗う水もくれなかった
が、この人は涙でわたしの足をぬらし、髪の毛で
ぬぐってくれた。45**あなたはわたしに接吻の挨拶**
もしなかったが、この人はわたしが入って来てか
ら、わたしの足に接吻してやまなかった。46**あな**
たは頭にオリーブ油を塗ってくれなかったが、こ
の人は足に香油を塗ってくれた。47**だから、言っ**
ておく。この人が多くの罪を赦されたことは、わ
たしに示した愛の大きさで分かる。赦されること
の少ない者は、愛することも少ない。」48そして、
イエスは女に、**「あなたの罪は赦された」**と言わ
れた。49同席の人たちは、「罪まで赦すこの人は、
いったい何者だろう」と考え始めた。50イエスは
女に、**「あなたの信仰があなたを救った。安心し**
て行きなさい」と言われた。

8

婦人たち、奉仕する

1すぐその後、イエスは神の国を宣べ伝え、
その福音を告げ知らせながら、町や村を巡っ

て旅を続けられた。十二人も一緒だった。2悪霊
を追い出して病気をいやしていただいた何人かの
婦人たち、すなわち、七つの悪霊を追い出してい
ただいたマグダラの女と呼ばれるマリア、3ヘロ
デの家令クザの妻ヨハナ、それにスサンナ、その
ほか多くの婦人たちも一緒であった。彼女たちは、
自分の持ち物を出し合って、一行に奉仕していた。

「種を蒔く人」のたとえ（マタ13 1-9、マコ4 1-9）

4大勢の群衆が集まり、方々の町から人々がそ
ばに来たので、イエスはたとえを用いてお話しに
なった。5「種を蒔《ま》く人が種蒔きに出て行った。
蒔いている間に、ある種は道端に落ち、人に踏み
つけられ、空の鳥が食べてしまった。6ほかの種
は石地《いしじ》に落ち、芽は出たが、水気がないので枯れ
てしまった。7ほかの種は茨の中に落ち、茨も一
緒に伸びて、押しかぶさってしまった。8また、
ほかの種は良い土地に落ち、生え出て、百倍の実
を結んだ。」イエスはこのように話して、「聞く耳
のある者は聞きなさい」と大声で言われた。

たとえを用いて話す理由（マタ13 10-17、マコ4 10-12）

9弟子たちは、このたとえはどんな意味かと尋
ねた。10イエスは言われた。「あなたがたには神
の国の秘密を悟ることが許されているが、他の
人々にはたとえを用いて話すのだ。それは、
『彼らが見ても見えず、
聞いても理解できない』
ようになるためである。」

「種を蒔く人」のたとえの説明（マタ13 18-23、マコ4 13-20）

11「このたとえの意味はこうである。種は神の
言葉である。12道端のものとは、御言葉を聞くが、

信じて救われることのないように、後から悪魔が
来て、その心から御言葉を奪い去る人たちである。
13**石地のものとは、御言葉を聞くと喜んで受け入**
れるが、根がないので、しばらくは信じても、試
練に遭うと身を引いてしまう人たちのことである。
14**そして、茨の中に落ちたのは、御言葉を聞くが、**
途中で人生の思い煩いや富や快楽に覆いふさがれ
て、実が熟するまでに至らない人たちである。
15**良い土地に落ちたのは、立派な善い心で御言葉**
を聞き、よく守り、忍耐して実を結ぶ人たちであ
る。」

「ともし火」のたとえ（マコ4 21-25）

16**「ともし火をともして、それを器で覆い隠し**
たり、寝台の下に置いたりする人はいない。入っ
て来る人に光が見えるように、燭台の上に置く。
17**隠れているもので、あらわにならないものはな**
く、秘められたもので、人に知られず、公になら
ないものはない。18**だから、どう聞くべきかに注**
意しなさい。持っている人は更に与えられ、持っ
ていない人は持っていると思うものまでも取り上
げられる。」

イエスの母、兄弟（マタ12 46-50、マコ3 31-35）

19さて、イエスのところに母と兄弟たちが来た
が、群衆のために近づくことができなかった。
20そこでイエスに、「母上と御兄弟たちが、お会
いしたいと外に立っておられます」との知らせが
あった。21するとイエスは、**「わたしの母、わた**
しの兄弟とは、神の言葉を聞いて行う人たちのこ
とである」とお答えになった。

突風を静める（マタ8 23-27、マコ4 35-41）

22ある日のこと、イエスが弟子たちと一緒に舟
に乗り、**「湖の向こう岸に渡ろう」**と言われたの

で、船出した。23渡って行くうちに、イエスは眠
ってしまわれた。突風が湖に吹き降ろして来て、
彼らは水をかぶり、危なくなった。24弟子たちは
近寄ってイエスを起こし、「先生、先生、おぼれ
そうです」と言った。イエスが起き上がって、風
と荒波とをお叱りになると、静まって凪《なぎ》になった。
25イエスは、**「あなたがたの信仰はどこにあるの**
か」と言われた。弟子たちは恐れ驚いて、「いっ
たい、この方はどなたなのだろう。命じれば風も
波も従うではないか」と互いに言った。

悪霊に取りつかれたゲラサの人をいやす

（マタ**8** 28–34、マコ**5** 1–20）

26一行は、ガリラヤの向こう岸にあるゲラサ人
の地方に着いた。27イエスが陸に上がられると、
この町の者で、悪霊に取りつかれている男がやっ
て来た。この男は長い間、衣服を身に着けず、家
に住まないで墓場を住まいとしていた。28イエス
を見ると、わめきながらひれ伏し、大声で言った。
「いと高き神の子イエス、かまわないでくれ。頼
むから苦しめないでほしい。」29イエスが、汚れ
た霊に男から出るように命じられたからである。
この人は何回も汚れた霊に取りつかれたので、鎖
でつながれ、足枷をはめられて監視されていたが、
それを引きちぎっては、悪霊によって荒れ野へと
駆り立てられていた。30イエスが、**「名は何とい**
うか」とお尋ねになると、「レギオン」と言った。
たくさんの悪霊がこの男に入っていたからである。
31そして悪霊どもは、底なしの淵へ行けという命
令を自分たちに出さないようにと、イエスに願っ
た。

32ところで、その辺りの山で、たくさんの豚の
群れがえさをあさっていた。悪霊どもが豚の中に
入る許しを願うと、イエスはお許しになった。
33悪霊どもはその人から出て、豚の中に入った。
すると、豚の群れは崖を下って湖になだれ込み、

おぼれ死んだ。34この出来事を見た豚飼いたちは
逃げ出し、町や村にこのことを知らせた。35そこ
で、人々はその出来事を見ようとしてやって来た。
彼らはイエスのところに来ると、悪霊どもを追い
出してもらった人が、服を着、正気になってイエ
スの足もとに座っているのを見て、恐ろしくなっ
た。36成り行きを見ていた人たちは、悪霊に取り
つかれていた人の救われた次第を人々に知らせた。
37そこで、ゲラサ地方の人々は皆、自分たちのと
ころから出て行ってもらいたいと、イエスに願っ
た。彼らはすっかり恐れに取りつかれていたので
ある。そこで、イエスは舟に乗って帰ろうとされ
た。38悪霊どもを追い出してもらった人が、お供
したいとしきりに願ったが、イエスはこう言って
お帰しになった。39**「自分の家に帰りなさい。そ**
して、神があなたになさったことをことごとく話
して聞かせなさい。」その人は立ち去り、イエス
が自分にしてくださったことをことごとく町中に
言い広めた。

ヤイロの娘とイエスの服に触れる女（マタ9 18－26、マコ5 21－43）

40イエスが帰って来られると、群衆は喜んで迎
えた。人々は皆、イエスを待っていたからである。
41そこへ、ヤイロという人が来た。この人は会堂
長であった。彼はイエスの足もとにひれ伏して、
自分の家に来てくださるようにと願った。42十二
歳ぐらいの一人娘がいたが、死にかけていたので
ある。

イエスがそこに行かれる途中、群衆が周りに押
し寄せて来た。43ときに、十二年このかた出血が
止まらず、医者に全財産を使い果たしたが、だれ
からも治してもらえない女がいた。44この女が近
寄って来て、後ろからイエスの服の房に触れると、
直ちに出血が止まった。45イエスは、**「わたしに**
触れたのはだれか」と言われた。人々は皆、自分

ではないと答えたので、ペトロが、「先生、群衆
があなたを取り巻いて、押し合っているのです」
と言った。46しかし、イエスは、**「だれかがわた**
しに触れた。わたしから力が出て行ったのを感じ
たのだ」と言われた。47女は隠しきれないと知っ
て、震えながら進み出てひれ伏し、触れた理由と
たちまちいやされた次第とを皆の前で話した。
48イエスは言われた。**「娘よ、あなたの信仰があ**
なたを救った。安心して行きなさい。」
　49イエスがまだ話しておられるときに、会堂長
の家から人が来て言った。「お嬢さんは亡くなり
ました。この上、先生を煩わすことはありませ
ん。」50イエスは、これを聞いて会堂長に言われ
た。**「恐れることはない。ただ信じなさい。そう**
すれば、娘は救われる。」51イエスはその家に着
くと、ペトロ、ヨハネ、ヤコブ、それに娘の父母
のほかには、だれも一緒に入ることをお許しにな
らなかった。52人々は皆、娘のために泣き悲しん
でいた。そこで、イエスは言われた。**「泣くな。**
死んだのではない。眠っているのだ。」53人々は、
娘が死んだことを知っていたので、イエスをあざ
笑った。54イエスは娘の手を取り、**「娘よ、起き**
なさい」と呼びかけられた。55すると娘は、その
霊が戻って、すぐに起き上がった。イエスは、娘
に食べ物を与えるように指図をされた。56娘の両
親は非常に驚いた。イエスは、この出来事をだれ
にも話さないようにとお命じになった。

十二人を派遣する（マタ10 1、5−15、マコ6 7−13）

9
　1イエスは十二人を呼び集め、あらゆる悪霊
に打ち勝ち、病気をいやす力と権能をお授け
になった。2そして、神の国を宣べ伝え、病人を
いやすために遣わすにあたり、3次のように言わ
れた。**「旅には何も持って行ってはならない。杖**
も袋もパンも金も持ってはならない。下着も二枚

は持ってはならない。4**どこかの家に入ったら、**
そこにとどまって、その家から旅立ちなさい。
5**だれもあなたがたを迎え入れないなら、その町**
を出ていくとき、彼らへの証《あか》しとして足についた
埃《ほこり》を払い落としなさい。」6十二人は出かけて行
き、村から村へと巡り歩きながら、至るところで
福音を告げ知らせ、病気をいやした。

ヘロデ、戸惑う（マタ14 1−12、マコ6 14−29）

7ところで、領主ヘロデは、これらの出来事を
すべて聞いて戸惑った。というのは、イエスにつ
いて、「ヨハネが死者の中から生き返ったのだ」
と言う人もいれば、8「エリヤが現れたのだ」と
言う人もいて、更に、「だれか昔の預言者が生き
返ったのだ」と言う人もいたからである。9しか
し、ヘロデは言った。「ヨハネなら、わたしが首
をはねた。いったい、何者だろう。耳に入ってく
るこんなうわさの主は。」そして、イエスに会っ
てみたいと思った。

五千人に食べ物を与える（マタ14 13−21、マコ6 30−44、ヨハ6 1−14）

10使徒たちは帰って来て、自分たちの行ったこ
とをみなイエスに告げた。イエスは彼らを連れ、
自分たちだけでベトサイダという町に退かれた。
11群衆はそのことを知ってイエスの後を追った。
イエスはこの人々を迎え、神の国について語り、
治療の必要な人々をいやしておられた。12日が傾
きかけたので、十二人はそばに来てイエスに言っ
た。「群衆を解散させてください。そうすれば、
周りの村や里へ行って宿をとり、食べ物を見つけ
るでしょう。わたしたちはこんな人里離れた所に
いるのです。」13しかし、イエスは言われた。**「あ**
なたがたが彼らに食べ物を与えなさい。」彼らは
言った。「わたしたちにはパン五つと魚二匹しか
ありません、このすべての人々のために、わたし

たちが食べ物を買いに行かないかぎり。」14とい
うのは、男が五千人ほどいたからである。イエス
は弟子たちに、**「人々を五十人ぐらいずつ組にし**
て座らせなさい」と言われた。15弟子たちは、そ
のようにして皆を座らせた。16すると、イエスは
五つのパンと二匹の魚を取り、天を仰いで、それ
らのために賛美の祈りを唱え、裂いて弟子たちに
渡しては群衆に配らせた。17すべての人が食べて
満腹した。そして、残ったパンの屑を集めると、
十二籠もあった。

ペトロ、信仰を言い表す（マタ**16** 13–19、マコ**8** 27–29）

18イエスがひとりで祈っておられたとき、弟子
たちは共にいた。そこでイエスは、**「群衆は、わ**
たしのことを何者だと言っているか」とお尋ねに
なった。19弟子たちは答えた。「『洗礼者ヨハネ
だ』と言っています。ほかに、『エリヤだ』と言
う人も、『だれか昔の預言者が生き返ったのだ』
と言う人もいます。」20イエスが言われた。**「それ**
では、あなたがたはわたしを何者だと言うのか。」
ペトロが答えた。「神からのメシアです。」

イエス、死と復活を予告する（マタ**16** 20–28、マコ**8** 30–**9** 1）

21イエスは弟子たちを戒め、このことをだれに
も話さないように命じて、22次のように言われた。
「人の子は必ず多くの苦しみを受け、長老、祭司
長、律法学者たちから排斥されて殺され、三日目
に復活することになっている。」23それから、イ
エスは皆に言われた。**「わたしについて来たい者**
は、自分を捨て、日々、自分の十字架を背負って、
わたしに従いなさい。24自分の命を救いたいと思
う者は、それを失うが、わたしのために命を失う
者は、それを救うのである。25人は、たとえ全世
界を手に入れても、自分の身を滅ぼしたり、失っ

たりしては、何の得があろうか。26わたしとわた
しの言葉を恥じる者は、人の子も、自分と父と聖
なる天使たちとの栄光に輝いて来るときに、その
者を恥じる。27確かに言っておく。ここに一緒に
いる人々の中には、神の国を見るまでは決して死
なない者がいる。」

イエスの姿が変わる（マタ17 1-8、マコ9 2-8）

28この話をしてから八日ほどたったとき、イエ
スは、ペトロ、ヨハネ、およびヤコブを連れて、
祈るために山に登られた。29祈っておられるうち
に、イエスの顔の様子が変わり、服は真っ白に輝
いた。30見ると、二人の人がイエスと語り合って
いた。モーセとエリヤである。31二人は栄光に包
まれて現れ、イエスがエルサレムで遂げようとし
ておられる最期について話していた。32ペトロと
仲間は、ひどく眠かったが、じっとこらえている
と、栄光に輝くイエスと、そばに立っている二人
の人が見えた。33その二人がイエスから離れよう
としたとき、ペトロがイエスに言った。「先生、
わたしたちがここにいるのは、すばらしいことで
す。仮小屋を三つ建てましょう。一つはあなたの
ため、一つはモーセのため、もう一つはエリヤの
ためです。」ペトロは、自分でも何を言っている
のか、分からなかったのである。34ペトロがこう
言っていると、雲が現れて彼らを覆った。彼らが
雲の中に包まれていくので、弟子たちは恐れた。
35すると、「これはわたしの子、選ばれた者。こ
れに聞け」と言う声が雲の中から聞こえた。36そ
の声がしたとき、そこにはイエスだけがおられた。
弟子たちは沈黙を守り、見たことを当時だれにも
話さなかった。

悪霊に取りつかれた子をいやす（マタ17 14–18、マコ9 14–27）

37翌日、一同が山を下りると、大勢の群衆がイ
エスを出迎えた。38そのとき、一人の男が群衆の
中から大声で言った。「先生、どうかわたしの子
を見てやってください。一人息子です。39悪霊が
取りつくと、この子は突然叫びだします。悪霊は
この子にけいれんを起こさせて泡を吹かせ、さん
ざん苦しめて、なかなか離れません。40この霊を
追い出してくださるようにお弟子たちに頼みまし
たが、できませんでした。」41イエスはお答えに
なった。**「なんと信仰のない、よこしまな時代な**
のか。いつまでわたしは、あなたがたと共にいて、
あなたがたに我慢しなければならないのか。あな
たの子供をここに連れて来なさい。」42その子が
来る途中でも、悪霊は投げ倒し、引きつけさせた。
イエスは汚れた霊を叱り、子供をいやして父親に
お返しになった。43人々は皆、神の偉大さに心を
打たれた。

再び自分の死を予告する（マタ17 22–23、マコ9 30–32）

イエスがなさったすべてのことに、皆が驚いて
いると、イエスは弟子たちに言われた。44**「この**
言葉をよく耳に入れておきなさい。人の子は人々
の手に引き渡されようとしている。」45弟子たち
はその言葉が分からなかった。彼らには理解でき
ないように隠されていたのである。彼らは、怖く
てその言葉について尋ねられなかった。

いちばん偉い者（マタ18 1–5、マコ9 33–37）

46弟子たちの間で、自分たちのうちだれがいち
ばん偉いかという議論が起きた。47イエスは彼ら
の心の内を見抜き、一人の子供の手を取り、御自
分のそばに立たせて、48言われた。**「わたしの名**
のためにこの子供を受け入れる者は、わたしを受

け入れるのである。わたしを受け入れる者は、わ
たしをお遣わしになった方を受け入れるのである。
あなたがた皆の中で最も小さい者こそ、最も偉い
者である。」

逆らわない者は味方（マコ9 38―40）

49そこで、ヨハネが言った。「先生、お名前を
使って悪霊を追い出している者を見ましたが、わ
たしたちと一緒にあなたに従わないので、やめさ
せようとしました。」50イエスは言われた。**「やめ**
させてはならない。あなたがたに逆らわない者は、
あなたがたの味方なのである。」

サマリア人から歓迎されない

51イエスは、天に上げられる時期が近づくと、
エルサレムに向かう決意を固められた。52そして、
先に使いの者を出された。彼らは行って、イエス
のために準備しようと、サマリア人の村に入った。
53しかし、村人はイエスを歓迎しなかった。イエ
スがエルサレムを目指して進んでおられたからで
ある。54弟子のヤコブとヨハネはそれを見て、
「主よ、お望みなら、天から火を降らせて、彼ら
を焼き滅ぼしましょうか」と言った。55イエスは
振り向いて二人を戒められた。56そして、一行は
別の村に行った。

弟子の覚悟（マタ8 19―22）

57一行が道を進んで行くと、イエスに対して、
「あなたがおいでになる所なら、どこへでも従っ
て参ります」と言う人がいた。58イエスは言われ
た。**「狐には穴があり、空の鳥には巣がある。だ**
が、人の子には枕する所もない。」59そして別の
人に、**「わたしに従いなさい」**と言われたが、そ
の人は、「主よ、まず、父を葬りに行かせてくだ
さい」と言った。60イエスは言われた。**「死んで**
いる者たちに、自分たちの死者を葬らせなさい。

あなたは行って、神の国を言い広めなさい。」
61また、別の人も言った。「主よ、あなたに従い
ます。しかし、まず家族にいとまごいに行かせて
ください。」62イエスはその人に、「鋤《すき》に手をかけ
てから後ろを顧みる者は、神の国にふさわしくな
い」と言われた。

七十二人を派遣する

10 1その後、主はほかに七十二人を任命し、御
自分が行くつもりのすべての町や村に二人ず
つ先に遣わされた。2そして、彼らに言われた。
「収穫は多いが、働き手が少ない。だから、収穫
のために働き手を送ってくださるように、収穫の
主に願いなさい。3行きなさい。わたしはあなた
がたを遣わす。それは、狼の群れに小羊を送り込
むようなものだ。4財布も袋も履物も持って行く
な。途中でだれにも挨拶をするな。5どこかの家
に入ったら、まず、『この家に平和があるように』
と言いなさい。6平和の子がそこにいるなら、あ
なたがたの願う平和はその人にとどまる。もし、
いなければ、その平和はあなたがたに戻ってくる。
7その家に泊まって、そこで出される物を食べ、
また飲みなさい。働く者が報酬を受けるのは当然
だからである。家から家へと渡り歩くな。8どこ
かの町に入り、迎え入れられたら、出される物を
食べ、9その町の病人をいやし、また、『神の国
はあなたがたに近づいた』と言いなさい。10しか
し、町に入っても、迎え入れられなければ、広場
に出てこう言いなさい。11『足についたこの町の
埃さえも払い落として、あなたがたに返す。しか
し、神の国が近づいたことを知れ』と。12言って
おくが、かの日には、その町よりまだソドムの方
が軽い罰で済む。」

悔い改めない町を叱る（マタ11 20-24）

13「コラジン、お前は不幸だ。ベトサイダ、お

前は不幸だ。お前たちのところでなされた奇跡が
ティルスやシドンで行われていれば、これらの町
はとうの昔に粗布《あらぬの》をまとい、灰の中に座って悔い
改めたにちがいない。14しかし、裁きの時には、
お前たちよりまだティルスやシドンの方が軽い罰
で済む。15また、カファルナウム、お前は、
　天にまで上げられるとでも思っているのか。
　陰府《よみ》にまで落とされるのだ。
16あなたがたに耳を傾ける者は、わたしに耳を傾
け、あなたがたを拒む者は、わたしを拒むのであ
る。わたしを拒む者は、わたしを遣わされた方を
拒むのである。」

七十二人、帰って来る

17七十二人は喜んで帰って来て、こう言った。
「主よ、お名前を使うと、悪霊さえもわたしたち
に屈服します。」18イエスは言われた。「わたしは、
サタンが稲妻のように天から落ちるのを見ていた。
19蛇やさそりを踏みつけ、敵のあらゆる力に打ち
勝つ権威を、わたしはあなたがたに授けた。だか
ら、あなたがたに害を加えるものは何一つない。
20しかし、悪霊があなたがたに服従するからとい
って、喜んではならない。むしろ、あなたがたの
名が天に書き記されていることを喜びなさい。」

喜びにあふれる（マタ11 25－27、13 16－17）

21そのとき、イエスは聖霊によって喜びにあふ
れて言われた。「天地の主である父よ、あなたを
ほめたたえます。これらのことを知恵ある者や賢
い者には隠して、幼子のような者にお示しになり
ました。そうです、父よ、これは御心に適うこと
でした。22すべてのことは、父からわたしに任せ
られています。父のほかに、子がどういう者であ
るかを知る者はなく、父がどういう方であるかを
知る者は、子と、子が示そうと思う者のほかには、
だれもいません。」23それから、イエスは弟子た

ちの方を振り向いて、彼らだけに言われた。**「あ
なたがたの見ているものを見る目は幸いだ。**[24]**言
っておくが、多くの預言者や王たちは、あなたが
たが見ているものを見たかったが、見ることがで
きず、あなたがたが聞いているものを聞きたかっ
たが、聞けなかったのである。」**

善いサマリア人

[25]すると、ある律法の専門家が立ち上がり、イ
エスを試そうとして言った。「先生、何をしたら、
永遠の命を受け継ぐことができるでしょうか。」
[26]イエスが、**「律法には何と書いてあるか。あな
たはそれをどう読んでいるか」**と言われると、
[27]彼は答えた。「『心を尽くし、精神を尽くし、力
を尽くし、思いを尽くして、あなたの神である主
を愛しなさい、また、隣人を自分のように愛しな
さい』とあります。」[28]イエスは言われた。**「正し
い答えだ。それを実行しなさい。そうすれば命が
得られる。」**[29]しかし、彼は自分を正当化しよう
として、「では、わたしの隣人とはだれですか」
と言った。[30]イエスはお答えになった。**「ある人
がエルサレムからエリコへ下って行く途中、追い
はぎに襲われた。追いはぎはその人の服をはぎ取
り、殴りつけ、半殺しにしたまま立ち去った。**
[31]**ある祭司がたまたまその道を下って来たが、そ
の人を見ると、道の向こう側を通って行った。**
[32]**同じように、レビ人《びと》もその場所にやって来たが、
その人を見ると、道の向こう側を通って行った。**
[33]**ところが、旅をしていたあるサマリア人《じん》は、そ
ばに来ると、その人を見て憐れに思い、**[34]**近寄っ
て傷に油とぶどう酒を注ぎ、包帯をして、自分の
ろばに乗せ、宿屋に連れて行って介抱した。**[35]**そ
して、翌日になると、デナリオン銀貨二枚を取り
出し、宿屋の主人に渡して言った。『この人を介
抱してください。費用がもっとかかったら、帰り
がけに払います。』**[36]**さて、あなたはこの三人の**

中で、だれが追いはぎに襲われた人の隣人になっ
たと思うか。」 37律法の専門家は言った。「その人
を助けた人です。」そこで、イエスは言われた。
「行って、あなたも同じようにしなさい。」

マルタとマリア

38一行が歩いて行くうち、イエスはある村にお
入りになった。すると、マルタという女が、イエ
スを家に迎え入れた。39彼女にはマリアという姉
妹がいた。マリアは主の足もとに座って、その話
に聞き入っていた。40マルタは、いろいろのもて
なしのためせわしく立ち働いていたが、そばに近
寄って言った。「主よ、わたしの姉妹はわたしだ
けにもてなしをさせていますが、何ともお思いに
なりませんか。手伝ってくれるようにおっしゃっ
てください。」 41主はお答えになった。「マルタ、
マルタ、あなたは多くのことに思い悩み、心を乱
している。42しかし、必要なことはただ一つだけ
である。マリアは良い方を選んだ。それを取り上
げてはならない。」

11

祈るときには（マタ6 9-15、7 7-11）

1イエスはある所で祈っておられた。祈りが
終わると、弟子の一人がイエスに、「主よ、
ヨハネが弟子たちに教えたように、わたしたちに
も祈りを教えてください」と言った。2そこで、
イエスは言われた。「祈るときには、こう言いな
さい。
『父よ、
御名が崇《あが》められますように。
御国《みくに》が来ますように。
3わたしたちに必要な糧を毎日与えてください。
4わたしたちの罪を赦してください、
わたしたちも自分に負い目のある人を
皆赦しますから。
わたしたちを誘惑に遭わせないでください。』」

5また、弟子たちに言われた。「あなたがたの
うちのだれかに友達がいて、真夜中にその人のと
ころに行き、次のように言ったとしよう。『友よ、
パンを三つ貸してください。6旅行中の友達がわ
たしのところに立ち寄ったが、何も出すものがな
いのです。』7すると、その人は家の中から答え
るにちがいない。『面倒をかけないでください。
もう戸は閉めたし、子供たちはわたしのそばで寝
ています。起きてあなたに何かをあげるわけには
いきません。』8しかし、言っておく。その人は、
友達だからということでは起きて何か与えるよう
なことはなくても、しつように頼めば、起きて来
て必要なものは何でも与えるであろう。9そこで、
わたしは言っておく。求めなさい。そうすれば、
与えられる。探しなさい。そうすれば、見つかる。
門をたたきなさい。そうすれば、開かれる。10だ
れでも、求める者は受け、探す者は見つけ、門を
たたく者には開かれる。11あなたがたの中に、魚
を欲しがる子供に、魚の代わりに蛇を与える父親
がいるだろうか。12また、卵を欲しがるのに、さ
そりを与える父親がいるだろうか。13このように、
あなたがたは悪い者でありながらも、自分の子供
には良い物を与えることを知っている。まして天
の父は求める者に聖霊を与えてくださる。」

ベルゼブル論争（マタ12 22–30、マコ3 20–27）

14イエスは悪霊を追い出しておられたが、それ
は口を利けなくする悪霊であった。悪霊が出て行
くと、口の利けない人がものを言い始めたので、
群衆は驚嘆した。15しかし、中には、「あの男は
悪霊の頭《かしら》ベルゼブルの力で悪霊を追い出してい
る」と言う者や、16イエスを試そうとして、天か
らのしるしを求める者がいた。17しかし、イエス
は彼らの心を見抜いて言われた。「内輪で争えば、
どんな国でも荒れ果て、家は重なり合って倒れて
しまう。18あなたたちは、わたしがベルゼブルの

力で悪霊を追い出していると言うけれども、サタ
ンが内輪もめすれば、どうしてその国は成り立っ
て行くだろうか。19わたしがベルゼブルの力で悪
霊を追い出すのなら、あなたたちの仲間は何の力
で追い出すのか。だから、彼ら自身があなたたち
を裁く者となる。20しかし、わたしが神の指で悪
霊を追い出しているのであれば、神の国はあなた
たちのところに来ているのだ。21強い人が武装し
て自分の屋敷を守っているときには、その持ち物
は安全である。22しかし、もっと強い者が襲って
来てこの人に勝つと、頼みの武具をすべて奪い取
り、分捕り品を分配する。23わたしに味方しない
者はわたしに敵対し、わたしと一緒に集めない者
は散らしている。」

汚れた霊が戻って来る（マタ12 43-45）

24「汚れた霊は、人から出て行くと、砂漠をう
ろつき、休む場所を探すが、見つからない。それ
で、『出て来たわが家に戻ろう』と言う。25そし
て、戻ってみると、家は掃除をして、整えられて
いた。26そこで、出かけて行き、自分よりも悪い
ほかの七つの霊を連れて来て、中に入り込んで、
住み着く。そうなると、その人の後の状態は前よ
りも悪くなる。」

真の幸い

27イエスがこれらのことを話しておられると、
ある女が群衆の中から声高らかに言った。「なん
と幸いなことでしょう、あなたを宿した胎、あな
たが吸った乳房は。」28しかし、イエスは言われ
た。「むしろ、幸いなのは神の言葉を聞き、それ
を守る人である。」

人々はしるしを欲しがる（マタ12 38-42、マコ8 12）

29群衆の数がますます増えてきたので、イエス

は話し始められた。「今の時代の者たちはよこし
まだ。しるしを欲しがるが、ヨナのしるしのほか
には、しるしは与えられない。30つまり、ヨナが
ニネベの人々に対してしるしとなったように、人
の子も今の時代の者たちに対してしるしとなる。
31南の国の女王は、裁きの時、今の時代の者たち
と一緒に立ち上がり、彼らを罪に定めるであろう。
この女王はソロモンの知恵を聞くために、地の果
てから来たからである。ここに、ソロモンにまさ
るものがある。32また、ニネベの人々は裁きの時、
今の時代の者たちと一緒に立ち上がり、彼らを罪
に定めるであろう。ニネベの人々は、ヨナの説教
を聞いて悔い改めたからである。ここに、ヨナに
まさるものがある。」

体のともし火は目（マタ**5** 15、**6** 22‐23）

33「ともし火をともして、それを穴蔵の中や、
升《ます》の下に置く者はいない。入って来る人に光が見
えるように、燭台の上に置く。34あなたの体のと
もし火は目である。目が澄んでいれば、あなたの
全身が明るいが、濁っていれば、体も暗い。35だ
から、あなたの中にある光が消えていないか調べ
なさい。36あなたの全身が明るく、少しも暗いと
ころがなければ、ちょうど、ともし火がその輝き
であなたを照らすときのように、全身は輝いてい
る。」

ファリサイ派の人々と律法の専門家とを非難する（マタ**23** 1‐36、マコ**12** 38‐40、ルカ**20** 45‐47）

37イエスはこのように話しておられたとき、フ
ァリサイ派の人から食事の招待を受けたので、そ
の家に入って食事の席に着かれた。38ところがそ
の人は、イエスが食事の前にまず身を清められな
かったのを見て、不審に思った。39主は言われた。
「実に、あなたたちファリサイ派の人々は、杯や

皿の外側はきれいにするが、自分の内側は強欲と
悪意に満ちている。40愚かな者たち、外側を造ら
れた神は、内側もお造りになったではないか。
41ただ、器の中にある物を人に施せ。そうすれば、
あなたたちにはすべてのものが清くなる。42それ
にしても、あなたたちファリサイ派の人々は不幸
だ。薄荷や芸香《うんこう》やあらゆる野菜の十分の一は献げ
るが、正義の実行と神への愛はおろそかにしてい
るからだ。これこそ行うべきことである。もとよ
り、十分の一の献げ物もおろそかにしてはならな
いが。43あなたたちファリサイ派の人々は不幸だ。
会堂では上席《じょうせき》に着くこと、広場では挨拶されるこ
とを好むからだ。44あなたたちは不幸だ。人目に
つかない墓のようなものである。その上を歩く人
は気づかない。」

45そこで、律法の専門家の一人が、「先生、そ
んなことをおっしゃれば、わたしたちをも侮辱す
ることになります」と言った。46イエスは言われ
た。「あなたたち律法の専門家も不幸だ。人には
背負いきれない重荷を負わせながら、自分では指
一本もその重荷に触れようとしないからだ。47あ
なたたちは不幸だ。自分の先祖が殺した預言者た
ちの墓を建てているからだ。48こうして、あなた
たちは先祖の仕業の証人となり、それに賛成して
いる。先祖は殺し、あなたたちは墓を建てている
からである。49だから、神の知恵もこう言ってい
る。『わたしは預言者や使徒たちを遣わすが、
人々はその中のある者を殺し、ある者を迫害す
る。』50こうして、天地創造の時から流されたす
べての預言者の血について、今の時代の者たちが
責任を問われることになる。51それは、アベルの
血から、祭壇と聖所の間で殺されたゼカルヤの血
にまで及ぶ。そうだ。言っておくが、今の時代の
者たちはその責任を問われる。52あなたたち律法
の専門家は不幸だ。知識の鍵を取り上げ、自分が
入らないばかりか、入ろうとする人々をも妨げて

きたからだ。」 53イエスがそこを出て行かれると、
律法学者やファリサイ派の人々は激しい敵意を抱
き、いろいろの問題でイエスに質問を浴びせ始め、
54何か言葉じりをとらえようとねらっていた。

偽善に気をつけさせる

12 1とかくするうちに、数えきれないほどの群
衆が集まって来て、足を踏み合うほどになっ
た。イエスは、まず弟子たちに話し始められた。
「ファリサイ派の人々のパン種《だね》に注意しなさい。
それは偽善である。2覆われているもので現され
ないものはなく、隠されているもので知られずに
済むものはない。3だから、あなたがたが暗闇で
言ったことはみな、明るみで聞かれ、奥の間で耳
にささやいたことは、屋根の上で言い広められ
る。」

恐るべき者（マタ10 28–31）

4「友人であるあなたがたに言っておく。体を
殺しても、その後、それ以上何もできない者ども
を恐れてはならない。5だれを恐れるべきか、教
えよう。それは、殺した後で、地獄に投げ込む権
威を持っている方だ。そうだ。言っておくが、こ
の方を恐れなさい。6五羽の雀が二アサリオンで
売られているではないか。だが、その一羽さえ、
神がお忘れになるようなことはない。7それどこ
ろか、あなたがたの髪の毛までも一本残らず数え
られている。恐れるな。あなたがたは、たくさん
の雀よりもはるかにまさっている。」

イエスの仲間であると言い表す（マタ10 32–33、12 32、10 19–20）

8「言っておくが、だれでも人々の前で自分を
わたしの仲間であると言い表す者は、人の子も神
の天使たちの前で、その人を自分の仲間であると

言い表す。9しかし、人々の前でわたしを知らな
いと言う者は、神の天使たちの前で知らないと言
われる。10人の子の悪口を言う者は皆赦される。
しかし、聖霊を冒瀆する者は赦されない。11会堂
や役人、権力者のところに連れて行かれたときは、
何をどう言い訳しようか、何を言おうかなどと心
配してはならない。12言うべきことは、聖霊がそ
のときに教えてくださる。」

「愚かな金持ち」のたとえ

13群衆の一人が言った。「先生、わたしにも遺
産を分けてくれるように兄弟に言ってください。」
14イエスはその人に言われた。「だれがわたしを、
あなたがたの裁判官や調停人に任命したのか。」
15そして、一同に言われた。「どんな貪欲にも注
意を払い、用心しなさい。有り余るほど物を持っ
ていても、人の命は財産によってどうすることも
できないからである。」16それから、イエスはた
とえを話された。「ある金持ちの畑が豊作だった。
17金持ちは、『どうしよう。作物をしまっておく
場所がない』と思い巡らしたが、18やがて言った。
『こうしよう。倉を壊して、もっと大きいのを建
て、そこに穀物や財産をみなしまい、19こう自分
に言ってやるのだ。「さあ、これから先何年も生
きて行くだけの蓄えができたぞ。ひと休みして、
食べたり飲んだりして楽しめ」と。』20しかし神
は、『愚かな者よ、今夜、お前の命は取り上げら
れる。お前が用意した物は、いったいだれのもの
になるのか』と言われた。21自分のために富を積
んでも、神の前に豊かにならない者はこのとおり
だ。」

思い悩むな（マタ6 25−34、19−21）

22それから、イエスは弟子たちに言われた。
「だから、言っておく。命のことで何を食べよう
か、体のことで何を着ようかと思い悩むな。23命

は食べ物よりも大切であり、体は衣服よりも大切
だ。24烏のことを考えてみなさい。種も蒔かず、
刈り入れもせず、納屋も倉も持たない。だが、神
は烏を養ってくださる。あなたがたは、鳥よりも
どれほど価値があることか。25あなたがたのうち
のだれが、思い悩んだからといって、寿命をわず
かでも延ばすことができようか。26こんなごく小
さな事さえできないのに、なぜ、ほかの事まで思
い悩むのか。27野原の花がどのように育つかを考
えてみなさい。働きもせず紡ぎもしない。しかし、
言っておく。栄華を極めたソロモンでさえ、この
花の一つほどにも着飾ってはいなかった。28今日
は野にあって、明日は炉に投げ込まれる草でさえ、
神はこのように装ってくださる。まして、あなた
がたにはなおさらのことである。信仰の薄い者た
ちよ。29あなたがたも、何を食べようか、何を飲
もうかと考えてはならない。また、思い悩むな。
30それはみな、世の異邦人が切に求めているもの
だ。あなたがたの父は、これらのものがあなたが
たに必要なことをご存じである。31ただ、神の国
を求めなさい。そうすれば、これらのものは加え
て与えられる。32小さな群れよ、恐れるな。あな
たがたの父は喜んで神の国をくださる。33自分の
持ち物を売り払って施しなさい。擦り切れること
のない財布を作り、尽きることのない富を天に積
みなさい。そこは、盗人《ぬすびと》も近寄らず、虫も食い荒
らさない。34あなたがたの富のあるところに、あ
なたがたの心もあるのだ。」

目を覚ましている僕（マタ24 45―51）

35「腰に帯を締め、ともし火をともしていなさ
い。36主人が婚宴から帰って来て戸をたたくとき、
すぐに開けようと待っている人のようにしていな
さい。37主人が帰って来たとき、目を覚ましてい
るのを見られる僕たちは幸いだ。はっきり言って
おくが、主人は帯を締めて、この僕たちを食事の

席に着かせ、そばに来て給仕してくれる。38主人
が真夜中に帰っても、夜明けに帰っても、目を覚
ましているのを見られる僕たちは幸いだ。39この
ことをわきまえていなさい。家の主人は、泥棒が
いつやって来るかを知っていたら、自分の家に押
し入らせはしないだろう。40あなたがたも用意し
ていなさい。人の子は思いがけない時に来るから
である。」

41そこでペトロが、「主よ、このたとえはわた
したちのために話しておられるのですか。それと
も、みんなのためですか」と言うと、42主は言わ
れた。「主人が召し使いたちの上に立てて、時間
どおりに食べ物を分配させることにした忠実で賢
い管理人は、いったいだれであろうか。43主人が
帰って来たとき、言われたとおりにしているのを
見られる僕は幸いである。44確かに言っておくが、
主人は彼に全財産を管理させるにちがいない。
45しかし、もしその僕が、主人の帰りは遅れると
思い、下男や女中を殴ったり、食べたり飲んだり、
酔うようなことになるならば、46その僕の主人は
予想しない日、思いがけない時に帰って来て、彼
を厳しく罰し、不忠実な者たちと同じ目に遭わせ
る。47主人の思いを知りながら何も準備せず、あ
るいは主人の思いどおりにしなかった僕は、ひど
く鞭《むち》打たれる。48しかし、知らずにいて鞭打たれ
るようなことをした者は、打たれても少しで済む。
すべて多く与えられた者は、多く求められ、多く
任された者は、更に多く要求される。」

分裂をもたらす（マタ10 34–36）

49「わたしが来たのは、地上に火を投ずるため
である。その火が既に燃えていたらと、どんなに
願っていることか。50しかし、わたしには受けね
ばならない洗礼がある。それが終わるまで、わた
しはどんなに苦しむことだろう。51あなたがたは、
わたしが地上に平和をもたらすために来たと思う

のか。そうではない。言っておくが、むしろ分裂
だ。52今から後、一つの家に五人いるならば、三
人は二人と、二人は三人と対立して分かれるから
である。
53父は子と、子は父と、
母は娘と、娘は母と、
しゅうとめは嫁と、嫁はしゅうとめと、
対立して分かれる。」

時を見分ける（マタ16 2－3）

54イエスはまた群衆にも言われた。「あなたが
たは、雲が西に出るのを見るとすぐに、『にわか
雨になる』と言う。実際そのとおりになる。55ま
た、南風が吹いているのを見ると、『暑くなる』
と言う。事実そうなる。56偽善者よ、このように
空や地の模様を見分けることは知っているのに、
どうして今の時を見分けることを知らないのか。」

訴える人と仲直りする（マタ5 25－26）

57「あなたがたは、何が正しいかを、どうして
自分で判断しないのか。58あなたを訴える人と一
緒に役人のところに行くときには、途中でその人
と仲直りするように努めなさい。さもないと、そ
の人はあなたを裁判官のもとに連れて行き、裁判
官は看守に引き渡し、看守は牢に投げ込む。59言
っておくが、最後の一レプトンを返すまで、決し
てそこから出ることはできない。」

13

悔い改めなければ滅びる

1ちょうどそのとき、何人かの人が来て、ピ
ラトがガリラヤ人の血を彼らのいけにえに混
ぜたことをイエスに告げた。2イエスはお答えに
なった。「そのガリラヤ人たちがそのような災難
に遭ったのは、ほかのどのガリラヤ人よりも罪深
い者だったからだと思うのか。3決してそうでは
ない。言っておくが、あなたがたも悔い改めなけ

れば、皆同じように滅びる。4また、シロアムの
塔が倒れて死んだあの十八人は、エルサレムに住
んでいたほかのどの人々よりも、罪深い者だった
と思うのか。5決してそうではない。言っておく
が、あなたがたも悔い改めなければ、皆同じよう
に滅びる。」

「実のならないいちじくの木」のたとえ

6そして、イエスは次のたとえを話された。
「ある人がぶどう園にいちじくの木を植えておき、
実を探しに来たが見つからなかった。7そこで、
園丁に言った。『もう三年もの間、このいちじく
の木に実を探しに来ているのに、見つけたためし
がない。だから切り倒せ。なぜ、土地をふさがせ
ておくのか。』8園丁は答えた。『御主人様、今年
もこのままにしておいてください。木の周りを掘
って、肥やしをやってみます。9そうすれば、来
年は実がなるかもしれません。もしそれでもだめ
なら、切り倒してください。』」

安息日に、腰の曲がった婦人をいやす

10安息日に、イエスはある会堂で教えておられ
た。11そこに、十八年間も病の霊に取りつかれて
いる女がいた。腰が曲がったまま、どうしても伸
ばすことができなかった。12イエスはその女を見
て呼び寄せ、「婦人よ、病気は治った」と言って、
13その上に手を置かれた。女は、たちどころに腰
がまっすぐになり、神を賛美した。14ところが会
堂長は、イエスが安息日に病人をいやされたこと
に腹を立て、群衆に言った。「働くべき日は六日
ある。その間に来て治してもらうがよい。安息日
はいけない。」15しかし、主は彼に答えて言われ
た。「偽善者たちよ、あなたたちはだれでも、安
息日にも牛やろばを飼い葉桶から解いて、水を飲
ませに引いて行くではないか。16この女はアブラ
ハムの娘なのに、十八年もの間サタンに縛られて

いたのだ。安息日であっても、その束縛から解い
てやるべきではなかったのか。」17こう言われる
と、反対者は皆恥じ入ったが、群衆はこぞって、
イエスがなさった数々のすばらしい行いを見て喜
んだ。

「からし種」と「パン種」のたとえ（マタ13 31－33、マコ4 30－32）

18そこで、イエスは言われた。「神の国は何に
似ているか。何にたとえようか。19それは、から
し種《だね》に似ている。人がこれを取って庭に蒔くと、
成長して木になり、その枝には空の鳥が巣を作
る。」
20また言われた。「神の国を何にたとえようか。
21パン種に似ている。女がこれを取って三サトン
の粉に混ぜると、やがて全体が膨れる。」

狭い戸口（マタ7 13－14、21－23）

22イエスは町や村を巡って教えながら、エルサ
レムへ向かって進んでおられた。23すると、「主
よ、救われる者は少ないのでしょうか」と言う人
がいた。イエスは一同に言われた。24「狭い戸口
から入るように努めなさい。言っておくが、入ろ
うとしても入れない人が多いのだ。25家の主人が
立ち上がって、戸を閉めてしまってからでは、あ
なたがたが外に立って戸をたたき、『御主人様、
開けてください』と言っても、『お前たちがどこ
の者か知らない』という答えが返ってくるだけで
ある。26そのとき、あなたがたは、『御一緒に食
べたり飲んだりしましたし、また、わたしたちの
広場でお教えを受けたのです』と言いだすだろう。
27しかし主人は、『お前たちがどこの者か知らな
い。不義を行う者ども、皆わたしから立ち去れ』
と言うだろう。28あなたがたは、アブラハム、イ
サク、ヤコブやすべての預言者たちが神の国に入

っているのに、自分は外に投げ出されることにな
り、そこで泣きわめいて歯ぎしりする。29そして
人々は、東から西から、また南から北から来て、
神の国で宴会の席に着く。30そこでは、後の人で
先になる者があり、先の人で後になる者もある。」

エルサレムのために嘆く（マタ23 37―39）

31ちょうどそのとき、ファリサイ派の人々が何
人か近寄って来て、イエスに言った。「ここを立
ち去ってください。ヘロデがあなたを殺そうとし
ています。」32イエスは言われた。「行って、あの
狐に、『今日も明日も、悪霊を追い出し、病気を
いやし、三日目にすべてを終える』とわたしが言
ったと伝えなさい。33だが、わたしは今日も明日
も、その次の日も自分の道を進まねばならない。
預言者がエルサレム以外の所で死ぬことは、あり
えないからだ。34エルサレム、エルサレム、預言
者たちを殺し、自分に遣わされた人々を石で打ち
殺す者よ、めん鳥が雛を羽の下に集めるように、
わたしはお前の子らを何度集めようとしたことか。
だが、お前たちは応じようとしなかった。35見よ、
お前たちの家は見捨てられる。言っておくが、お
前たちは、『主の名によって来られる方に、祝福
があるように』と言う時が来るまで、決してわた
しを見ることがない。」

14

安息日に水腫の人をいやす

1安息日のことだった。イエスは食事のため
にファリサイ派のある議員の家にお入りにな
ったが、人々はイエスの様子をうかがっていた。
2そのとき、イエスの前に水腫《すいしゅ》を患っている人が
いた。3そこで、イエスは律法の専門家たちやフ
アリサイ派の人々に言われた。「安息日に病気を
治すことは律法で許されているか、いないか。」
4彼らは黙っていた。すると、イエスは病人の手
を取り、病気をいやしてお帰しになった。5そし

て、言われた。「あなたたちの中に、自分の息子
か牛が井戸に落ちたら、安息日だからといって、
すぐに引き上げてやらない者がいるだろうか。」
6彼らは、これに対して答えることができなかっ
た。

客と招待する者への教訓

7イエスは、招待を受けた客が上席を選ぶ様子
に気づいて、彼らにたとえを話された。8「婚宴
に招待されたら、上席に着いてはならない。あな
たよりも身分の高い人が招かれており、9あなた
やその人を招いた人が来て、『この方に席を譲っ
てください』と言うかもしれない。そのとき、あ
なたは恥をかいて末席に着くことになる。10招待
を受けたら、むしろ末席に行って座りなさい。そ
うすると、あなたを招いた人が来て、『さあ、も
っと上席に進んでください』と言うだろう。その
ときは、同席の人みんなの前で面目を施すことに
なる。11だれでも高ぶる者は低くされ、へりくだ
る者は高められる。」12また、イエスは招いてく
れた人にも言われた。「昼食や夕食の会を催すと
きには、友人も、兄弟も、親類も、近所の金持ち
も呼んではならない。その人たちも、あなたを招
いてお返しをするかも知れないからである。13宴
会を催すときには、むしろ、貧しい人、体の不自
由な人、足の不自由な人、目の見えない人を招き
なさい。14そうすれば、その人たちはお返しがで
きないから、あなたは幸いだ。正しい者たちが復
活するとき、あなたは報われる。」

「大宴会」のたとえ（マタ22 1-10）

15食事を共にしていた客の一人は、これを聞い
てイエスに、「神の国で食事をする人は、なんと
幸いなことでしょう」と言った。16そこで、イエ
スは言われた。「ある人が盛大な宴会を催そうと
して、大勢の人を招き、17宴会の時刻になったの

で、僕を送り、招いておいた人々に、『もう用意
ができましたから、おいでください』と言わせた。
18すると皆、次々に断った。最初の人は、『畑を
買ったので、見に行かねばなりません。どうか、
失礼させてください』と言った。19ほかの人は、
『牛を二頭ずつ五組買ったので、それを調べに行
くところです。どうか、失礼させてください』と
言った。20また別の人は、『妻を迎えたばかりな
ので、行くことができません』と言った。21僕は
帰って、このことを主人に報告した。すると、家
の主人は怒って、僕に言った。『急いで町の広場
や路地へ出て行き、貧しい人、体の不自由な人、
目の見えない人、足の不自由な人をここに連れて
来なさい。』22やがて、僕が、『御主人様、仰せの
とおりにいたしましたが、まだ席があります』と
言うと、23主人は言った。『通りや小道に出て行
き、無理にでも人々を連れて来て、この家をいっ
ぱいにしてくれ。24言っておくが、あの招かれた
人たちの中で、わたしの食事を味わう者は一人も
いない。』」

弟子の条件（マタ10 37−38）

25大勢の群衆が一緒について来たが、イエスは
振り向いて言われた。26「もし、だれかがわたし
のもとに来るとしても、父、母、妻、子供、兄弟、
姉妹を、更に自分の命であろうとも、これを憎ま
ないなら、わたしの弟子ではありえない。27自分
の十字架を背負ってついて来る者でなければ、だ
れであれ、わたしの弟子ではありえない。28あな
たがたのうち、塔を建てようとするとき、造り上
げるのに十分な費用があるかどうか、まず腰をす
えて計算しない者がいるだろうか。29そうしない
と、土台を築いただけで完成できず、見ていた
人々は皆あざけって、30『あの人は建て始めたが、
完成することはできなかった』と言うだろう。
31また、どんな王でも、ほかの王と戦いに行こう

とするときは、二万の兵を率いて進軍して来る敵
を、自分の一万の兵で迎え撃つことができるかど
うか、まず腰をすえて考えてみないだろうか。
32もしできないと分かれば、敵がまだ遠方にいる
間に使節を送って、和を求めるだろう。33だから、
同じように、自分の持ち物を一切捨てないならば、
あなたがたのだれ一人としてわたしの弟子ではあ
りえない。」

塩気のなくなった塩（マタ5 13、マコ9 50）

34「確かに塩は良いものだ。だが、塩も塩気が
なくなれば、その塩は何によって味が付けられよ
うか。35畑にも肥料にも、役立たず、外に投げ捨
てられるだけだ。聞く耳のある者は聞きなさい。」

15

「見失った羊」のたとえ（マタ18 12–14）

1徴税人や罪人が皆、話を聞こうとしてイエ
スに近寄って来た。2すると、ファリサイ派
の人々や律法学者たちは、「この人は罪人たちを
迎えて、食事まで一緒にしている」と不平を言い
だした。3そこで、イエスは次のたとえを話され
た。4「あなたがたの中に、百匹の羊を持ってい
る人がいて、その一匹を見失ったとすれば、九十
九匹を野原に残して、見失った一匹を見つけ出す
まで捜し回らないだろうか。5そして、見つけた
ら、喜んでその羊を担いで、6家に帰り、友達や
近所の人々を呼び集めて、『見失った羊を見つけ
たので、一緒に喜んでください』と言うであろう。
7言っておくが、このように、悔い改める一人の
罪人については、悔い改める必要のない九十九人
の正しい人についてよりも大きな喜びが天にあ
る。」

「無くした銀貨」のたとえ

8「あるいは、ドラクメ銀貨を十枚持っている
女がいて、その一枚を無くしたとすれば、ともし

火をつけ、家を掃き、見つけるまで念を入れて捜
さないだろうか。9そして、見つけたら、友達や
近所の女たちを呼び集めて、『無くした銀貨を見
つけましたから、一緒に喜んでください』と言う
であろう。10言っておくが、このように、一人の
罪人が悔い改めれば、神の天使たちの間に喜びが
ある。」

「放蕩息子」のたとえ

11また、イエスは言われた。「ある人に息子が
二人いた。12弟の方が父親に、『お父さん、わた
しが頂くことになっている財産の分け前をくださ
い』と言った。それで、父親は財産を二人に分け
てやった。13何日もたたないうちに、下の息子は
全部を金に換えて、遠い国に旅立ち、そこで放蕩
の限りを尽くして、財産を無駄遣いしてしまった。
14何もかも使い果たしたとき、その地方にひどい
飢饉が起こって、彼は食べるにも困り始めた。
15それで、その地方に住むある人のところに身を
寄せたところ、その人は彼を畑にやって豚の世話
をさせた。16彼は豚の食べるいなご豆を食べてで
も腹を満たしたかったが、食べ物をくれる人はだ
れもいなかった。17そこで、彼は我に返って言っ
た。『父のところでは、あんなに大勢の雇い人に、
有り余るほどパンがあるのに、わたしはここで飢
え死にしそうだ。18ここをたち、父のところに行
って言おう。「お父さん、わたしは天に対しても、
またお父さんに対しても罪を犯しました。19もう
息子と呼ばれる資格はありません。雇い人の一人
にしてください」と。』20そして、彼はそこをた
ち、父親のもとに行った。ところが、まだ遠く離
れていたのに、父親は息子を見つけて、憐れに思
い、走り寄って首を抱き、接吻した。21息子は言
った。『お父さん、わたしは天に対しても、また
お父さんに対しても罪を犯しました。もう息子と
呼ばれる資格はありません。』22しかし、父親は

僕たちに言った。『急いでいちばん良い服を持っ
て来て、この子に着せ、手に指輪をはめてやり、
足に履物を履かせなさい。23それから、肥えた子
牛を連れて来て屠《ほふ》りなさい。食べて祝おう。24こ
の息子は、死んでいたのに生き返り、いなくなっ
ていたのに見つかったからだ。』そして、祝宴を
始めた。
25ところで、兄の方は畑にいたが、家の近くに
来ると、音楽や踊りのざわめきが聞こえてきた。
26そこで、僕の一人を呼んで、これはいったい何
事かと尋ねた。27僕は言った。『弟さんが帰って
来られました。無事な姿で迎えたというので、お
父上が肥えた子牛を屠られたのです。』28兄は怒
って家に入ろうとはせず、父親が出て来てなだめ
た。29しかし、兄は父親に言った。『このとおり、
わたしは何年もお父さんに仕えています。言いつ
けに背いたことは一度もありません。それなのに、
わたしが友達と宴会をするために、子山羊一匹す
らくれなかったではありませんか。30ところが、
あなたのあの息子が、娼婦どもと一緒にあなたの
身上を食いつぶして帰って来ると、肥えた子牛を
屠っておやりになる。』31すると、父親は言った。
『子よ、お前はいつもわたしと一緒にいる。わた
しのものは全部お前のものだ。32だが、お前のあ
の弟は死んでいたのに生き返った。いなくなって
いたのに見つかったのだ。祝宴を開いて楽しみ喜
ぶのは当たり前ではないか。』

16

「不正な管理人」のたとえ

1イエスは、弟子たちにも次のように言われ
た。「ある金持ちに一人の管理人がいた。こ
の男が主人の財産を無駄遣いしていると、告げ口
をする者があった。2そこで、主人は彼を呼びつ
けて言った。『お前について聞いていることがあ
るが、どうなのか。会計の報告を出しなさい。も
う管理を任せておくわけにはいかない。』3管理

人は考えた。『どうしようか。主人はわたしから
管理の仕事を取り上げようとしている。土を掘る
力もないし、物乞いをするのも恥ずかしい。[4]そ
うだ。こうしよう。管理の仕事をやめさせられて
も、自分を家に迎えてくれるような者たちを作れ
ばいいのだ。』[5]そこで、管理人は主人に借りの
ある者を一人一人呼んで、まず最初の人に、『わ
たしの主人にいくら借りがあるのか』と言った。
[6]『油百バトス』と言うと、管理人は言った。『こ
れがあなたの証文だ。急いで、腰を掛けて、五十
バトスと書き直しなさい。』[7]また別の人には、
『あなたは、いくら借りがあるのか』と言った。
『小麦百コロス』と言うと、管理人は言った。『こ
れがあなたの証文だ。八十コロスと書き直しなさ
い。』[8]主人は、この不正な管理人の抜け目のな
いやり方をほめた。この世の子らは、自分の仲間
に対して、光の子らよりも賢くふるまっている。
[9]そこで、わたしは言っておくが、不正にまみれ
た富で友達を作りなさい。そうしておけば、金が
なくなったとき、あなたがたは永遠の住まいに迎
え入れてもらえる。[10]ごく小さな事に忠実な者は、
大きな事にも忠実である。ごく小さな事に不忠実
な者は、大きな事にも不忠実である。[11]だから、
不正にまみれた富について忠実でなければ、だれ
があなたがたに本当に価値あるものを任せるだろ
うか。[12]また、他人のものについて忠実でなけれ
ば、だれがあなたがたのものを与えてくれるだろ
うか。[13]どんな召し使いも二人の主人に仕えるこ
とはできない。一方を憎んで他方を愛するか、一
方に親しんで他方を軽んじるか、どちらかである。
あなたがたは、神と富とに仕えることはできな
い。」

律法と神の国（マタ11 12―13）

[14]金に執着するファリサイ派の人々が、この一
部始終を聞いて、イエスをあざ笑った。[15]そこで、

イエスは言われた。「あなたたちは人に自分の正
しさを見せびらかすが、神はあなたたちの心をご
存じである。人に尊ばれるものは、神には忌み嫌
われるものだ。16律法と預言者は、ヨハネの時ま
でである。それ以来、神の国の福音が告げ知らさ
れ、だれもが力ずくでそこに入ろうとしている。
17しかし、律法の文字の一画がなくなるよりは、
天地の消えうせる方が易しい。18妻を離縁して他
の女を妻にする者はだれでも、姦通の罪を犯すこ
とになる。離縁された女を妻にする者も姦通の罪
を犯すことになる。」

金持ちとラザロ

19「ある金持ちがいた。いつも紫の衣や柔らか
い麻布を着て、毎日ぜいたくに遊び暮らしていた。
20この金持ちの門前に、ラザロというできものだ
らけの貧しい人が横たわり、21その食卓から落ち
る物で腹を満たしたいものだと思っていた。犬も
やって来ては、そのできものをなめた。22やがて、
この貧しい人は死んで、天使たちによって宴席に
いるアブラハムのすぐそばに連れて行かれた。金
持ちも死んで葬られた。23そして、金持ちは陰府
でさいなまれながら目を上げると、宴席でアブラ
ハムとそのすぐそばにいるラザロとが、はるかか
なたに見えた。24そこで、大声で言った。『父ア
ブラハムよ、わたしを憐れんでください。ラザロ
をよこして、指先を水に浸し、わたしの舌を冷や
させてください。わたしはこの炎の中でもだえ苦
しんでいます。』25しかし、アブラハムは言った。
『子よ、思い出してみるがよい。お前は生きてい
る間に良いものをもらっていたが、ラザロは反対
に悪いものをもらっていた。今は、ここで彼は慰
められ、お前はもだえ苦しむのだ。26そればかり
か、わたしたちとお前たちの間には大きな淵があ
って、ここからお前たちの方へ渡ろうとしてもで
きないし、そこからわたしたちの方に越えて来る

こともできない。』27金持ちは言った。『父よ、で
はお願いです。わたしの父親の家にラザロを遣わ
してください。28わたしには兄弟が五人います。
あの者たちまで、こんな苦しい場所に来ることの
ないように、よく言い聞かせてください。』29し
かし、アブラハムは言った。『お前の兄弟たちに
はモーセと預言者がいる。彼らに耳を傾けるがよ
い。』30金持ちは言った。『いいえ、父アブラハム
よ、もし、死んだ者の中からだれかが兄弟のとこ
ろに行ってやれば、悔い改めるでしょう。』31ア
ブラハムは言った。『もし、モーセと預言者に耳
を傾けないのなら、たとえ死者の中から生き返る
者があっても、その言うことを聞き入れはしない
だろう。』」

赦し、信仰、奉仕（マタ18 6–7、21–22、マコ9 42）

17

1イエスは弟子たちに言われた。「つまずき
は避けられない。だが、それをもたらす者は
不幸である。2そのような者は、これらの小さい
者の一人をつまずかせるよりも、首にひき臼を懸
けられて、海に投げ込まれてしまう方がましであ
る。3あなたがたも気をつけなさい。もし兄弟が
罪を犯したら、戒めなさい。そして、悔い改めれ
ば、赦してやりなさい。4一日に七回あなたに対
して罪を犯しても、七回、『悔い改めます』と言
ってあなたのところに来るなら、赦してやりなさ
い。」
5使徒たちが、「わたしどもの信仰を増してく
ださい」と言ったとき、6主は言われた。「もし
あなたがたにからし種一粒ほどの信仰があれば、
この桑の木に、『抜け出して海に根を下ろせ』と
言っても、言うことを聞くであろう。

7**あなたがたのうちだれかに、畑を耕すか羊を**
飼うかする僕がいる場合、その僕が畑から帰って
来たとき、『すぐ来て食事の席に着きなさい』と
言う者がいるだろうか。8**むしろ、『夕食の用意**
をしてくれ。腰に帯を締め、わたしが食事を済ま
すまで給仕してくれ。お前はその後で食事をしな
さい』と言うのではなかろうか。9**命じられたこ**
とを果たしたからといって、主人は僕に感謝する
だろうか。10**あなたがたも同じことだ。自分に命**
じられたことをみな果たしたら、『わたしどもは
取るに足りない僕です。しなければならないこと
をしただけです』と言いなさい。」

重い皮膚病を患っている十人の人をいやす

11イエスはエルサレムへ上る途中、サマリアと
ガリラヤの間を通られた。12ある村に入ると、重
い皮膚病を患っている十人の人が出迎え、遠くの
方に立ち止まったまま、13声を張り上げて、「イ
エスさま、先生、どうか、わたしたちを憐れんで
ください」と言った。14イエスは重い皮膚病を患
っている人たちを見て、**「祭司たちのところに行**
って、体を見せなさい」と言われた。彼らは、そ
こへ行く途中で清くされた。15その中の一人は、
自分がいやされたのを知って、大声で神を賛美し
ながら戻って来た。16そして、イエスの足もとに
ひれ伏して感謝した。この人はサマリア人だった。
17そこで、イエスは言われた。**「清くされたのは**
十人ではなかったか。ほかの九人はどこにいるの
か。18**この外国人のほかに、神を賛美するために**
戻って来た者はいないのか。」19それから、イエ
スはその人に言われた。**「立ち上がって、行きな**
さい。あなたの信仰があなたを救った。」

神の国が来る（マタ24 23–28、37–41）

20ファリサイ派の人々が、神の国はいつ来るの

かと尋ねたので、イエスは答えて言われた。「神
の国は、見える形では来ない。21『ここにある』
『あそこにある』と言えるものでもない。実に、
神の国はあなたがたの間にあるのだ。」22それか
ら、イエスは弟子たちに言われた。「あなたがた
が、人の子の日を一日だけでも見たいと望む時が
来る。しかし、見ることはできないだろう。
23『見よ、あそこだ』『見よ、ここだ』と人々は言
うだろうが、出て行ってはならない。また、その
人々の後を追いかけてもいけない。24稲妻がひら
めいて、大空の端から端へと輝くように、人の子
もその日に現れるからである。25しかし、人の子
はまず必ず、多くの苦しみを受け、今の時代の者
たちから排斥されることになっている。26ノアの
時代にあったようなことが、人の子が現れるとき
にも起こるだろう。27ノアが箱舟に入るその日ま
で、人々は食べたり飲んだり、めとったり嫁いだ
りしていたが、洪水が襲って来て、一人残らず滅
ぼしてしまった。28ロトの時代にも同じようなこ
とが起こった。人々は食べたり飲んだり、買った
り売ったり、植えたり建てたりしていたが、29ロ
トがソドムから出て行ったその日に、火と硫黄《いおう》が
天から降ってきて、一人残らず滅ぼしてしまった。
30人の子が現れる日にも、同じことが起こる。
31その日には、屋上にいる者は、家の中に家財道
具があっても、それを取り出そうとして下に降り
てはならない。同じように、畑にいる者も帰って
はならない。32ロトの妻のことを思い出しなさい。
33自分の命を生かそうと努める者は、それを失い、
それを失う者は、かえって保つのである。34言っ
ておくが、その夜一つの寝室に二人の男が寝てい
れば、一人は連れて行かれ、他の一人は残される。
35二人の女が一緒に臼をひいていれば、一人は連
れて行かれ、他の一人は残される。」†37そこで弟
子たちが、「主よ、それはどこで起こるのですか」
と言った。イエスは言われた。「死体のある所に

は、はげ鷹も集まるものだ。」

18 「やもめと裁判官」のたとえ

1イエスは、気を落とさずに絶えず祈らなけ
ればならないことを教えるために、弟子たち
にたとえを話された。2「ある町に、神を畏れず
人を人とも思わない裁判官がいた。3ところが、
その町に一人のやもめがいて、裁判官のところに
来ては、『相手を裁いて、わたしを守ってくださ
い』と言っていた。4裁判官は、しばらくの間は
取り合おうとしなかった。しかし、その後に考え
た。『自分は神など畏れないし、人を人とも思わ
ない。5しかし、あのやもめは、うるさくてかな
わないから、彼女のために裁判をしてやろう。さ
もないと、ひっきりなしにやって来て、わたしを
さんざんな目に遭わすにちがいない。』」6それか
ら、主は言われた。「この不正な裁判官の言いぐ
さを聞きなさい。7まして神は、昼も夜も叫び求
めている選ばれた人たちのために裁きを行わずに、
彼らをいつまでもほうっておかれることがあろう
か。8言っておくが、神は速やかに裁いてくださ
る。しかし、人の子が来るとき、果たして地上に
信仰を見いだすだろうか。」

「ファリサイ派の人と徴税人」のたとえ

9自分は正しい人間だとうぬぼれて、他人を見
下している人々に対しても、イエスは次のたとえ
を話された。10「二人の人が祈るために神殿に上
った。一人はファリサイ派の人で、もう一人は徴
税人だった。11ファリサイ派の人は立って、心の
中でこのように祈った。『神様、わたしはほかの
人たちのように、奪い取る者、不正な者、姦通を
犯す者でなく、また、この徴税人のような者でも
ないことを感謝します。12わたしは週に二度断食
し、全収入の十分の一を献げています。』13とこ
ろが、徴税人は遠くに立って、目を天に上げよう

ともせず、胸を打ちながら言った。『神様、罪人
のわたしを憐れんでください。』14言っておくが、
義とされて家に帰ったのは、この人であって、あ
のファリサイ派の人ではない。だれでも高ぶる者
は低くされ、へりくだる者は高められる。」

子供を祝福する（マタ19 13-15、マコ10 13-16）

15イエスに触れていただくために、人々は乳飲
み子までも連れて来た。弟子たちは、これを見て
叱った。16しかし、イエスは乳飲み子たちを呼び
寄せて言われた。「子供たちをわたしのところに
来させなさい。妨げてはならない。神の国はこの
ような者たちのものである。17はっきり言ってお
く。子供のように神の国を受け入れる人でなけれ
ば、決してそこに入ることはできない。」

金持ちの議員（マタ19 16-30、マコ10 17-31）

18ある議員がイエスに、「善い先生、何をすれ
ば永遠の命を受け継ぐことができるでしょうか」
と尋ねた。19イエスは言われた。「なぜ、わたし
を『善い』と言うのか。神おひとりのほかに、善
い者はだれもいない。20『姦淫するな、殺すな、
盗むな、偽証するな、父母を敬え』という掟をあ
なたは知っているはずだ。」21すると議員は、「そ
ういうことはみな、子供の時から守ってきまし
た」と言った。22これを聞いて、イエスは言われ
た。「あなたに欠けているものがまだ一つある。
持っている物をすべて売り払い、貧しい人々に分
けてやりなさい。そうすれば、天に富を積むこと
になる。それから、わたしに従いなさい。」23し
かし、その人はこれを聞いて非常に悲しんだ。大
変な金持ちだったからである。

24イエスは、議員が非常に悲しむのを見て、言
われた。「財産のある者が神の国に入るのは、な
んと難しいことか。25金持ちが神の国に入るより
も、らくだが針の穴を通る方がまだ易しい。」

26これを聞いた人々が、「それでは、だれが救わ
れるのだろうか」と言うと、27イエスは、**「人間
にはできないことも、神にはできる」**と言われた。
28するとペトロが、「このとおり、わたしたちは
自分の物を捨ててあなたに従って参りました」と
言った。29イエスは言われた。**「はっきり言って
おく。神の国のために、家、妻、兄弟、両親、子
供を捨てた者はだれでも、**30**この世ではその何倍
もの報いを受け、後の世では永遠の命を受ける。」**

イエス、三度死と復活を予告する（マタ20 17–19、マコ10 32–34）

31イエスは、十二人を呼び寄せて言われた。
**「今、わたしたちはエルサレムへ上って行く。人
の子について預言者が書いたことはみな実現する。**
32**人の子は異邦人に引き渡されて、侮辱され、乱
暴な仕打ちを受け、唾《つば》をかけられる。**33**彼らは人
の子を、鞭打ってから殺す。そして、人の子は三
日目に復活する。」**34十二人はこれらのことが何
も分からなかった。彼らにはこの言葉の意味が隠
されていて、イエスの言われたことが理解できな
かったのである。

エリコの近くで盲人をいやす（マタ20 29–34、マコ10 46–52）

35イエスがエリコに近づかれたとき、ある盲人
が道端に座って物乞いをしていた。36群衆が通っ
て行くのを耳にして、「これは、いったい何事で
すか」と尋ねた。37「ナザレのイエスのお通りだ」
と知らせると、38彼は、「ダビデの子イエスよ、
わたしを憐れんでください」と叫んだ。39先に行
く人々が叱りつけて黙らせようとしたが、ますま
す、「ダビデの子よ、わたしを憐れんでください」
と叫び続けた。40イエスは立ち止まって、盲人を
そばに連れて来るように命じられた。彼が近づく
と、イエスはお尋ねになった。41**「何をしてほし**

いのか。」盲人は、「主よ、目が見えるようになり
たいのです」と言った。42そこで、イエスは言わ
れた。**「見えるようになれ。あなたの信仰があな
たを救った。」**43盲人はたちまち見えるようにな
り、神をほめたたえながら、イエスに従った。こ
れを見た民衆は、こぞって神を賛美した。

徴税人ザアカイ

19

1イエスはエリコに入り、町を通っておられ
た。2そこにザアカイという人がいた。この
人は徴税人の頭で、金持ちであった。3イエスが
どんな人か見ようとしたが、背が低かったので、
群衆に遮られて見ることができなかった。4それ
で、イエスを見るために、走って先回りし、いち
じく桑の木に登った。そこを通り過ぎようとして
おられたからである。5イエスはその場所に来る
と、上を見上げて言われた。**「ザアカイ、急いで
降りて来なさい。今日は、ぜひあなたの家に泊ま
りたい。」**6ザアカイは急いで降りて来て、喜ん
でイエスを迎えた。7これを見た人たちは皆つぶ
やいた。「あの人は罪深い男のところに行って宿
をとった。」8しかし、ザアカイは立ち上がって、
主に言った。「主よ、わたしは財産の半分を貧し
い人々に施します。また、だれかから何かだまし
取っていたら、それを四倍にして返します。」
9イエスは言われた。**「今日、救いがこの家を訪
れた。この人もアブラハムの子なのだから。10人
の子は、失われたものを捜して救うために来たの
である。」**

「ムナ」のたとえ（マタ25 14‐30）

11人々がこれらのことに聞き入っているとき、
イエスは更に一つのたとえを話された。エルサレ
ムに近づいておられ、それに、人々が神の国はす
ぐにも現れるものと思っていたからである。12イ
エスは言われた。**「ある立派な家柄の人が、王の**

位を受けて帰るために、遠い国へ旅立つことにな
った。13そこで彼は、十人の僕を呼んで十ムナの
金を渡し、『わたしが帰って来るまで、これで商
売をしなさい』と言った。14しかし、国民は彼を
憎んでいたので、後から使者を送り、『我々はこ
の人を王にいただきたくない』と言わせた。15さ
て、彼は王の位を受けて帰って来ると、金を渡し
ておいた僕を呼んで来させ、どれだけ利益を上げ
たかを知ろうとした。16最初の者が進み出て、
『御主人様、あなたの一ムナで十ムナもうけまし
た』と言った。17主人は言った。『良い僕だ。よ
くやった。お前はごく小さな事に忠実だったから、
十の町の支配権を授けよう。』18二番目の者が来
て、『御主人様、あなたの一ムナで五ムナ稼ぎま
した』と言った。19主人は、『お前は五つの町を
治めよ』と言った。20また、ほかの者が来て言っ
た。『御主人様、これがあなたの一ムナです。布
に包んでしまっておきました。21あなたは預けな
いものも取り立て、蒔かないものも刈り取られる
厳しい方なので、恐ろしかったのです。』22主人
は言った。『悪い僕だ。その言葉のゆえにお前を
裁こう。わたしが預けなかったものも取り立て、
蒔かなかったものも刈り取る厳しい人間だと知っ
ていたのか。23ではなぜ、わたしの金を銀行に預
けなかったのか。そうしておけば、帰って来たと
き、利息付きでそれを受け取れたのに。』24そし
て、そばに立っていた人々に言った。『その一ム
ナをこの男から取り上げて、十ムナ持っている者
に与えよ。』25僕たちが、『御主人様、あの人は既
に十ムナ持っています』と言うと、26主人は言っ
た。『言っておくが、だれでも持っている人は、
更に与えられるが、持っていない人は、持ってい
るものまでも取り上げられる。27ところで、わた
しが王になるのを望まなかったあの敵どもを、こ
こに引き出して、わたしの目の前で打ち殺せ。』」

エルサレムに迎えられる（マタ21 1-11、
マコ11 1-11、ヨハ12 12-19）

28イエスはこのように話してから、先に立って
進み、エルサレムに上って行かれた。29そして、
「オリーブ畑」と呼ばれる山のふもとにあるベト
ファゲとベタニアに近づいたとき、二人の弟子を
使いに出そうとして、30言われた。**「向こうの村
へ行きなさい。そこに入ると、まだだれも乗った
ことのない子ろばのつないであるのが見つかる。
それをほどいて、引いて来なさい。**31**もし、だれ
かが、『なぜほどくのか』と尋ねたら、『主がお入
り用なのです』と言いなさい。」**32使いに出され
た者たちが出かけて行くと、言われたとおりであ
った。33ろばの子をほどいていると、その持ち主
たちが、「なぜ、子ろばをほどくのか」と言った。
34二人は、「主がお入り用なのです」と言った。
35そして、子ろばをイエスのところに引いて来て、
その上に自分の服をかけ、イエスをお乗せした。
36イエスが進んで行かれると、人々は自分の服を
道に敷いた。
37イエスがオリーブ山《やま》の下り坂にさしかかられ
たとき、弟子の群れはこぞって、自分の見たあら
ゆる奇跡のことで喜び、声高らかに神を賛美し始
めた。
38「主の名によって来られる方、王に、
祝福があるように。
天には平和、
いと高きところには栄光。」
39すると、ファリサイ派のある人々が、群衆の中
からイエスに向かって、「先生、お弟子たちを叱
ってください」と言った。40イエスはお答えにな
った。**「言っておくが、もしこの人たちが黙れば、
石が叫びだす。」**
41エルサレムに近づき、都が見えたとき、イエ
スはその都のために泣いて、42言われた。**「もし
この日に、お前も平和への道をわきまえていたな**

ら……。しかし今は、それがお前には見えない。
43**やがて時が来て、敵が周りに堡塁《ほうるい》を築き、お前**
を取り巻いて四方から攻め寄せ、44**お前とそこに**
いるお前の子らを地にたたきつけ、お前の中の石
を残らず崩してしまうだろう。それは、神の訪れ
てくださる時をわきまえなかったからである。」

神殿から商人を追い出す（マタ21 12–17、マコ11 15–19、ヨハ2 13–22）

45それから、イエスは神殿の境内に入り、そこ
で商売をしていた人々を追い出し始めて、46彼ら
に言われた。**「こう書いてある。**
『わたしの家は、祈りの家でなければならな
い。』
ところが、あなたたちはそれを強盗の巣にし
た。」
47毎日、イエスは境内で教えておられた。祭司
長、律法学者、民の指導者たちは、イエスを殺そ
うと謀ったが、48どうすることもできなかった。
民衆が皆、夢中になってイエスの話に聞き入って
いたからである。

権威についての問答（マタ21 23–27、マコ11 27–33）

20

1ある日、イエスが神殿の境内で民衆に教え、
福音を告げ知らせておられると、祭司長や律
法学者たちが、長老たちと一緒に近づいて来て、
2言った。「我々に言いなさい。何の権威でこの
ようなことをしているのか。その権威を与えたの
はだれか。」3イエスはお答えになった。**「では、**
わたしも一つ尋ねるから、それに答えなさい。
4**ヨハネの洗礼は、天からのものだったか、それ**
とも、人からのものだったか。」5彼らは相談し
た。「『天からのものだ』と言えば、『では、なぜ
ヨハネを信じなかったのか』と言うだろう。
6『人からのものだ』と言えば、民衆はこぞって

我々を石で殺すだろう。ヨハネを預言者だと信じ
込んでいるのだから。」7そこで彼らは、「どこか
らか、分からない」と答えた。8すると、イエス
は言われた。「それなら、何の権威でこのような
ことをするのか、わたしも言うまい。」

「ぶどう園と農夫」のたとえ（マタ21 33–46、マコ12 1–12）

9イエスは民衆にこのたとえを話し始められた。
「ある人がぶどう園を作り、これを農夫たちに貸
して長い旅に出た。10収穫の時になったので、ぶ
どう園の収穫を納めさせるために、僕を農夫たち
のところへ送った。ところが、農夫たちはこの僕
を袋だたきにして、何も持たせないで追い返した。
11そこでまた、ほかの僕を送ったが、農夫たちは
この僕をも袋だたきにし、侮辱して何も持たせな
いで追い返した。12更に三人目の僕を送ったが、
これにも傷を負わせてほうり出した。13そこで、
ぶどう園の主人は言った。『どうしようか。わた
しの愛する息子を送ってみよう。この子ならたぶ
ん敬ってくれるだろう。』14農夫たちは息子を見
て、互いに論じ合った。『これは跡取りだ。殺し
てしまおう。そうすれば、相続財産は我々のもの
になる。』15そして、息子をぶどう園の外にほう
り出して、殺してしまった。さて、ぶどう園の主
人は農夫たちをどうするだろうか。16戻って来て、
この農夫たちを殺し、ぶどう園をほかの人たちに
与えるにちがいない。」彼らはこれを聞いて、「そ
んなことがあってはなりません」と言った。17イ
エスは彼らを見つめて言われた。「それでは、こ
う書いてあるのは、何の意味か。
『家を建てる者の捨てた石、
これが隅の親石《おやいし》となった。』
18その石の上に落ちる者はだれでも打ち砕かれ、
その石がだれかの上に落ちれば、その人は押しつ
ぶされてしまう。」19そのとき、律法学者たちや

祭司長たちは、イエスが自分たちに当てつけてこ
のたとえを話されたと気づいたので、イエスに手
を下そうとしたが、民衆を恐れた。

皇帝への税金（マタ**22** 15–22、マコ**12** 13–17）

20そこで、機会をねらっていた彼らは、正しい
人を装う回し者を遣わし、イエスの言葉じりをと
らえ、総督の支配と権力にイエスを渡そうとした。
21回し者らはイエスに尋ねた。「先生、わたした
ちは、あなたがおっしゃることも、教えてくださ
ることも正しく、また、えこひいきなしに、真理
に基づいて神の道を教えておられることを知って
います。22ところで、わたしたちが皇帝に税金を
納めるのは、律法に適っているでしょうか、適っ
ていないでしょうか。」23イエスは彼らのたくら
みを見抜いて言われた。24**「デナリオン銀貨を見**
せなさい。そこには、だれの肖像と銘があるか。」
彼らが「皇帝のものです」と言うと、25イエスは
言われた。**「それならば、皇帝のものは皇帝に、**
神のものは神に返しなさい。」26彼らは民衆の前
でイエスの言葉じりをとらえることができず、そ
の答えに驚いて黙ってしまった。

復活についての問答（マタ**22** 23–33、マコ**12** 18–27）

27さて、復活があることを否定するサドカイ派
の人々が何人か近寄って来て、イエスに尋ねた。
28「先生、モーセはわたしたちのために書いてい
ます。『ある人の兄が妻をめとり、子がなくて死
んだ場合、その弟は兄嫁と結婚して、兄の跡継ぎ
をもうけねばならない』と。29ところで、七人の
兄弟がいました。長男が妻を迎えましたが、子が
ないまま死にました。30次男、31三男と次々にこ
の女を妻にしましたが、七人とも同じように子供
を残さないで死にました。32最後にその女も死に
ました。33すると復活の時、その女はだれの妻に

なるのでしょうか。七人ともその女を妻にしたの
です。」 34イエスは言われた。「この世の子らはめ
とったり嫁いだりするが、35次の世に入って死者
の中から復活するのにふさわしいとされた人々は、
めとることも嫁ぐこともない。36この人たちは、
もはや死ぬことがない。天使に等しい者であり、
復活にあずかる者として、神の子だからである。
37死者が復活することは、モーセも『柴』の個所
で、主をアブラハムの神、イサクの神、ヤコブの
神と呼んで、示している。38神は死んだ者の神で
はなく、生きている者の神なのだ。すべての人は、
神によって生きているからである。」 39そこで、
律法学者の中には、「先生、立派なお答えです」
と言う者もいた。40彼らは、もはや何もあえて尋
ねようとはしなかった。

ダビデの子についての問答（マタ22 41－46、マコ12 35－37）

41イエスは彼らに言われた。「どうして人々は、
『メシアはダビデの子だ』と言うのか。42ダビデ
自身が詩編の中で言っている。
『主は、わたしの主にお告げになった。
「わたしの右の座に着きなさい。
43わたしがあなたの敵を
あなたの足台《あしだい》とするときまで」と。』
44このようにダビデがメシアを主と呼んでいるの
に、どうしてメシアがダビデの子なのか。」

律法学者を非難する（マタ23 1－36、マコ12 38－40、ルカ11 37－54）

45民衆が皆聞いているとき、イエスは弟子たち
に言われた。46「律法学者に気をつけなさい。彼
らは長い衣をまとって歩き回りたがり、また、広
場で挨拶されること、会堂では上席、宴会では上《じょう》

座《ざ》に座ることを好む。47そして、やもめの家を食
い物にし、見せかけの長い祈りをする。このよう
な者たちは、人一倍厳しい裁きを受けることにな
る。」

21

やもめの献金（マコ12 41-44）

1イエスは目を上げて、金持ちたちが賽銭箱
に献金を入れるのを見ておられた。2そして、
ある貧しいやもめがレプトン銅貨二枚を入れるの
を見て、3言われた。「確かに言っておくが、こ
の貧しいやもめは、だれよりもたくさん入れた。
4あの金持ちたちは皆、有り余る中から献金した
が、この人は、乏しい中から持っている生活費を
全部入れたからである。」

神殿の崩壊を予告する（マタ24 1-2、マコ13 1-2）

5ある人たちが、神殿が見事な石と奉納物で飾
られていることを話していると、イエスは言われ
た。6「あなたがたはこれらの物に見とれている
が、一つの石も崩されずに他の石の上に残ること
のない日が来る。」

終末の徴（マタ24 3-14、マコ13 3-13）

7そこで、彼らはイエスに尋ねた。「先生、で
は、そのことはいつ起こるのですか。また、その
ことが起こるときには、どんな徴《しるし》があるのです
か。」8イエスは言われた。「惑わされないように
気をつけなさい。わたしの名を名乗る者が大勢現
れ、『わたしがそれだ』とか、『時が近づいた』と
か言うが、ついて行ってはならない。9戦争とか
暴動のことを聞いても、おびえてはならない。こ
ういうことがまず起こるに決まっているが、世の
終わりはすぐには来ないからである。」10そして
更に、言われた。「民は民に、国は国に敵対して
立ち上がる。11そして、大きな地震があり、方々

に飢饉や疫病が起こり、恐ろしい現象や著しい徴
が天に現れる。12しかし、これらのことがすべて
起こる前に、人々はあなたがたに手を下して迫害
し、会堂や牢に引き渡し、わたしの名のために王
や総督の前に引っ張って行く。13それはあなたが
たにとって証しをする機会となる。14だから、前
もって弁明の準備をするまいと、心に決めなさい。
15どんな反対者でも、対抗も反論もできないよう
な言葉と知恵を、わたしがあなたがたに授けるか
らである。16あなたがたは親、兄弟、親族、友人
にまで裏切られる。中には殺される者もいる。
17また、わたしの名のために、あなたがたはすべ
ての人に憎まれる。18しかし、あなたがたの髪の
毛の一本も決してなくならない。19忍耐によって、
あなたがたは命をかち取りなさい。」

エルサレムの滅亡を予告する（マタ24 15−21、マコ13 14−19）

20「エルサレムが軍隊に囲まれるのを見たら、
その滅亡が近づいたことを悟りなさい。21そのと
き、ユダヤにいる人々は山に逃げなさい。都の中
にいる人々は、そこから立ち退きなさい。田舎に
いる人々は都に入ってはならない。22書かれてい
ることがことごとく実現する報復の日だからであ
る。23それらの日には、身重の女と乳飲み子を持
つ女は不幸だ。この地には大きな苦しみがあり、
この民には神の怒りが下るからである。24人々は
剣の刃に倒れ、捕虜となってあらゆる国に連れて
行かれる。異邦人の時代が完了するまで、エルサ
レムは異邦人に踏み荒らされる。」

人の子が来る（マタ24 29−31、マコ13 24−27）

25「それから、太陽と月と星に徴が現れる。地
上では海がどよめき荒れ狂うので、諸国の民は、

なすべを知らず、不安に陥る。26人々は、この
世界に何が起こるのかとおびえ、恐ろしさのあま
り気を失うだろう。天体が揺り動かされるからで
ある。27そのとき、人の子が大いなる力と栄光を
帯びて雲に乗って来るのを、人々は見る。28この
ようなことが起こり始めたら、身を起こして頭を
上げなさい。あなたがたの解放の時が近いから
だ。」

「いちじくの木」のたとえ（マタ24 32–35、マコ13 28–31）

29それから、イエスはたとえを話された。「い
ちじくの木や、ほかのすべての木を見なさい。
30葉が出始めると、それを見て、既に夏の近づい
たことがおのずと分かる。31それと同じように、
あなたがたは、これらのことが起こるのを見たら、
神の国が近づいていると悟りなさい。32はっきり
言っておく。すべてのことが起こるまでは、この
時代は決して滅びない。33天地は滅びるが、わた
しの言葉は決して滅びない。」

目を覚ましていなさい

34「放縦や深酒や生活の煩いで、心が鈍くなら
ないように注意しなさい。さもないと、その日が
不意に罠《わな》のようにあなたがたを襲うことになる。
35その日は、地の表のあらゆる所に住む人々すべ
てに襲いかかるからである。36しかし、あなたが
たは、起ころうとしているこれらすべてのことか
ら逃れて、人の子の前に立つことができるように、
いつも目を覚まして祈りなさい。」
37それからイエスは、日中は神殿の境内で教え、
夜は出て行って「オリーブ畑」と呼ばれる山で過
ごされた。38民衆は皆、話を聞こうとして、神殿
の境内にいるイエスのもとに朝早くから集まって
来た。

22

イエスを殺す計略（マタ**26** 1-5、14-16、マコ**14** 1-2、10-11、ヨハ**11** 45-53）

1さて、過越祭と言われている除酵祭《じょこうさい》が近づ
いていた。2祭司長たちや律法学者たちは、
イエスを殺すにはどうしたらよいかと考えていた。
彼らは民衆を恐れていたのである。3しかし、十
二人の中の一人で、イスカリオテと呼ばれるユダ
の中に、サタンが入った。4ユダは祭司長たちや
神殿守衛長たちのもとに行き、どのようにしてイ
エスを引き渡そうかと相談をもちかけた。5彼ら
は喜び、ユダに金を与えることに決めた。6ユダ
は承諾して、群衆のいないときにイエスを引き渡
そうと、良い機会をねらっていた。

過越の食事を準備させる（マタ**26** 17-19、マコ**14** 12-16）

7過越の小羊を屠るべき除酵祭の日が来た。
8イエスはペトロとヨハネとを使いに出そうとし
て、**「行って過越の食事ができるように準備しな
さい」**と言われた。9二人が、「どこに用意いた
しましょうか」と言うと、10イエスは言われた。
**「都に入ると、水がめを運んでいる男に出会う。
その人が入る家までついて行き、**11**家の主人には
こう言いなさい。『先生が、「弟子たちと一緒に過
越の食事をする部屋はどこか」とあなたに言って
います。』**12**すると、席の整った二階の広間を見
せてくれるから、そこに準備をしておきなさい。」**
13二人が行ってみると、イエスが言われたとおり
だったので、過越の食事を準備した。

主の晩餐（マタ**26** 20-30、マコ**14** 17-26、ヨハ**13** 21-30、一コリ**11** 23-25）

14時刻になったので、イエスは食事の席に着か
れたが、使徒たちも一緒だった。15イエスは言わ
れた。**「苦しみを受ける前に、あなたがたと共に
この過越の食事をしたいと、わたしは切に願って**

いた。16言っておくが、神の国で過越が成し遂げ
られるまで、わたしは決してこの過越の食事をと
ることはない。」17そして、イエスは杯を取り上
げ、感謝の祈りを唱えてから言われた。「これを
取り、互いに回して飲みなさい。18言っておくが、
神の国が来るまで、わたしは今後ぶどうの実から
作ったものを飲むことは決してあるまい。」19そ
れから、イエスはパンを取り、感謝の祈りを唱え
て、それを裂き、使徒たちに与えて言われた。
「これは、あなたがたのために与えられるわたし
の体である。わたしの記念としてこのように行い
なさい。」20食事を終えてから、杯も同じように
して言われた。「この杯は、あなたがたのために
流される、わたしの血による新しい契約である。
21しかし、見よ、わたしを裏切る者が、わたしと
一緒に手を食卓に置いている。22人の子は、定め
られたとおり去って行く。だが、人の子を裏切る
その者は不幸だ。」23そこで使徒たちは、自分た
ちのうち、いったいだれが、そんなことをしよう
としているのかと互いに議論をし始めた。

いちばん偉い者

24また、使徒たちの間に、自分たちのうちでだ
れがいちばん偉いだろうか、という議論も起こっ
た。25そこで、イエスは言われた。「異邦人の間
では、王が民を支配し、民の上に権力を振るう者
が守護者と呼ばれている。26しかし、あなたがた
はそれではいけない。あなたがたの中でいちばん
偉い人は、いちばん若い者のようになり、上に立
つ人は、仕える者のようになりなさい。27食事の
席に着く人と給仕する者とは、どちらが偉いか。
食事の席に着く人ではないか。しかし、わたしは
あなたがたの中で、いわば給仕する者である。
28あなたがたは、わたしが種々の試練に遭ったと
き、絶えずわたしと一緒に踏みとどまってくれた。
29だから、わたしの父がわたしに支配権をゆだね

てくださったように、わたしもあなたがたにそれ
をゆだねる。30あなたがたは、わたしの国でわた
しの食事の席に着いて飲み食いを共にし、王座に
座ってイスラエルの十二部族を治めることにな
る。」

ペトロの離反を予告する（マタ26 31－35、マコ14 27－31、ヨハ13 36－38）

31「シモン、シモン、サタンはあなたがたを、
小麦のようにふるいにかけることを神に願って聞
き入れられた。32しかし、わたしはあなたのため
に、信仰が無くならないように祈った。だから、
あなたは立ち直ったら、兄弟たちを力づけてやり
なさい。」33するとシモンは、「主よ、御一緒にな
ら、牢に入っても死んでもよいと覚悟しておりま
す」と言った。34イエスは言われた。「ペトロ、
言っておくが、あなたは今日、鶏が鳴くまでに、
三度わたしを知らないと言うだろう。」

財布と袋と剣

35それから、イエスは使徒たちに言われた。
「財布も袋も履物も持たせずにあなたがたを遣わ
したとき、何か不足したものがあったか。」彼ら
が、「いいえ、何もありませんでした」と言うと、
36イエスは言われた。「しかし今は、財布のある
者は、それを持って行きなさい。袋も同じように
しなさい。剣のない者は、服を売ってそれを買い
なさい。37言っておくが、『その人は犯罪人の一
人に数えられた』と書かれていることは、わたし
の身に必ず実現する。わたしにかかわることは実
現するからである。」38そこで彼らが、「主よ、剣
なら、このとおりここに二振りあります」と言う
と、イエスは、「それでよい」と言われた。

オリーブ山で祈る（マタ26 36—46、マコ14 32—42）

39イエスがそこを出て、いつものようにオリー
ブ山に行かれると、弟子たちも従った。40いつも
の場所に来ると、イエスは弟子たちに、**「誘惑に**
陥らないように祈りなさい」と言われた。41そし
て自分は、石を投げて届くほどの所に離れ、ひざ
まずいてこう祈られた。42**「父よ、御心なら、こ**
の杯をわたしから取りのけてください。しかし、
わたしの願いではなく、御心のままに行ってくだ
さい。」〔43すると、天使が天から現れて、イエス
を力づけた。44イエスは苦しみもだえ、いよいよ
切に祈られた。汗が血の滴《したた》るように地面に落ち
た。〕45イエスが祈り終わって立ち上がり、弟子
たちのところに戻って御覧になると、彼らは悲し
みの果てに眠り込んでいた。46イエスは言われた。
「なぜ眠っているのか。誘惑に陥らぬよう、起き
て祈っていなさい。」

裏切られる（マタ26 47—56、マコ14 43—50、ヨハ18 3—11）

47イエスがまだ話しておられると、群衆が現れ、
十二人の一人でユダという者が先頭に立って、イ
エスに接吻をしようと近づいた。48イエスは、
「ユダ、あなたは接吻で人の子を裏切るのか」と
言われた。49イエスの周りにいた人々は事の成り
行きを見て取り、「主よ、剣で切りつけましょう
か」と言った。50そのうちのある者が大祭司の手
下に打ちかかって、その右の耳を切り落とした。
51そこでイエスは、**「やめなさい。もうそれでよ**
い」と言い、その耳に触れていやされた。52それ
からイエスは、押し寄せて来た祭司長、神殿守衛
長、長老たちに言われた。**「まるで強盗にでも向**
かうように、剣や棒を持ってやって来たのか。
53**わたしは毎日、神殿の境内で一緒にいたのに、**
あなたたちはわたしに手を下さなかった。だが、

今はあなたたちの時で、闇が力を振るっている。」

イエス、逮捕される
ペトロ、イエスを知らないと言う（マタ**26** 57–58、69–75、マコ**14** 53–54、66–72、ヨハ**18** 12–18、25–27）

54人々はイエスを捕らえ、引いて行き、大祭司
の家に連れて入った。ペトロは遠く離れて従った。
55人々が屋敷の中庭の中央に火をたいて、一緒に
座っていたので、ペトロも中に混じって腰を下ろ
した。56するとある女中が、ペトロがたき火に照
らされて座っているのを目にして、じっと見つめ、
「この人も一緒にいました」と言った。57しかし、
ペトロはそれを打ち消して、「わたしはあの人を
知らない」と言った。58少したってから、ほかの
人がペトロを見て、「お前もあの連中の仲間だ」
と言うと、ペトロは、「いや、そうではない」と
言った。59一時間ほどたつと、また別の人が、
「確かにこの人も一緒だった。ガリラヤの者だか
ら」と言い張った。60だが、ペトロは、「あなた
の言うことは分からない」と言った。まだこう言
い終わらないうちに、突然鶏が鳴いた。61主は振
り向いてペトロを見つめられた。ペトロは、**「今
日、鶏が鳴く前に、あなたは三度わたしを知らな
いと言うだろう」**と言われた主の言葉を思い出し
た。62そして外に出て、激しく泣いた。

暴行を受ける（マタ**26** 67–68、マコ**14** 65）

63さて、見張りをしていた者たちは、イエスを
侮辱したり殴ったりした。64そして目隠しをして、
「お前を殴ったのはだれか。言い当ててみろ」と
尋ねた。65そのほか、さまざまなことを言ってイ
エスをののしった。

最高法院で裁判を受ける（マタ**26** 59－66、マコ**14** 55－64、ヨハ**18** 19－24）

66夜が明けると、民の長老会、祭司長たちや律
法学者たちが集まった。そして、イエスを最高法
院に連れ出して、67「お前がメシアなら、そうだ
と言うがよい」と言った。イエスは言われた。
「わたしが言っても、あなたたちは決して信じな
いだろう。68**わたしが尋ねても、決して答えない**
だろう。69**しかし、今から後、人の子は全能の神**
の右に座る。」70そこで皆の者が、「では、お前は
神の子か」と言うと、イエスは言われた。**「わた**
しがそうだとは、あなたたちが言っている。」
71人々は、「これでもまだ証言が必要だろうか。
我々は本人の口から聞いたのだ」と言った。

23

ピラトから尋問される（マタ**27** 1－2、11－14、マコ**15** 1－5、ヨハ**18** 28－38）

1そこで、全会衆が立ち上がり、イエスをピ
ラトのもとに連れて行った。2そして、イエ
スをこう訴え始めた。「この男はわが民族を惑わ
し、皇帝に税を納めるのを禁じ、また、自分が王
たるメシアだと言っていることが分かりました。」
3そこで、ピラトがイエスに、「お前がユダヤ人
の王なのか」と尋問すると、イエスは、**「それは、**
あなたが言っていることです」とお答えになった。
4ピラトは祭司長たちと群衆に、「わたしはこの
男に何の罪も見いだせない」と言った。5しかし
彼らは、「この男は、ガリラヤから始めてこの都
に至るまで、ユダヤ全土で教えながら、民衆を扇
動しているのです」と言い張った。

ヘロデから尋問される

6これを聞いたピラトは、この人はガリラヤ人

かと尋ね、7ヘロデの支配下にあることを知ると、
イエスをヘロデのもとに送った。ヘロデも当時、
エルサレムに滞在していたのである。8彼はイエ
スを見ると、非常に喜んだ。というのは、イエス
のうわさを聞いて、ずっと以前から会いたいと思
っていたし、イエスが何かしるしを行うのを見た
いと望んでいたからである。9それで、いろいろ
と尋問したが、イエスは何もお答えにならなかっ
た。10祭司長たちと律法学者たちはそこにいて、
イエスを激しく訴えた。11ヘロデも自分の兵士た
ちと一緒にイエスをあざけり、侮辱したあげく、
派手な衣を着せてピラトに送り返した。12この日、
ヘロデとピラトは仲がよくなった。それまでは互
いに敵対していたのである。

死刑の判決を受ける（マタ**27** 15–26、マコ**15** 6–15、ヨハ**18** 39–**19** 16）

13ピラトは、祭司長たちと議員たちと民衆とを
呼び集めて、14言った。「あなたたちは、この男
を民衆を惑わす者としてわたしのところに連れて
来た。わたしはあなたたちの前で取り調べたが、
訴えているような犯罪はこの男には何も見つから
なかった。15ヘロデとても同じであった。それで、
我々のもとに送り返してきたのだが、この男は死
刑に当たるようなことは何もしていない。16だか
ら、鞭で懲らしめて釈放しよう。」†18しかし、
人々は一斉に、「その男を殺せ。バラバを釈放し
ろ」と叫んだ。19このバラバは、都に起こった暴
動と殺人のかどで投獄されていたのである。20ピ
ラトはイエスを釈放しようと思って、改めて呼び
かけた。21しかし人々は、「十字架につけろ、十
字架につけろ」と叫び続けた。22ピラトは三度目
に言った。「いったい、どんな悪事を働いたと言
うのか。この男には死刑に当たる犯罪は何も見つ
からなかった。だから、鞭で懲らしめて釈放しよ
う。」23ところが人々は、イエスを十字架につけ

るようにあくまでも大声で要求し続けた。その声
はますます強くなった。24そこで、ピラトは彼ら
の要求をいれる決定を下した。25そして、暴動と
殺人のかどで投獄されていたバラバを要求どおり
に釈放し、イエスの方は彼らに引き渡して、好き
なようにさせた。

十字架につけられる（マタ27 32–44、マコ15 21–32、ヨハ19 17–27）

26人々はイエスを引いて行く途中、田舎から出
て来たシモンというキレネ人を捕まえて、十字架
を背負わせ、イエスの後ろから運ばせた。27民衆
と嘆き悲しむ婦人たちが大きな群れを成して、イ
エスに従った。28イエスは婦人たちの方を振り向
いて言われた。**「エルサレムの娘たち、わたしの**
ために泣くな。むしろ、自分と自分の子供たちの
ために泣け。29**人々が、『子を産めない女、産ん**
だことのない胎、乳を飲ませたことのない乳房は
幸いだ』と言う日が来る。
30**そのとき、人々は山に向かっては、**
『我々の上に崩れ落ちてくれ』と言い、
丘に向かっては、
『我々を覆ってくれ』と言い始める。
31**『生の木』さえこうされるのなら、『枯れた木』**
はいったいどうなるのだろうか。」
32ほかにも、二人の犯罪人が、イエスと一緒に
死刑にされるために、引かれて行った。33「され
こうべ」と呼ばれている所に来ると、そこで人々
はイエスを十字架につけた。犯罪人も、一人は右
に一人は左に、十字架につけた。34〔そのとき、
イエスは言われた。**「父よ、彼らをお赦しくださ**
い。自分が何をしているのか知らないのです。」〕
人々はくじを引いて、イエスの服を分け合った。
35民衆は立って見つめていた。議員たちも、あざ
笑って言った。「他人を救ったのだ。もし神から
のメシアで、選ばれた者なら、自分を救うがよ

い。」36兵士たちもイエスに近寄り、酸《す》いぶどう
酒を突きつけながら侮辱して、37言った。「お前
がユダヤ人の王なら、自分を救ってみろ。」38イ
エスの頭の上には、「これはユダヤ人の王」と書
いた札も掲げてあった。
39十字架にかけられていた犯罪人の一人が、イ
エスをののしった。「お前はメシアではないか。
自分自身と我々を救ってみろ。」40すると、もう
一人の方がたしなめた。「お前は神をも恐れない
のか、同じ刑罰を受けているのに。41我々は、自
分のやったことの報いを受けているのだから、当
然だ。しかし、この方は何も悪いことをしていな
い。」42そして、「イエスよ、あなたの御国におい
でになるときには、わたしを思い出してくださ
い」と言った。43するとイエスは、**「はっきり言
っておくが、あなたは今日わたしと一緒に楽園に
いる」**と言われた。

イエスの死（マタ**27**45–56、マコ**15**33–41、ヨハ**19**28–30）

44既に昼の十二時ごろであった。全地は暗くな
り、それが三時まで続いた。45太陽は光を失って
いた。神殿の垂れ幕が真ん中から裂けた。46イエ
スは大声で叫ばれた。**「父よ、わたしの霊を御手《みて》
にゆだねます。」**こう言って息を引き取られた。
47百人隊長はこの出来事を見て、「本当に、この
人は正しい人だった」と言って、神を賛美した。
48見物に集まっていた群衆も皆、これらの出来事
を見て、胸を打ちながら帰って行った。49イエス
を知っていたすべての人たちと、ガリラヤから従
って来た婦人たちとは遠くに立って、これらのこ
とを見ていた。

墓に葬られる（マタ**27**57–61、マコ**15**42–47、ヨハ**19**38–42）

50さて、ヨセフという議員がいたが、善良な正

しい人で、51同僚の決議や行動には同意しなかっ
た。ユダヤ人の町アリマタヤの出身で、神の国を
待ち望んでいたのである。52この人がピラトのと
ころに行き、イエスの遺体を渡してくれるように
と願い出て、53遺体を十字架から降ろして亜麻布
で包み、まだだれも葬られたことのない、岩に掘
った墓の中に納めた。54その日は準備の日であり、
安息日が始まろうとしていた。55イエスと一緒に
ガリラヤから来た婦人たちは、ヨセフの後につい
て行き、墓と、イエスの遺体が納められている有
様とを見届け、56家に帰って、香料と香油を準備
した。

復活する（マタ**28** 1-10、マコ**16** 1-8、ヨハ**20** 1-10）

24
婦人たちは、安息日には掟に従って休んだ。
1そして、週の初めの日の明け方早く、準備
しておいた香料を持って墓に行った。2見る
と、石が墓のわきに転がしてあり、3中に入って
も、主イエスの遺体が見当たらなかった。4その
ため途方に暮れていると、輝く衣を着た二人の人
がそばに現れた。5婦人たちが恐れて地に顔を伏
せると、二人は言った。「なぜ、生きておられる
方を死者の中に捜すのか。6あの方は、ここには
おられない。復活なさったのだ。まだガリラヤに
おられたころ、お話しになったことを思い出しな
さい。7**人の子は必ず、罪人の手に渡され、十字**
架につけられ、三日目に復活することになってい
る、と言われたではないか。」8そこで、婦人た
ちはイエスの言葉を思い出した。9そして、墓か
ら帰って、十一人とほかの人皆に一部始終を知ら
せた。10それは、マグダラのマリア、ヨハナ、ヤ
コブの母マリア、そして一緒にいた他の婦人たち
であった。婦人たちはこれらのことを使徒たちに
話したが、11使徒たちは、この話がたわ言のよう
に思われたので、婦人たちを信じなかった。12し

かし、ペトロは立ち上がって墓へ走り、身をかが
めて中をのぞくと、亜麻布しかなかったので、こ
の出来事に驚きながら家に帰った。

エマオで現れる（マコ16 12–13）

13ちょうどこの日、二人の弟子が、エルサレム
から六十スタディオン離れたエマオという村へ向
かって歩きながら、14この一切の出来事について
話し合っていた。15話し合い論じ合っていると、
イエス御自身が近づいて来て、一緒に歩き始めら
れた。16しかし、二人の目は遮られていて、イエ
スだとは分からなかった。17イエスは、**「歩きな**
がら、やり取りしているその話は何のことです
か」と言われた。二人は暗い顔をして立ち止まっ
た。18その一人のクレオパという人が答えた。
「エルサレムに滞在していながら、この数日そこ
で起こったことを、あなただけはご存じなかった
のですか。」19イエスが、**「どんなことですか」**と
言われると、二人は言った。「ナザレのイエスの
ことです。この方は、神と民全体の前で、行いに
も言葉にも力のある預言者でした。20それなのに、
わたしたちの祭司長たちや議員たちは、死刑にす
るため引き渡して、十字架につけてしまったので
す。21わたしたちは、あの方こそイスラエルを解
放してくださると望みをかけていました。しかも、
そのことがあってから、もう今日で三日目になり
ます。22ところが、仲間の婦人たちがわたしたち
を驚かせました。婦人たちは朝早く墓へ行きまし
たが、23遺体を見つけずに戻って来ました。そし
て、天使たちが現れ、『イエスは生きておられる』
と告げたと言うのです。24仲間の者が何人か墓へ
行ってみたのですが、婦人たちが言ったとおりで、
あの方は見当たりませんでした。」25そこで、イ
エスは言われた。**「ああ、物分かりが悪く、心が**
鈍く預言者たちの言ったことすべてを信じられな
い者たち、26**メシアはこういう苦しみを受けて、**

栄光に入るはずだったのではないか。」 27そして、
モーセとすべての預言者から始めて、聖書全体に
わたり、御自分について書かれていることを説明
された。
28一行は目指す村に近づいたが、イエスはなお
も先へ行こうとされる様子だった。29二人が、
「一緒にお泊まりください。そろそろ夕方になり
ますし、もう日も傾いていますから」と言って、
無理に引き止めたので、イエスは共に泊まるため
家に入られた。30一緒に食事の席に着いたとき、
イエスはパンを取り、賛美の祈りを唱え、パンを
裂いてお渡しになった。31すると、二人の目が開
け、イエスだと分かったが、その姿は見えなくな
った。32二人は、「道で話しておられるとき、ま
た聖書を説明してくださったとき、わたしたちの
心は燃えていたではないか」と語り合った。33そ
して、時を移さず出発して、エルサレムに戻って
みると、十一人とその仲間が集まって、34本当に
主は復活して、シモンに現れたと言っていた。
35二人も、道で起こったことや、パンを裂いてく
ださったときにイエスだと分かった次第を話した。

弟子たちに現れる（マタ**28**16-20、マコ**16**14-18、ヨハ**20**19-23、使徒**1**6-8）

36こういうことを話していると、イエス御自身
が彼らの真ん中に立ち、**「あなたがたに平和があ
るように」**と言われた。37彼らは恐れおののき、
亡霊を見ているのだと思った。38そこで、イエス
は言われた。**「なぜ、うろたえているのか。どう
して心に疑いを起こすのか。**39**わたしの手や足を
見なさい。まさしくわたしだ。触ってよく見なさ
い。亡霊には肉も骨もないが、あなたがたに見え
るとおり、わたしにはそれがある。」**40こう言っ
て、イエスは手と足をお見せになった。41彼らが
喜びのあまりまだ信じられず、不思議がっている
ので、イエスは、**「ここに何か食べ物があるか」**

と言われた。42そこで、焼いた魚を一切れ差し出
すと、43イエスはそれを取って、彼らの前で食べ
られた。
44イエスは言われた。**「わたしについてモーセ**
の律法と預言者の書と詩編に書いてある事柄は、
必ずすべて実現する。これこそ、まだあなたがた
と一緒にいたころ、言っておいたことである。」
45そしてイエスは、聖書を悟らせるために彼らの
心の目を開いて、46言われた。**「次のように書い**
てある。『メシアは苦しみを受け、三日目に死者
の中から復活する。47**また、罪の赦しを得させる**
悔い改めが、その名によってあらゆる国の人々に
宣べ伝えられる』と。エルサレムから始めて、
48**あなたがたはこれらのことの証人となる。**49**わ**
たしは、父が約束されたものをあなたがたに送る。
高い所からの力に覆われるまでは、都にとどまっ
ていなさい。」

天に上げられる（マコ16 19-20、使徒1 9-11）

50イエスは、そこから彼らをベタニアの辺りま
で連れて行き、手を上げて祝福された。51そして、
祝福しながら彼らを離れ、天に上げられた。52彼
らはイエスを伏し拝んだ後、大喜びでエルサレム
に帰り、53絶えず神殿の境内にいて、神をほめた
たえていた。

底本に節が欠けている個所の異本による訳文

17 36 **畑に二人の男がいれば、一人は連れて行**
かれ、他の一人は残される。

23 17 祭りの度ごとに、ピラトは、囚人を一人
彼らに釈放してやらなければならなかった。

「永遠の命」を得るには——「ヨハネによる福音書」案内

佐藤　優

「ヨハネによる福音書」は、他の福音書とはまったく異なる文書だ。西ヨーロッパやアメリカのキリスト教と比較して、ロシアのキリスト教は「ヨハネによる福音書」の影響を強く受けている。ドストエフスキーのキリスト教理解も「ヨハネによる福音書」に基づくものだ。ロシア人の気質が欧米人とかなり異なるのは、この福音書の思想の影響が刷り込まれているからと私は見ている。

「ヨハネによる福音書」の特徴は、冒頭にある。

〈初めに言《ことば》があった。言は神と共にあった。言は神であった。この言は、初めに神と共にあった。万物は言によって成った。成ったもので、言によらずに成ったものは何一つなかった。言の内に命があった。命は人間を照らす光であった。光は暗闇の中で輝いている。暗闇は光を理解しなかった。

神から遣わされた一人の人がいた。その名はヨハネである。彼は証しをするために来た。光について証しをするため、また、すべての人が彼によって信じるようになるためである。彼は光ではなく、光について証しをするために来た。その光は、まことの光で、世に来てすべての人を照らすのである。言は世にあった。世は言によって成ったが、世は言を認めなかった。言は、自分の民のところへ来たが、民は受け入れなかった。しかし、言は、自分を受け入れた人、その名を信じる人々には神の子となる資格を与えた。この人々は、血によってではなく、肉の欲によってではなく、人の欲によってでもなく、神によって生まれたのである。

言は肉となって、わたしたちの間に宿られた。わたしたちはその栄光を見た。それは父の独り子としての栄光であって、恵みと真理とに満ちていた。ヨハネは、この方について証しをし、声を張り上げて言った。「『わたしの後から来られる方は、わたしより優れている。わたしよりも先におられたからである』とわたしが言ったのは、この方のことである。」わたしたちは皆、この方の満ちあふれる豊かさの中から、恵みの上に、更に恵みを受けた。律法はモーセを通して与えられたが、恵みと真理はイエス・キリストを通して現れたからである。いまだかつて、神を見た者はいない。父のふところにいる独り子である神、この方が神を示されたのである。〉（ヨハネ1・1－18）

ここで言う言葉は、ギリシア語のロゴスだ。ロゴスを神の知恵と言い換えることもできる。旧約聖書「創世記」の冒頭で、神が「光あれ」と言ったら、光が生まれた。神が「水の中に大空あれ。水と水を分けよ」と言ったら、空と海が生まれた。神の言葉には、創り出す力がある。この力を知恵と言い換えることもできる。

ここで、「言の内に命があった」ということが強調されているが、ここで言う命は、「ヨハネによる福音書」の著者がイエスのメッセージの中心であると考える「永遠の命」のことだ。人間はいつか死ぬ。人間が持つ命（ギリシア語のプシュケー、魂と訳すこともある）とは本質的に異なる神とともにある命（ギリシア語のゾーエー）を得ることが人間の救済なのだ。共観福音書では、「神の国」に入ることが人間の救済だ。もっとも「神の国」に入った人間は「永遠の命」を得るので、「ヨハネによる福音書」と共観福音書の根本メッセージが矛盾しているわけではない。

それとともに、ここで「言は肉となって、わたしたちの間に宿られた」ことが強調されている。神学用語では、このことを受肉と呼ぶ。神が抽象的概念や理念にとどまらず、具体的形をとるところにキリスト教の特徴がある。人間を救済するために、神がイエスという人になったのだ。繰り返すが、イエスは、飲み食いをし、糞も小便もする真の人間なのである。このように、神が人間のところまで降りてくる。降りてくることが愛なのだ。

キリスト教徒は、抽象的理念の世界で真理を追求することに意味を認めない。その真理が具体的にどのような意味をもつかについて、常に関心をもつ。それは、受肉という考え方がキリスト教徒に刷り込まれているからだ。この世界は、悪と苦しみが蔓延する闇によって支配されている。その闇の中に神が降りてきた。それだから、イエス・キリストを救い主と信じるキリスト教徒は、同じように闇の世界に降りて行かなくてはならないのである。「ヨハネによる福音書」は、愛が受肉という形をとることについて述べたイエスの言葉を記録している。

〈神は、その独り子をお与えになったほどに、世を愛された。独り子を信じる者が一人も滅びないで、永遠の命を得るためである。神が御子を世に遣わされたのは、世を裁くためではなく、御子によって世が救われるためである。御子を信じる者は裁かれない。信じない者は既に裁かれている。神の独り子の名を信じていないからである。光が世に来たのに、人々はその行いが悪いので、光よりも闇の方を好んだ。それが、もう裁きになっている。悪を行う者は皆、光を憎み、その行いが明るみに出されるのを恐れて、光の方に来ないからである。しかし、真理を行う者は光の方に来る。その行いが神に導かれてなされたということが、明らかになるために。〉（ヨハネ**3**16－21）

イエスの出現によって、人間は二者択一を迫られる。神に従うか、神を拒否するかである。「どちらでもない」という曖昧な答えは、闇を選択することであり、神を拒否することになる。そして、闇にとどまる人間は滅びることになる。神による一種の脅迫であるが、このように物事を突き詰め、決断を迫るという文化がキリスト教文化圏に埋め込まれている。

神に従うという決断をした人間は、イエスをひな形とした生き方を目指すことになる。具体的には、いくつかの選択肢がある場合、もっとも困難な道を選択することだ。その困難な道を選ぶことによって、人間は自由を獲得することができるのである。他の人々の苦難を共有することによって、「神が私たちと共にある」という現実を知ることができる。このことによって、「永遠の命」を得るのだ。神の子イエスが地上に現れたことによって、われわれは「永遠の命」を既に得ているのである。イエス・キリストは、この世の闇に対して既に勝利しているのである。「ヨハネによる福音書」において、以下のように、イエス自身が「わたしは既に世に勝っている」と宣言している。
〈「わたしはこれらのことを、たとえを用いて話してきた。もはやたとえによらず、はっきり父について知らせる時が来る。その日には、あなたがたはわたしの名によって願うことになる。わたしがあなたがたのために父に願ってあげる、とは言わない。父御自身が、あなたがたを愛しておられるのである。あなたがたが、わたしを愛し、わたしが神のもとから出て来たことを信じたからである。わたしは父のもとから出て、世に来たが、今、世を去って、父のもとに行く。」弟子たちは言った。「今は、はっきりとお話しになり、少しもたとえを用いられません。あなたが何でもご存じで、だれもお尋ねする必要のないことが、今、分かりました。これによって、あなたが神のもとから来られたと、わたしたちは信じます。」イエスはお答えになった。「今ようやく、信じるようになったのか。だが、あなたがたが散らされて自分の家に帰ってしまい、わたしをひとりきりにする時が来る。いや、既に来ている。しかし、わたしはひとりではない。父が、共にいてくださるからだ。これらのことを話したのは、あなたがたがわたしによって平和を得るためである。あなたがたには世で苦難がある。しかし、勇気を出しなさい。わたしは既に世に勝っている。」〉（ヨハネ16 25-33）
弟子たちにこのことを語ったときに、イエスは、この先に控えているのが十字架における死であることを自覚している。そして、弟子たちにも、苦難に遭遇することになることの覚悟を求めている。ここでイエスによって平和を得るという考えが示されているが、平和とは、神と人間の破綻した関係が、十字架におけるイエスの死によって、修復されることである。神と人間が和解することだ。人間の側から見るならば、このことが「永遠の命」を得ることなのだ。

「ヨハネによる福音書」の著者は、ゼベダイの子ヨハネと伝えられてきたが、著者を特定することはできない。執筆時期は90年代初期と見られている。パレスチナかシリアで書かれた可能性が高いと推定されている。

ヨハネによる福音書

1

言が肉となった

1初めに言《ことば》があった。言は神と共にあった。
言は神であった。2この言は、初めに神と共
にあった。3万物は言によって成った。成ったも
ので、言によらずに成ったものは何一つなかった。
4言の内に命があった。命は人間を照らす光であ
った。5光は暗闇の中で輝いている。暗闇は光を
理解しなかった。
6神から遣わされた一人の人がいた。その名は
ヨハネである。7彼は証《あか》しをするために来た。光
について証しをするため、また、すべての人が彼
によって信じるようになるためである。8彼は光
ではなく、光について証しをするために来た。
9その光は、まことの光で、世に来てすべての人
を照らすのである。10言は世にあった。世は言に
よって成ったが、世は言を認めなかった。11言は、
自分の民のところへ来たが、民は受け入れなかっ
た。12しかし、言は、自分を受け入れた人、その
名を信じる人々には神の子となる資格を与えた。
13この人々は、血によってではなく、肉の欲によ
ってではなく、人の欲によってでもなく、神によ
って生まれたのである。
14言は肉となって、わたしたちの間に宿られた。
わたしたちはその栄光を見た。それは父の独り子
としての栄光であって、恵みと真理とに満ちてい
た。15ヨハネは、この方について証しをし、声を
張り上げて言った。『わたしの後から来られる方
は、わたしより優れている。わたしよりも先にお
られたからである』とわたしが言ったのは、この
方のことである。」16わたしたちは皆、この方の
満ちあふれる豊かさの中から、恵みの上に、更に
恵みを受けた。17律法はモーセを通して与えられ
たが、恵みと真理はイエス・キリストを通して現

れたからである。18いまだかつて、神を見た者は
いない。父のふところにいる独り子である神、こ
の方が神を示されたのである。

洗礼者ヨハネの証し（マタ3 1−12、マコ1 2−8、ルカ3 15−17）

19さて、ヨハネの証しはこうである。エルサレ
ムのユダヤ人たちが、祭司やレビ人《びと》たちをヨハネ
のもとへ遣わして、「あなたは、どなたですか」
と質問させたとき、20彼は公言して隠さず、「わ
たしはメシアではない」と言い表した。21彼らが
また、「では何ですか。あなたはエリヤですか」
と尋ねると、ヨハネは、「違う」と言った。更に、
「あなたは、あの預言者なのですか」と尋ねると、
「そうではない」と答えた。22そこで、彼らは言
った。「それではいったい、だれなのです。わた
したちを遣わした人々に返事をしなければなりま
せん。あなたは自分を何だと言うのですか。」
23ヨハネは、預言者イザヤの言葉を用いて言った。
「わたしは荒れ野で叫ぶ声である。
『主《しゅ》の道をまっすぐにせよ』と。」
24遣わされた人たちはファリサイ派に属していた。
25彼らがヨハネに尋ねて、「あなたはメシアでも、
エリヤでも、またあの預言者でもないのに、なぜ、
洗礼《バプテスマ》を授けるのですか」と言うと、26ヨハネは
答えた。「わたしは水で洗礼を授けるが、あなた
がたの中には、あなたがたの知らない方がおられ
る。27その人はわたしの後から来られる方で、わ
たしはその履物のひもを解く資格もない。」28こ
れは、ヨハネが洗礼を授けていたヨルダン川の向
こう側、ベタニアでの出来事であった。

神の小羊

29その翌日、ヨハネは、自分の方へイエスが来
られるのを見て言った。「見よ、世の罪を取り除
く神の小羊だ。30『わたしの後から一人の人が来

られる。その方はわたしにまさる。わたしよりも
先におられたからである』とわたしが言ったのは、
この方のことである。31わたしはこの方を知らな
かった。しかし、この方がイスラエルに現れるた
めに、わたしは、水で洗礼を授けに来た。」32そ
してヨハネは証しした。「わたしは、〝霊〟が鳩の
ように天から降《くだ》って、この方の上にとどまるのを
見た。33わたしはこの方を知らなかった。しかし、
水で洗礼を授けるためにわたしをお遣わしになっ
た方が、『〝霊〟が降って、ある人にとどまるのを
見たら、その人が、聖霊によって洗礼を授ける人
である』とわたしに言われた。34わたしはそれを
見た。だから、この方こそ神の子であると証しし
たのである。」

最初の弟子たち

35その翌日、また、ヨハネは二人の弟子と一緒
にいた。36そして、歩いておられるイエスを見つ
めて、「見よ、神の小羊だ」と言った。37二人の
弟子はそれを聞いて、イエスに従った。38イエス
は振り返り、彼らが従って来るのを見て、**「何を**
求めているのか」と言われた。彼らが、「ラビ
——『先生』という意味——どこに泊まってお
られるのですか」と言うと、39イエスは、**「来なさ**
い。そうすれば分かる」と言われた。そこで、彼
らはついて行って、どこにイエスが泊まっておら
れるかを見た。そしてその日は、イエスのもとに
泊まった。午後四時ごろのことである。40ヨハネ
の言葉を聞いて、イエスに従った二人のうちの一
人は、シモン・ペトロの兄弟アンデレであった。
41彼は、まず自分の兄弟シモンに会って、「わた
したちはメシア——『油を注がれた者』という意
味——に出会った」と言った。42そして、シモン
をイエスのところに連れて行った。イエスは彼を
見つめて、**「あなたはヨハネの子シモンであるが、**
ケファ——『岩』という意味——と呼ぶことにす

る」と言われた。

フィリポとナタナエル、弟子となる

43その翌日、イエスは、ガリラヤへ行こうとし
たときに、フィリポに出会って、**「わたしに従い
なさい」**と言われた。44フィリポは、アンデレと
ペトロの町、ベトサイダの出身であった。45フィ
リポはナタナエルに出会って言った。「わたした
ちは、モーセが律法に記し、預言者たちも書いて
いる方に出会った。それはナザレの人で、ヨセフ
の子イエスだ。」46するとナタナエルが、「ナザレ
から何か良いものが出るだろうか」と言ったので、
フィリポは、「来て、見なさい」と言った。47イ
エスは、ナタナエルが御自分の方へ来るのを見て、
彼のことをこう言われた。**「見なさい。まことの
イスラエル人だ。この人には偽りがない。」**48ナ
タナエルが、「どうしてわたしを知っておられる
のですか」と言うと、イエスは答えて、**「わたし
は、あなたがフィリポから話しかけられる前に、
いちじくの木の下にいるのを見た」**と言われた。
49ナタナエルは答えた。「ラビ、あなたは神の子
です。あなたはイスラエルの王です。」50イエス
は答えて言われた。**「いちじくの木の下にあなた
がいるのを見たと言ったので、信じるのか。もっ
と偉大なことをあなたは見ることになる。」**51更
に言われた。**「はっきり言っておく。天が開け、
神の天使たちが人の子の上に昇り降りするのを、
あなたがたは見ることになる。」**

2

カナでの婚礼

1三日目に、ガリラヤのカナで婚礼があって、
イエスの母がそこにいた。2イエスも、その
弟子たちも婚礼に招かれた。3ぶどう酒が足りな
くなったので、母がイエスに、「ぶどう酒がなく
なりました」と言った。4イエスは母に言われた。
「婦人よ、わたしとどんなかかわりがあるのです。

わたしの時はまだ来ていません。」 5しかし、母
は召し使いたちに、「この人が何か言いつけたら、
そのとおりにしてください」と言った。 6そこに
は、ユダヤ人が清めに用いる石の水がめが六つ置
いてあった。いずれも二ないし三メトレテス入り
のものである。 7イエスが、**「水がめに水をいっ
ぱい入れなさい」**と言われると、召し使いたちは、
かめの縁まで水を満たした。 8イエスは、**「さあ、
それをくんで宴会の世話役のところへ持って行き
なさい」**と言われた。召し使いたちは運んで行っ
た。 9世話役はぶどう酒に変わった水の味見をし
た。このぶどう酒がどこから来たのか、水をくん
だ召し使いたちは知っていたが、世話役は知らな
かったので、花婿を呼んで、 10言った。「だれで
も初めに良いぶどう酒を出し、酔いがまわったこ
ろに劣ったものを出すものですが、あなたは良い
ぶどう酒を今まで取って置かれました。」 11イエ
スは、この最初のしるしをガリラヤのカナで行っ
て、その栄光を現された。それで、弟子たちはイ
エスを信じた。
12この後、イエスは母、兄弟、弟子たちとカフ
アルナウムに下って行き、そこに幾日か滞在され
た。

神殿から商人を追い出す（マタ**21** 12−13、マコ**11** 15−17、ルカ**19** 45−46）

13ユダヤ人の過越祭《すぎこしさい》が近づいたので、イエスは
エルサレムへ上って行かれた。 14そして、神殿の
境内で牛や羊や鳩を売っている者たちと、座って
両替をしている者たちを御覧になった。 15イエス
は縄で鞭を作り、羊や牛をすべて境内から追い出
し、両替人の金をまき散らし、その台を倒し、
16鳩を売る者たちに言われた。**「このような物は
ここから運び出せ。わたしの父の家を商売の家と
してはならない。」** 17弟子たちは、「あなたの家を
思う熱意がわたしを食い尽くす」と書いてあるの

を思い出した。18ユダヤ人たちはイエスに、「あ
なたは、こんなことをするからには、どんなしる
しをわたしたちに見せるつもりか」と言った。
19イエスは答えて言われた。**「この神殿を壊して
みよ。三日で建て直してみせる。」**20それでユダ
ヤ人たちは、「この神殿は建てるのに四十六年も
かかったのに、あなたは三日で建て直すのか」と
言った。21イエスの言われる神殿とは、御自分の
体のことだったのである。22イエスが死者の中か
ら復活されたとき、弟子たちは、イエスがこう言
われたのを思い出し、聖書とイエスの語られた言
葉とを信じた。

イエスは人間の心を知っておられる

23イエスは過越祭の間エルサレムにおられたが、
そのなさったしるしを見て、多くの人がイエスの
名を信じた。24しかし、イエス御自身は彼らを信
用されなかった。それは、すべての人のことを知
っておられ、25人間についてだれからも証しして
もらう必要がなかったからである。イエスは、何
が人間の心の中にあるかをよく知っておられたの
である。

3

イエスとニコデモ

1さて、ファリサイ派に属する、ニコデモと
いう人がいた。ユダヤ人たちの議員であった。
2ある夜、イエスのもとに来て言った。「ラビ、
わたしどもは、あなたが神のもとから来られた教
師であることを知っています。神が共におられる
のでなければ、あなたのなさるようなしるしを、
だれも行うことはできないからです。」3イエス
は答えて言われた。**「はっきり言っておく。人は、
新たに生まれなければ、神の国を見ることはでき
ない。」**4ニコデモは言った。「年をとった者が、
どうして生まれることができましょう。もう一度
母親の胎内に入って生まれることができるでしょ

うか。」 5イエスはお答えになった。「はっきり言
っておく。だれでも水と霊とによって生まれなけ
れば、神の国に入ることはできない。 6肉から生
まれたものは肉である。霊から生まれたものは霊
である。 7『あなたがたは新たに生まれねばなら
ない』とあなたに言ったことに、驚いてはならな
い。 8風は思いのままに吹く。あなたはその音を
聞いても、それがどこから来て、どこへ行くかを
知らない。霊から生まれた者も皆そのとおりであ
る。」 9するとニコデモは、「どうして、そんなこ
とがありえましょうか」と言った。 10イエスは答
えて言われた。「あなたはイスラエルの教師であ
りながら、こんなことが分からないのか。 11はっ
きり言っておく。わたしたちは知っていることを
語り、見たことを証ししているのに、あなたがた
はわたしたちの証しを受け入れない。 12わたしが
地上のことを話しても信じないとすれば、天上の
ことを話したところで、どうして信じるだろう。
13天から降って来た者、すなわち人の子のほかに
は、天に上った者はだれもいない。 14そして、モ
ーセが荒れ野で蛇を上げたように、人の子も上げ
られねばならない。 15それは、信じる者が皆、人
の子によって永遠の命を得るためである。
16神は、その独り子をお与えになったほどに、
世を愛された。独り子を信じる者が一人も滅びな
いで、永遠の命を得るためである。 17神が御子《みこ》を
世に遣わされたのは、世を裁くためではなく、御
子によって世が救われるためである。 18御子を信
じる者は裁かれない。信じない者は既に裁かれて
いる。神の独り子の名を信じていないからである。
19光が世に来たのに、人々はその行いが悪いので、
光よりも闇の方を好んだ。それが、もう裁きにな
っている。 20悪を行う者は皆、光を憎み、その行
いが明るみに出されるのを恐れて、光の方に来な
いからである。 21しかし、真理を行う者は光の方
に来る。その行いが神に導かれてなされたという

ことが、明らかになるために。」

イエスと洗礼者ヨハネ

22その後、イエスは弟子たちとユダヤ地方に行
って、そこに一緒に滞在し、洗礼を授けておられ
た。23他方、ヨハネは、サリムの近くのアイノン
で洗礼を授けていた。そこは水が豊かであったか
らである。人々は来て、洗礼を受けていた。24ヨ
ハネはまだ投獄されていなかったのである。25と
ころがヨハネの弟子たちと、あるユダヤ人との間
で、清めのことで論争が起こった。26彼らはヨハ
ネのもとに来て言った。「ラビ、ヨルダン川の向
こう側であなたと一緒にいた人、あなたが証しさ
れたあの人が、洗礼を授けています。みんながあ
の人の方へ行っています。」27ヨハネは答えて言
った。「天から与えられなければ、人は何も受け
ることができない。28わたしは、『自分はメシア
ではない』と言い、『自分はあの方の前に遣わさ
れた者だ』と言ったが、そのことについては、あ
なたたち自身が証ししてくれる。29花嫁を迎える
のは花婿だ。花婿の介添え人はそばに立って耳を
傾け、花婿の声が聞こえると大いに喜ぶ。だから、
わたしは喜びで満たされている。30あの方は栄え、
わたしは衰えねばならない。」

天から来られる方

31「上から来られる方は、すべてのものの上に
おられる。地から出る者は地に属し、地に属する
者として語る。天から来られる方は、すべてのも
のの上におられる。32この方は、見たこと、聞い
たことを証しされるが、だれもその証しを受け入
れない。33その証しを受け入れる者は、神が真実
であることを確認したことになる。34神がお遣わ
しになった方は、神の言葉を話される。神が
〝霊〟を限りなくお与えになるからである。35御《おん》
父《ちち》は御子を愛して、その手にすべてをゆだねられ

た。36御子を信じる人は永遠の命を得ているが、
御子に従わない者は、命にあずかることがないば
かりか、神の怒りがその上にとどまる。」

4

イエスとサマリアの女

1さて、イエスがヨハネよりも多くの弟子を
つくり、洗礼を授けておられるということが、
ファリサイ派の人々の耳に入った。イエスはそれ
を知ると、2――洗礼を授けていたのは、イエス
御自身ではなく、弟子たちである――3ユダヤを
去り、再びガリラヤへ行かれた。4しかし、サマ
リアを通らねばならなかった。5それで、ヤコブ
がその子ヨセフに与えた土地の近くにある、シカ
ルというサマリアの町に来られた。6そこにはヤ
コブの井戸があった。イエスは旅に疲れて、その
まま井戸のそばに座っておられた。正午ごろのこ
とである。
7サマリアの女が水をくみに来た。イエスは、
「水を飲ませてください」と言われた。8弟子た
ちは食べ物を買うために町に行っていた。9する
と、サマリアの女は、「ユダヤ人のあなたがサマ
リアの女のわたしに、どうして水を飲ませてほし
いと頼むのですか」と言った。ユダヤ人はサマリ
ア人とは交際しないからである。10イエスは答え
て言われた。**「もしあなたが、神の賜物を知って**
おり、また、『水を飲ませてください』と言った
のがだれであるか知っていたならば、あなたの方
からその人に頼み、その人はあなたに生きた水を
与えたことであろう。」11女は言った。「主よ、あ
なたはくむ物をお持ちでないし、井戸は深いので
す。どこからその生きた水を手にお入れになるの
ですか。12あなたは、わたしたちの父ヤコブより
も偉いのですか。ヤコブがこの井戸をわたしたち
に与え、彼自身も、その子供や家畜も、この井戸
から水を飲んだのです。」13イエスは答えて言わ
れた。**「この水を飲む者はだれでもまた渇く。**

14**しかし、わたしが与える水を飲む者は決して渇**
かない。わたしが与える水はその人の内で泉とな
り、永遠の命に至る水がわき出る。」15女は言っ
た。「主よ、渇くことがないように、また、ここ
にくみに来なくてもいいように、その水をくださ
い。」
16イエスが、**「行って、あなたの夫をここに呼**
んで来なさい」と言われると、17女は答えて、
「わたしには夫はいません」と言った。イエスは
言われた。**「『夫はいません』とは、まさにそのと**
おりだ。18**あなたには五人の夫がいたが、今連れ**
添っているのは夫ではない。あなたは、ありのま
まを言ったわけだ。」19女は言った。「主よ、あな
たは預言者だとお見受けします。20わたしどもの
先祖はこの山で礼拝しましたが、あなたがたは、
礼拝すべき場所はエルサレムにあると言っていま
す。」21イエスは言われた。**「婦人よ、わたしを信**
じなさい。あなたがたが、この山でもエルサレム
でもない所で、父を礼拝する時が来る。22**あなた**
がたは知らないものを礼拝しているが、わたした
ちは知っているものを礼拝している。救いはユダ
ヤ人から来るからだ。23**しかし、まことの礼拝を**
する者たちが、霊と真理をもって父を礼拝する時
が来る。今がその時である。なぜなら、父はこの
ように礼拝する者を求めておられるからだ。24**神**
は霊である。だから、神を礼拝する者は、霊と真
理をもって礼拝しなければならない。」25女が言
った。「わたしは、キリストと呼ばれるメシアが
来られることは知っています。その方が来られる
とき、わたしたちに一切のことを知らせてくださ
います。」26イエスは言われた。**「それは、あなた**
と話をしているこのわたしである。」
27ちょうどそのとき、弟子たちが帰って来て、
イエスが女の人と話をしておられるのに驚いた。
しかし、「何か御用ですか」とか、「何をこの人と
話しておられるのですか」と言う者はいなかった。

28女は、水がめをそこに置いたまま町に行き、
人々に言った。29「さあ、見に来てください。わ
たしが行ったことをすべて、言い当てた人がいま
す。もしかしたら、この方がメシアかもしれませ
ん。」30人々は町を出て、イエスのもとへやって
来た。
31その間に、弟子たちが「ラビ、食事をどう
ぞ」と勧めると、32イエスは、「わたしにはあな
たがたの知らない食べ物がある」と言われた。
33弟子たちは、「だれかが食べ物を持って来たの
だろうか」と互いに言った。34イエスは言われた。
「わたしの食べ物とは、わたしをお遣わしになっ
た方の御心《みこころ》を行い、その業《わざ》を成し遂げることであ
る。35あなたがたは、『刈り入れまでまだ四か月
もある』と言っているではないか。わたしは言っ
ておく。目を上げて畑を見るがよい。色づいて刈
り入れを待っている。既に、36刈り入れる人は報
酬を受け、永遠の命に至る実を集めている。こう
して、種を蒔《ま》く人も刈る人も、共に喜ぶのである。
37そこで、『一人が種を蒔き、別の人が刈り入れ
る』ということわざのとおりになる。38あなたが
たが自分では労苦しなかったものを刈り入れるた
めに、わたしはあなたがたを遣わした。他の人々
が労苦し、あなたがたはその労苦の実りにあずか
っている。」
39さて、その町の多くのサマリア人は、「この
方が、わたしの行ったことをすべて言い当てまし
た」と証言した女の言葉によって、イエスを信じ
た。40そこで、このサマリア人たちはイエスのも
とにやって来て、自分たちのところにとどまるよ
うにと頼んだ。イエスは、二日間そこに滞在され
た。41そして、更に多くの人々が、イエスの言葉
を聞いて信じた。42彼らは女に言った。「わたし
たちが信じるのは、もうあなたが話してくれたか
らではない。わたしたちは自分で聞いて、この方
が本当に世の救い主であると分かったからです。」

役人の息子をいやす（マタ8 5−13、ルカ7 1−10）

43二日後、イエスはそこを出発して、ガリラヤ
へ行かれた。44イエスは自ら、**「預言者は自分の**
故郷では敬われないものだ」とはっきり言われた
ことがある。45ガリラヤにお着きになると、ガリ
ラヤの人たちはイエスを歓迎した。彼らも祭りに
行ったので、そのときエルサレムでイエスがなさ
ったことをすべて、見ていたからである。
46イエスは、再びガリラヤのカナに行かれた。
そこは、前にイエスが水をぶどう酒に変えられた
所である。さて、カファルナウムに王の役人がい
て、その息子が病気であった。47この人は、イエ
スがユダヤからガリラヤに来られたと聞き、イエ
スのもとに行き、カファルナウムまで下って来て
息子をいやしてくださるように頼んだ。息子が死
にかかっていたからである。48イエスは役人に、
「あなたがたは、しるしや不思議な業を見なけれ
ば、決して信じない」と言われた。49役人は、
「主よ、子供が死なないうちに、おいでください」
と言った。50イエスは言われた。**「帰りなさい。**
あなたの息子は生きる。」その人は、イエスの言
われた言葉を信じて帰って行った。51ところが、
下って行く途中、僕《しもべ》たちが迎えに来て、その子が
生きていることを告げた。52そこで、息子の病気
が良くなった時刻を尋ねると、僕たちは、「きの
うの午後一時に熱が下がりました」と言った。
53それは、イエスが**「あなたの息子は生きる」**と
言われたのと同じ時刻であることを、この父親は
知った。そして、彼もその家族もこぞって信じた。
54これは、イエスがユダヤからガリラヤに来てな
された、二回目のしるしである。

5

ベトザタの池で病人をいやす

1その後、ユダヤ人の祭りがあったので、イ
エスはエルサレムに上られた。2エルサレム
には羊の門の傍らに、ヘブライ語で「ベトザタ」
と呼ばれる池があり、そこには五つの回廊があっ
た。3この回廊には、病気の人、目の見えない人、
足の不自由な人、体の麻痺した人などが、大勢横
たわっていた。† 5さて、そこに三十八年も病気
で苦しんでいる人がいた。6イエスは、その人が
横たわっているのを見、また、もう長い間病気で
あるのを知って、**「良くなりたいか」**と言われた。
7病人は答えた。「主よ、水が動くとき、わたし
を池の中に入れてくれる人がいないのです。わた
しが行くうちに、ほかの人が先に降りて行くので
す。」8イエスは言われた。**「起き上がりなさい。**
床《とこ》を担いで歩きなさい。」9すると、その人はす
ぐに良くなって、床を担いで歩きだした。
その日は安息日《あんそくび》であった。10そこで、ユダヤ人
たちは病気をいやしていただいた人に言った。
「今日は安息日だ。だから床を担ぐことは、律法
で許されていない。」11しかし、その人は、「わた
しをいやしてくださった方が、『**床を担いで歩き**
なさい』と言われたのです」と答えた。12彼らは、
「お前に『**床を担いで歩きなさい**』と言ったのは
だれだ」と尋ねた。13しかし、病気をいやしてい
ただいた人は、それがだれであるか知らなかった。
イエスは、群衆がそこにいる間に、立ち去られた
からである。14その後、イエスは、神殿の境内で
この人に出会って言われた。**「あなたは良くなっ**
たのだ。もう、罪を犯してはいけない。さもない
と、もっと悪いことが起こるかもしれない。」
15この人は立ち去って、自分をいやしたのはイエ
スだと、ユダヤ人たちに知らせた。16そのために、
ユダヤ人たちはイエスを迫害し始めた。イエスが、
安息日にこのようなことをしておられたからであ
る。17イエスはお答えになった。**「わたしの父は**

今もなお働いておられる。だから、わたしも働く
のだ。」18このために、ユダヤ人たちは、ますま
すイエスを殺そうとねらうようになった。イエス
が安息日を破るだけでなく、神を御自分の父と呼
んで、御自身を神と等しい者とされたからである。

御子の権威

19そこで、イエスは彼らに言われた。「はっき
り言っておく。子は、父のなさることを見なけれ
ば、自分からは何事もできない。父がなさること
はなんでも、子もそのとおりにする。20父は子を
愛して、御自分のなさることをすべて子に示され
るからである。また、これらのことよりも大きな
業を子にお示しになって、あなたたちが驚くこと
になる。21すなわち、父が死者を復活させて命を
お与えになるように、子も、与えたいと思う者に
命を与える。22また、父はだれをも裁かず、裁き
は一切子に任せておられる。23すべての人が、父
を敬うように、子をも敬うようになるためである。
子を敬わない者は、子をお遣わしになった父をも
敬わない。24はっきり言っておく。わたしの言葉
を聞いて、わたしをお遣わしになった方を信じる
者は、永遠の命を得、また、裁かれることなく、
死から命へと移っている。25はっきり言っておく。
死んだ者が神の子の声を聞く時が来る。今やその
時である。その声を聞いた者は生きる。26父は、
御自身の内に命を持っておられるように、子にも
自分の内に命を持つようにしてくださったからで
ある。27また、裁きを行う権能を子にお与えにな
った。子は人の子だからである。28驚いてはなら
ない。時が来ると、墓の中にいる者は皆、人の子
の声を聞き、29善を行った者は復活して命を受け
るために、悪を行った者は復活して裁きを受ける
ために出て来るのだ。

30わたしは自分では何もできない。ただ、父か
ら聞くままに裁く。わたしの裁きは正しい。わた

しは自分の意志ではなく、わたしをお遣わしにな
った方の御心を行おうとするからである。」

イエスについての証し

31「もし、わたしが自分自身について証しをす
るなら、その証しは真実ではない。32わたしにつ
いて証しをなさる方は別におられる。そして、そ
の方がわたしについてなさる証しは真実であるこ
とを、わたしは知っている。33あなたたちはヨハ
ネのもとへ人を送ったが、彼は真理について証し
をした。34わたしは、人間による証しは受けない。
しかし、あなたたちが救われるために、これらの
ことを言っておく。35ヨハネは、燃えて輝くとも
し火であった。あなたたちは、しばらくの間その
光のもとで喜び楽しもうとした。36しかし、わた
しにはヨハネの証しにまさる証しがある。父がわ
たしに成し遂げるようにお与えになった業、つま
り、わたしが行っている業そのものが、父がわた
しをお遣わしになったことを証ししている。37ま
た、わたしをお遣わしになった父が、わたしにつ
いて証しをしてくださる。あなたたちは、まだ父
のお声を聞いたこともなければ、お姿を見たこと
もない。38また、あなたたちは、自分の内に父の
お言葉をとどめていない。父がお遣わしになった
者を、あなたたちは信じないからである。39あな
たたちは聖書の中に永遠の命があると考えて、聖
書を研究している。ところが、聖書はわたしにつ
いて証しをするものだ。40それなのに、あなたた
ちは、命を得るためにわたしのところへ来ようと
しない。
41わたしは、人からの誉れは受けない。42しか
し、あなたたちの内には神への愛がないことを、
わたしは知っている。43わたしは父の名によって
来たのに、あなたたちはわたしを受け入れない。
もし、ほかの人が自分の名によって来れば、あな
たたちは受け入れる。44互いに相手からの誉れは

受けるのに、唯一の神からの誉れは求めようとし
ないあなたたちには、どうして信じることができ
ようか。[45]わたしが父にあなたたちを訴えるなど
と、考えてはならない。あなたたちを訴えるのは、
あなたたちが頼りにしているモーセなのだ。[46]あ
なたたちは、モーセを信じたのであれば、わたし
をも信じたはずだ。モーセは、わたしについて書
いているからである。[47]しかし、モーセの書いた
ことを信じないのであれば、どうしてわたしが語
ることを信じることができようか。」

6

五千人に食べ物を与える（マタ**14** 13–21、マコ**6** 30–44、ルカ**9** 10–17）

[1]その後、イエスはガリラヤ湖、すなわちテ
イベリアス湖の向こう岸に渡られた。[2]大勢
の群衆が後を追った。イエスが病人たちになさっ
たしるしを見たからである。[3]イエスは山に登り、
弟子たちと一緒にそこにお座りになった。[4]ユダ
ヤ人の祭りである過越祭が近づいていた。[5]イエ
スは目を上げ、大勢の群衆が御自分の方へ来るの
を見て、フィリポに、**「この人たちに食べさせる**
には、どこでパンを買えばよいだろうか」と言わ
れたが、[6]こう言ったのはフィリポを試みるため
であって、御自分では何をしようとしているか知
っておられたのである。[7]フィリポは、「めいめ
いが少しずつ食べるためにも、二百デナリオン分
のパンでは足りないでしょう」と答えた。[8]弟子
の一人で、シモン・ペトロの兄弟アンデレが、イ
エスに言った。[9]「ここに大麦のパン五つと魚二
匹とを持っている少年がいます。けれども、こん
なに大勢の人では、何の役にも立たないでしょ
う。」[10]イエスは、**「人々を座らせなさい」**と言わ
れた。そこには草がたくさん生えていた。男たち
はそこに座ったが、その数はおよそ五千人であっ
た。[11]さて、イエスはパンを取り、感謝の祈りを
唱えてから、座っている人々に分け与えられた。

また、魚も同じようにして、欲しいだけ分け与え
られた。12人々が満腹したとき、イエスは弟子た
ちに、**「少しも無駄にならないように、残ったパ**
ンの屑《くず》を集めなさい」と言われた。13集めると、
人々が五つの大麦パンを食べて、なお残ったパン
の屑で、十二の籠がいっぱいになった。14そこで、
人々はイエスのなさったしるしを見て、「まさに
この人こそ、世に来られる預言者である」と言っ
た。15イエスは、人々が来て、自分を王にするた
めに連れて行こうとしているのを知り、ひとりで
また山に退かれた。

湖の上を歩く（マタ**14** 22–27、マコ**6** 45–52）

16夕方になったので、弟子たちは湖畔へ下りて
行った。17そして、舟に乗り、湖の向こう岸のカ
ファルナウムに行こうとした。既に暗くなってい
たが、イエスはまだ彼らのところには来ておられ
なかった。18強い風が吹いて、湖は荒れ始めた。
19二十五ないし三十スタディオンばかり漕ぎ出し
たころ、イエスが湖の上を歩いて舟に近づいて来
られるのを見て、彼らは恐れた。20イエスは言わ
れた。**「わたしだ。恐れることはない。」**21そこで、
彼らはイエスを舟に迎え入れようとした。すると
間もなく、舟は目指す地に着いた。

イエスは命のパン

22その翌日、湖の向こう岸に残っていた群衆は、
そこには小舟が一そうしかなかったこと、また、
イエスは弟子たちと一緒に舟に乗り込まれず、弟
子たちだけが出かけたことに気づいた。23ところ
が、ほかの小舟が数そうティベリアスから、主が
感謝の祈りを唱えられた後に人々がパンを食べた
場所へ近づいて来た。24群衆は、イエスも弟子た
ちもそこにいないと知ると、自分たちもそれらの
小舟に乗り、イエスを捜し求めてカファルナウム
に来た。25そして、湖の向こう岸でイエスを見つ

けると、「ラビ、いつ、ここにおいでになったの
ですか」と言った。26イエスは答えて言われた。
「はっきり言っておく。あなたがたがわたしを捜
しているのは、しるしを見たからではなく、パン
を食べて満腹したからだ。27**朽ちる食べ物のため**
ではなく、いつまでもなくならないで、永遠の命
に至る食べ物のために働きなさい。これこそ、人
の子があなたがたに与える食べ物である。父であ
る神が、人の子を認証されたからである。」28そ
こで彼らが、「神の業を行うためには、何をした
らよいでしょうか」と言うと、29イエスは答えて
言われた。**「神がお遣わしになった者を信じるこ**
と、それが神の業である。」30そこで、彼らは言
った。「それでは、わたしたちが見てあなたを信
じることができるように、どんなしるしを行って
くださいますか。どのようなことをしてください
ますか。31わたしたちの先祖は、荒れ野でマンナ
を食べました。『天からのパンを彼らに与えて食
べさせた』と書いてあるとおりです。」32すると、
イエスは言われた。**「はっきり言っておく。モー**
セが天からのパンをあなたがたに与えたのではな
く、わたしの父が天からのまことのパンをお与え
になる。33**神のパンは、天から降って来て、世に**
命を与えるものである。」
34そこで、彼らが、「主よ、そのパンをいつも
わたしたちにください」と言うと、35イエスは言
われた。**「わたしが命のパンである。わたしのも**
とに来る者は決して飢えることがなく、わたしを
信じる者は決して渇くことがない。36**しかし、前**
にも言ったように、あなたがたはわたしを見てい
るのに、信じない。37**父がわたしにお与えになる**
人は皆、わたしのところに来る。わたしのもとに
来る人を、わたしは決して追い出さない。38**わた**
しが天から降って来たのは、自分の意志を行うた
めではなく、わたしをお遣わしになった方の御心
を行うためである。39**わたしをお遣わしになった**

方の御心とは、わたしに与えてくださった人を一
人も失わないで、終わりの日に復活させることで
ある。40わたしの父の御心は、子を見て信じる者
が皆永遠の命を得ることであり、わたしがその人
を終わりの日に復活させることだからである。」
　41ユダヤ人たちは、イエスが「わたしは天から
降って来たパンである」と言われたので、イエス
のことでつぶやき始め、42こう言った。「これは
ヨセフの息子のイエスではないか。我々はその父
も母も知っている。どうして今、『わたしは天か
ら降って来た』などと言うのか。」43イエスは答
えて言われた。「つぶやき合うのはやめなさい。
44わたしをお遣わしになった父が引き寄せてくだ
さらなければ、だれもわたしのもとへ来ることは
できない。わたしはその人を終わりの日に復活さ
せる。45預言者の書に、『彼らは皆、神によって
教えられる』と書いてある。父から聞いて学んだ
者は皆、わたしのもとに来る。46父を見た者は一
人もいない。神のもとから来た者だけが父を見た
のである。47はっきり言っておく。信じる者は永
遠の命を得ている。48わたしは命のパンである。
49あなたたちの先祖は荒れ野でマンナを食べたが、
死んでしまった。50しかし、これは、天から降っ
て来たパンであり、これを食べる者は死なない。
51わたしは、天から降って来た生きたパンである。
このパンを食べるならば、その人は永遠に生きる。
わたしが与えるパンとは、世を生かすためのわた
しの肉のことである。」
　52それで、ユダヤ人たちは、「どうしてこの人
は自分の肉を我々に食べさせることができるの
か」と、互いに激しく議論し始めた。53イエスは
言われた。「はっきり言っておく。人の子の肉を
食べ、その血を飲まなければ、あなたたちの内に
命はない。54わたしの肉を食べ、わたしの血を飲
む者は、永遠の命を得、わたしはその人を終わり
の日に復活させる。55わたしの肉はまことの食べ

物、わたしの血はまことの飲み物だからである。
56**わたしの肉を食べ、わたしの血を飲む者は、い**
つもわたしの内におり、わたしもまたいつもその
人の内にいる。57**生きておられる父がわたしをお**
遣わしになり、またわたしが父によって生きるよ
うに、わたしを食べる者もわたしによって生きる。
58**これは天から降って来たパンである。先祖が食**
べたのに死んでしまったようなものとは違う。こ
のパンを食べる者は永遠に生きる。」59これらは、
イエスがカファルナウムの会堂で教えていたとき
に話されたことである。

永遠の命の言葉

60ところで、弟子たちの多くの者はこれを聞い
て言った。「実にひどい話だ。だれが、こんな話
を聞いていられようか。」61イエスは、弟子たち
がこのことについてつぶやいているのに気づいて
言われた。**「あなたがたはこのことにつまずくの**
か。62**それでは、人の子がもといた所に上るのを**
見るならば……。63**命を与えるのは〝霊〟である。**
肉は何の役にも立たない。わたしがあなたがたに
話した言葉は霊であり、命である。64**しかし、あ**
なたがたのうちには信じない者たちもいる。」イ
エスは最初から、信じない者たちがだれであるか、
また、御自分を裏切る者がだれであるかを知って
おられたのである。65そして、言われた。**「こう**
いうわけで、わたしはあなたがたに、『父からお
許しがなければ、だれもわたしのもとに来ること
はできない』と言ったのだ。」
66このために、弟子たちの多くが離れ去り、も
はやイエスと共に歩まなくなった。67そこで、イ
エスは十二人に、**「あなたがたも離れて行きたい**
か」と言われた。68シモン・ペトロが答えた。
「主よ、わたしたちはだれのところへ行きましょ
うか。あなたは永遠の命の言葉を持っておられま
す。69あなたこそ神の聖者であると、わたしたち

は信じ、また知っています。」70すると、イエス
は言われた。**「あなたがた十二人は、わたしが選**
んだのではないか。ところが、その中の一人は悪
魔だ。」71イスカリオテのシモンの子ユダのこと
を言われたのである。このユダは、十二人の一人
でありながら、イエスを裏切ろうとしていた。

7

イエスの兄弟たちの不信仰

1その後、イエスはガリラヤを巡っておられ
た。ユダヤ人が殺そうとねらっていたので、
ユダヤを巡ろうとは思われなかった。2ときに、
ユダヤ人の仮庵祭《かりいおさい》が近づいていた。3イエスの兄
弟たちが言った。「ここを去ってユダヤに行き、
あなたのしている業を弟子たちにも見せてやりな
さい。4公に知られようとしながら、ひそかに行
動するような人はいない。こういうことをしてい
るからには、自分を世にはっきり示しなさい。」
5兄弟たちも、イエスを信じていなかったのであ
る。6そこで、イエスは言われた。**「わたしの時**
はまだ来ていない。しかし、あなたがたの時はい
つも備えられている。7**世はあなたがたを憎むこ**
とができないが、わたしを憎んでいる。わたしが、
世の行っている業は悪いと証ししているからだ。
8**あなたがたは祭りに上って行くがよい。わたし**
はこの祭りには上って行かない。まだ、わたしの
時が来ていないからである。」9こう言って、イ
エスはガリラヤにとどまられた。

仮庵祭でのイエス

10しかし、兄弟たちが祭りに上って行ったとき、
イエス御自身も、人目を避け、隠れるようにして
上って行かれた。11祭りのときユダヤ人たちはイ
エスを捜し、「あの男はどこにいるのか」と言っ
ていた。12群衆の間では、イエスのことがいろい
ろとささやかれていた。「良い人だ」と言う者も
いれば、「いや、群衆を惑わしている」と言う者

もいた。13しかし、ユダヤ人たちを恐れて、イエ
スについて公然と語る者はいなかった。
14祭りも既に半ばになったころ、イエスは神殿
の境内に上って行って、教え始められた。15ユダ
ヤ人たちが驚いて、「この人は、学問をしたわけ
でもないのに、どうして聖書をこんなによく知っ
ているのだろう」と言うと、16イエスは答えて言
われた。**「わたしの教えは、自分の教えではなく、**
わたしをお遣わしになった方の教えである。17**こ**
の方の御心を行おうとする者は、わたしの教えが
神から出たものか、わたしが勝手に話しているの
か、分かるはずである。18**自分勝手に話す者は、**
自分の栄光を求める。しかし、自分をお遣わしに
なった方の栄光を求める者は真実な人であり、そ
の人には不義がない。19**モーセはあなたたちに律**
法を与えたではないか。ところが、あなたたちは
だれもその律法を守らない。なぜ、わたしを殺そ
うとするのか。」20群衆が答えた。「あなたは悪霊《あくれい》
に取りつかれている。だれがあなたを殺そうとい
うのか。」21イエスは答えて言われた。**「わたしが**
一つの業を行ったというので、あなたたちは皆驚
いている。22**しかし、モーセはあなたたちに割礼**
を命じた。――もっとも、これはモーセからでは
なく、族長たちから始まったのだが――だから、
あなたたちは安息日にも割礼を施している。23**モ**
ーセの律法を破らないようにと、人は安息日であ
っても割礼を受けるのに、わたしが安息日に全身
をいやしたからといって腹を立てるのか。24**うわ**
べだけで裁くのをやめ、正しい裁きをしなさい。」

この人はメシアか

25さて、エルサレムの人々の中には次のように
言う者たちがいた。「これは、人々が殺そうとね
らっている者ではないか。26あんなに公然と話し
ているのに、何も言われない。議員たちは、この
人がメシアだということを、本当に認めたのでは

なかろうか。27しかし、わたしたちは、この人が
どこの出身かを知っている。メシアが来られると
きは、どこから来られるのか、だれも知らないは
ずだ。」28すると、神殿の境内で教えていたイエ
スは、大声で言われた。**「あなたたちはわたしの**
ことを知っており、また、どこの出身かも知って
いる。わたしは自分勝手に来たのではない。わた
しをお遣わしになった方は真実であるが、あなた
たちはその方を知らない。29**わたしはその方を知**
っている。わたしはその方のもとから来た者であ
り、その方がわたしをお遣わしになったのであ
る。」30人々はイエスを捕らえようとしたが、手
をかける者はいなかった。イエスの時はまだ来て
いなかったからである。31しかし、群衆の中には
イエスを信じる者が大勢いて、「メシアが来られ
ても、この人よりも多くのしるしをなさるだろう
か」と言った。

下役たち、イエスの逮捕に向かう

32ファリサイ派の人々は、群衆がイエスについ
てこのようにささやいているのを耳にした。祭司
長たちとファリサイ派の人々は、イエスを捕らえ
るために下役たちを遣わした。33そこで、イエス
は言われた。**「今しばらく、わたしはあなたたち**
と共にいる。それから、自分をお遣わしになった
方のもとへ帰る。34**あなたたちは、わたしを捜し**
ても、見つけることがない。わたしのいる所に、
あなたたちは来ることができない。」35すると、
ユダヤ人たちが互いに言った。「わたしたちが見
つけることはないとは、いったい、どこへ行くつ
もりだろう。ギリシア人の間に離散しているユダ
ヤ人のところへ行って、ギリシア人に教えるとで
もいうのか。36『**あなたたちは、わたしを捜して**
も、見つけることがない。わたしのいる所に、あ
なたたちは来ることができない』と彼は言ったが、
その言葉はどういう意味なのか。」

生きた水の流れ

37祭りが最も盛大に祝われる終わりの日に、イ
エスは立ち上がって大声で言われた。**「渇いてい**
る人はだれでも、わたしのところに来て飲みなさ
い。38**わたしを信じる者は、聖書に書いてあると**
おり、その人の内から生きた水が川となって流れ
出るようになる。」39イエスは、御自分を信じる
人々が受けようとしている〝霊〟について言われ
たのである。イエスはまだ栄光を受けておられな
かったので、〝霊〟がまだ降っていなかったから
である。

群衆の間に対立が生じる

40この言葉を聞いて、群衆の中には、「この人
は、本当にあの預言者だ」と言う者や、41「この
人はメシアだ」と言う者がいたが、このように言
う者もいた。「メシアはガリラヤから出るだろう
か。42メシアはダビデの子孫で、ダビデのいた村
ベツレヘムから出ると、聖書に書いてあるではな
いか。」43こうして、イエスのことで群衆の間に
対立が生じた。44その中にはイエスを捕らえよう
と思う者もいたが、手をかける者はなかった。

ユダヤ人指導者たちの不信仰

45さて、祭司長たちやファリサイ派の人々は、
下役たちが戻って来たとき、「どうして、あの男
を連れて来なかったのか」と言った。46下役たち
は、「今まで、あの人のように話した人はいませ
ん」と答えた。47すると、ファリサイ派の人々は
言った。「お前たちまでも惑わされたのか。48議
員やファリサイ派の人々の中に、あの男を信じた
者がいるだろうか。49だが、律法を知らないこの
群衆は、呪われている。」50彼らの中の一人で、
以前イエスを訪ねたことのあるニコデモが言った。
51「我々の律法によれば、まず本人から事情を聞

き、何をしたかを確かめたうえでなければ、判決
を下してはならないことになっているではない
か。」 52彼らは答えて言った。「あなたもガリラヤ
出身なのか。よく調べてみなさい。ガリラヤから
は預言者の出ないことが分かる。」

わたしもあなたを罪に定めない

〔53人々はおのおの家へ帰って行った。 **8** 1イ
エスはオリーブ山《やま》へ行かれた。 2朝早く、再び神
殿の境内に入られると、民衆が皆、御自分のとこ
ろにやって来たので、座って教え始められた。
3そこへ、律法学者たちやファリサイ派の人々が、
姦通の現場で捕らえられた女を連れて来て、真ん
中に立たせ、4イエスに言った。「先生、この女
は姦通をしているときに捕まりました。5こうい
う女は石で打ち殺せと、モーセは律法の中で命じ
ています。ところで、あなたはどうお考えになり
ますか。」 6イエスを試して、訴える口実を得る
ために、こう言ったのである。イエスはかがみ込
み、指で地面に何か書き始められた。7しかし、
彼らがしつこく問い続けるので、イエスは身を起
こして言われた。**「あなたたちの中で罪を犯した**
ことのない者が、まず、この女に石を投げなさ
い。」 8そしてまた、身をかがめて地面に書き続
けられた。9これを聞いた者は、年長者から始ま
って、一人また一人と、立ち去ってしまい、イエ
スひとりと、真ん中にいた女が残った。10イエス
は、身を起こして言われた。**「婦人よ、あの人た**
ちはどこにいるのか。だれもあなたを罪に定めな
かったのか。」 11女が、「主よ、だれも」と言うと、
イエスは言われた。**「わたしもあなたを罪に定め**
ない。行きなさい。これからは、もう罪を犯して
はならない。」〕

イエスは世の光

12イエスは再び言われた。**「わたしは世の光で**

ある。わたしに従う者は暗闇の中を歩かず、命の
光を持つ。」 13それで、ファリサイ派の人々が言
った。「あなたは自分について証しをしている。
その証しは真実ではない。」 14イエスは答えて言
われた。「たとえわたしが自分について証しをす
るとしても、その証しは真実である。自分がどこ
から来たのか、そしてどこへ行くのか、わたしは
知っているからだ。しかし、あなたたちは、わた
しがどこから来てどこへ行くのか、知らない。
15あなたたちは肉に従って裁くが、わたしはだれ
をも裁かない。16しかし、もしわたしが裁くとす
れば、わたしの裁きは真実である。なぜならわた
しはひとりではなく、わたしをお遣わしになった
父と共にいるからである。17あなたたちの律法に
は、二人が行う証しは真実であると書いてある。
18わたしは自分について証しをしており、わたし
をお遣わしになった父もわたしについて証しをし
てくださる。」 19彼らが「あなたの父はどこにい
るのか」と言うと、イエスはお答えになった。
「あなたたちは、わたしもわたしの父も知らない。
もし、わたしを知っていたら、わたしの父をも知
るはずだ。」 20イエスは神殿の境内で教えておら
れたとき、宝物殿の近くでこれらのことを話され
た。しかし、だれもイエスを捕らえなかった。イ
エスの時がまだ来ていなかったからである。

わたしの行く所にあなたたちは来ることができない

21そこで、イエスはまた言われた。「わたしは
去って行く。あなたたちはわたしを捜すだろう。
だが、あなたたちは自分の罪のうちに死ぬことに
なる。わたしの行く所に、あなたたちは来ること
ができない。」 22ユダヤ人たちが、「『わたしの行
く所に、あなたたちは来ることができない』と言
っているが、自殺でもするつもりなのだろうか」
と話していると、23イエスは彼らに言われた。

「あなたたちは下のものに属しているが、わたし
は上のものに属している。あなたたちはこの世に
属しているが、わたしはこの世に属していない。
24だから、あなたたちは自分の罪のうちに死ぬこ
とになると、わたしは言ったのである。『わたし
はある』ということを信じないならば、あなたた
ちは自分の罪のうちに死ぬことになる。」25彼ら
が、「あなたは、いったい、どなたですか」と言
うと、イエスは言われた。「それは初めから話し
ているではないか。26あなたたちについては、言
うべきこと、裁くべきことがたくさんある。しか
し、わたしをお遣わしになった方は真実であり、
わたしはその方から聞いたことを、世に向かって
話している。」27彼らは、イエスが御父について
話しておられることを悟らなかった。28そこで、
イエスは言われた。「あなたたちは、人の子を上
げたときに初めて、『わたしはある』ということ、
また、わたしが、自分勝手には何もせず、ただ、
父に教えられたとおりに話していることが分かる
だろう。29わたしをお遣わしになった方は、わた
しと共にいてくださる。わたしをひとりにしては
おかれない。わたしは、いつもこの方の御心に適《かな》
うことを行うからである。」30これらのことを語
られたとき、多くの人々がイエスを信じた。

真理はあなたたちを自由にする

31イエスは、御自分を信じたユダヤ人たちに言
われた。「わたしの言葉にとどまるならば、あな
たたちは本当にわたしの弟子である。32あなたた
ちは真理を知り、真理はあなたたちを自由にす
る。」33すると、彼らは言った。「わたしたちはア
ブラハムの子孫です。今までだれかの奴隷になっ
たことはありません。『あなたたちは自由になる』
とどうして言われるのですか。」34イエスはお答
えになった。「はっきり言っておく。罪を犯す者
はだれでも罪の奴隷である。35奴隷は家にいつま

でもいるわけにはいかないが、子はいつまでもい
る。36だから、もし子があなたたちを自由にすれ
ば、あなたたちは本当に自由になる。37あなたた
ちがアブラハムの子孫だということは、分かって
いる。だが、あなたたちはわたしを殺そうとして
いる。わたしの言葉を受け入れないからである。
38わたしは父のもとで見たことを話している。と
ころが、あなたたちは父から聞いたことを行って
いる。」

反対者たちの父

39彼らが答えて、「わたしたちの父はアブラハ
ムです」と言うと、イエスは言われた。「アブラ
ハムの子なら、アブラハムと同じ業をするはずだ。
40ところが、今、あなたたちは、神から聞いた真
理をあなたたちに語っているこのわたしを、殺そ
うとしている。アブラハムはそんなことはしなか
った。41あなたたちは、自分の父と同じ業をして
いる。」そこで彼らが、「わたしたちは姦淫によっ
て生まれたのではありません。わたしたちにはた
だひとりの父がいます。それは神です」と言うと、
42イエスは言われた。「神があなたたちの父であ
れば、あなたたちはわたしを愛するはずである。
なぜなら、わたしは神のもとから来て、ここにい
るからだ。わたしは自分勝手に来たのではなく、
神がわたしをお遣わしになったのである。43わた
しの言っていることが、なぜ分からないのか。そ
れは、わたしの言葉を聞くことができないからだ。
44あなたたちは、悪魔である父から出た者であっ
て、その父の欲望を満たしたいと思っている。悪
魔は最初から人殺しであって、真理をよりどころ
としていない。彼の内には真理がないからだ。悪
魔が偽りを言うときは、その本性から言っている。
自分が偽り者であり、その父だからである。45し
かし、わたしが真理を語るから、あなたたちはわ
たしを信じない。46あなたたちのうち、いったい

だれが、わたしに罪があると責めることができる
のか。わたしは真理を語っているのに、なぜわた
しを信じないのか。47**神に属する者は神の言葉を**
聞く。あなたたちが聞かないのは神に属していな
いからである。」

アブラハムが生まれる前から「わたしはある」

48ユダヤ人たちが、「あなたはサマリア人で悪
霊に取りつかれていると、我々が言うのも当然で
はないか」と言い返すと、49イエスはお答えにな
った。**「わたしは悪霊に取りつかれてはいない。**
わたしは父を重んじているのに、あなたたちはわ
たしを重んじない。50**わたしは、自分の栄光は求**
めていない。わたしの栄光を求め、裁きをなさる
方が、ほかにおられる。51**はっきり言っておく。**
わたしの言葉を守るなら、その人は決して死ぬこ
とがない。」52ユダヤ人たちは言った。「あなたが
悪霊に取りつかれていることが、今はっきりした。
アブラハムは死んだし、預言者たちも死んだ。と
ころが、あなたは、**『わたしの言葉を守るなら、**
その人は決して死を味わうことがない』と言う。
53わたしたちの父アブラハムよりも、あなたは偉
大なのか。彼は死んだではないか。預言者たちも
死んだ。いったい、あなたは自分を何者だと思っ
ているのか。」54イエスはお答えになった。**「わた**
しが自分自身のために栄光を求めようとしている
のであれば、わたしの栄光はむなしい。わたしに
栄光を与えてくださるのはわたしの父であって、
あなたたちはこの方について、『我々の神だ』と
言っている。55**あなたたちはその方を知らないが、**
わたしは知っている。わたしがその方を知らない
と言えば、あなたたちと同じくわたしも偽り者に
なる。しかし、わたしはその方を知っており、そ
の言葉を守っている。56**あなたたちの父アブラハ**
ムは、わたしの日を見るのを楽しみにしていた。

そして、それを見て、喜んだのである。」57ユダ
ヤ人たちが、「あなたは、まだ五十歳にもならな
いのに、アブラハムを見たのか」と言うと、58イ
エスは言われた。**「はっきり言っておく。アブラ**
ハムが生まれる前から、『わたしはある。』」59す
ると、ユダヤ人たちは、石を取り上げ、イエスに
投げつけようとした。しかし、イエスは身を隠し
て、神殿の境内から出て行かれた。

9

生まれつきの盲人をいやす

1さて、イエスは通りすがりに、生まれつき
目の見えない人を見かけられた。2弟子たち
がイエスに尋ねた。「ラビ、この人が生まれつき
目が見えないのは、だれが罪を犯したからですか。
本人ですか。それとも、両親ですか。」3イエス
はお答えになった。**「本人が罪を犯したからでも、**
両親が罪を犯したからでもない。神の業がこの人
に現れるためである。4**わたしたちは、わたしを**
お遣わしになった方の業を、まだ日のあるうちに
行わねばならない。だれも働くことのできない夜
が来る。5**わたしは、世にいる間、世の光であ**
る。」6こう言ってから、イエスは地面に唾《つば》をし、
唾で土をこねてその人の目にお塗りになった。
7そして、**「シロアム――**『遣わされた者』とい
う意味**――の池に行って洗いなさい」**と言われた。
そこで、彼は行って洗い、目が見えるようになっ
て、帰って来た。8近所の人々や、彼が物乞いを
していたのを前に見ていた人々が、「これは、座
って物乞いをしていた人ではないか」と言った。
9「その人だ」と言う者もいれば、「いや違う。似
ているだけだ」と言う者もいた。本人は、「わた
しがそうなのです」と言った。10そこで人々が、
「では、お前の目はどのようにして開いたのか」
と言うと、11彼は答えた。「イエスという方が、
土をこねてわたしの目に塗り、『**シロアムに行っ**
て洗いなさい』と言われました。そこで、行って

洗ったら、見えるようになったのです。」12人々
が「その人はどこにいるのか」と言うと、彼は
「知りません」と言った。

ファリサイ派の人々、事情を調べる

13人々は、前に盲人であった人をファリサイ派
の人々のところへ連れて行った。14イエスが土を
こねてその目を開けられたのは、安息日のことで
あった。15そこで、ファリサイ派の人々も、どう
して見えるようになったのかと尋ねた。彼は言っ
た。「あの方が、わたしの目にこねた土を塗りま
した。そして、わたしが洗うと、見えるようにな
ったのです。」16ファリサイ派の人々の中には、
「その人は、安息日を守らないから、神のもとか
ら来た者ではない」と言う者もいれば、「どうし
て罪のある人間が、こんなしるしを行うことがで
きるだろうか」と言う者もいた。こうして、彼ら
の間で意見が分かれた。17そこで、人々は盲人で
あった人に再び言った。「目を開けてくれたとい
うことだが、いったい、お前はあの人をどう思う
のか。」彼は「あの方は預言者です」と言った。
18それでも、ユダヤ人たちはこの人について、
盲人であったのに目が見えるようになったという
ことを信じなかった。ついに、目が見えるように
なった人の両親を呼び出して、19尋ねた。「この
者はあなたたちの息子で、生まれつき目が見えな
かったと言うのか。それが、どうして今は目が見
えるのか。」20両親は答えて言った。「これがわた
しどもの息子で、生まれつき目が見えなかったこ
とは知っています。21しかし、どうして今、目が
見えるようになったかは、分かりません。だれが
目を開けてくれたのかも、わたしどもは分かりま
せん。本人にお聞きください。もう大人ですから、
自分のことは自分で話すでしょう。」22両親がこ
う言ったのは、ユダヤ人たちを恐れていたからで
ある。ユダヤ人たちは既に、イエスをメシアであ

ると公に言い表す者がいれば、会堂から追放する
と決めていたのである。23両親が、「もう大人で
すから、本人にお聞きください」と言ったのは、
そのためである。
24さて、ユダヤ人たちは、盲人であった人をも
う一度呼び出して言った。「神の前で正直に答え
なさい。わたしたちは、あの者が罪ある人間だと
知っているのだ。」25彼は答えた。「あの方が罪人《つみびと》
かどうか、わたしには分かりません。ただ一つ知
っているのは、目の見えなかったわたしが、今は
見えるということです。」26すると、彼らは言っ
た。「あの者はお前にどんなことをしたのか。お
前の目をどうやって開けたのか。」27彼は答えた。
「もうお話ししたのに、聞いてくださいませんで
した。なぜまた、聞こうとなさるのですか。あな
たがたもあの方の弟子になりたいのですか。」
28そこで、彼らはののしって言った。「お前はあ
の者の弟子だが、我々はモーセの弟子だ。29我々
は、神がモーセに語られたことは知っているが、
あの者がどこから来たのかは知らない。」30彼は
答えて言った。「あの方がどこから来られたか、
あなたがたがご存じないとは、実に不思議です。
あの方は、わたしの目を開けてくださったのに。
31神は罪人の言うことはお聞きにならないと、わ
たしたちは承知しています。しかし、神をあがめ、
その御心を行う人の言うことは、お聞きになりま
す。32生まれつき目が見えなかった者の目を開け
た人がいるということなど、これまで一度も聞い
たことがありません。33あの方が神のもとから来
られたのでなければ、何もおできにならなかった
はずです。」34彼らは、「お前は全く罪の中に生ま
れたのに、我々に教えようというのか」と言い返
し、彼を外に追い出した。

ファリサイ派の人々の罪

35イエスは彼が外に追い出されたことをお聞き

になった。そして彼に出会うと、「あなたは人の
子を信じるか」と言われた。36彼は答えて言った。
「主よ、その方はどんな人ですか。その方を信じ
たいのですが。」37イエスは言われた。「あなたは、
もうその人を見ている。あなたと話しているのが、
その人だ。」38彼が、「主よ、信じます」と言って、
ひざまずくと、39イエスは言われた。「わたしが
この世に来たのは、裁くためである。こうして、
見えない者は見えるようになり、見える者は見え
ないようになる。」
40イエスと一緒に居合わせたファリサイ派の
人々は、これらのことを聞いて、「我々も見えな
いということか」と言った。41イエスは言われた。
「見えなかったのであれば、罪はなかったであろ
う。しかし、今、『見える』とあなたたちは言っ
ている。だから、あなたたちの罪は残る。」

「羊の囲い」のたとえ

10
1「はっきり言っておく。羊の囲いに入るの
に、門を通らないでほかの所を乗り越えて来
る者は、盗人《ぬすびと》であり、強盗である。2門から入る
者が羊飼いである。3門番は羊飼いには門を開き、
羊はその声を聞き分ける。羊飼いは自分の羊の名
を呼んで連れ出す。4自分の羊をすべて連れ出す
と、先頭に立って行く。羊はその声を知っている
ので、ついて行く。5しかし、ほかの者には決し
てついて行かず、逃げ去る。ほかの者たちの声を
知らないからである。」6イエスは、このたとえ
をファリサイ派の人々に話されたが、彼らはその
話が何のことか分からなかった。

イエスは良い羊飼い

7イエスはまた言われた。「はっきり言ってお
く。わたしは羊の門である。8わたしより前に来
た者は皆、盗人であり、強盗である。しかし、羊

は彼らの言うことを聞かなかった。9わたしは門
である。わたしを通って入る者は救われる。その
人は、門を出入りして牧草を見つける。10盗人が
来るのは、盗んだり、屠《ほふ》ったり、滅ぼしたりする
ためにほかならない。わたしが来たのは、羊が命
を受けるため、しかも豊かに受けるためである。
11わたしは良い羊飼いである。良い羊飼いは羊の
ために命を捨てる。12羊飼いでなく、自分の羊を
持たない雇い人は、狼が来るのを見ると、羊を置
き去りにして逃げる。――狼は羊を奪い、また追
い散らす。――13彼は雇い人で、羊のことを心に
かけていないからである。14わたしは良い羊飼い
である。わたしは自分の羊を知っており、羊もわ
たしを知っている。15それは、父がわたしを知っ
ておられ、わたしが父を知っているのと同じであ
る。わたしは羊のために命を捨てる。16わたしに
は、この囲いに入っていないほかの羊もいる。そ
の羊をも導かなければならない。その羊もわたし
の声を聞き分ける。こうして、羊は一人の羊飼い
に導かれ、一つの群れになる。17わたしは命を、
再び受けるために、捨てる。それゆえ、父はわた
しを愛してくださる。18だれもわたしから命を奪
い取ることはできない。わたしは自分でそれを捨
てる。わたしは命を捨てることもでき、それを再
び受けることもできる。これは、わたしが父から
受けた掟である。」
19この話をめぐって、ユダヤ人たちの間にまた
対立が生じた。20多くのユダヤ人は言った。「彼
は悪霊に取りつかれて、気が変になっている。な
ぜ、あなたたちは彼の言うことに耳を貸すのか。」
21ほかの者たちは言った。「悪霊に取りつかれた
者は、こういうことは言えない。悪霊に盲人の目
が開けられようか。」

ユダヤ人、イエスを拒絶する

22そのころ、エルサレムで神殿奉献記念祭が行

われた。冬であった。23イエスは、神殿の境内で
ソロモンの回廊を歩いておられた。24すると、ユ
ダヤ人たちがイエスを取り囲んで言った。「いつ
まで、わたしたちに気をもませるのか。もしメシ
アなら、はっきりそう言いなさい。」25イエスは
答えられた。「わたしは言ったが、あなたたちは
信じない。わたしが父の名によって行う業が、わ
たしについて証しをしている。26しかし、あなた
たちは信じない。わたしの羊ではないからである。
27わたしの羊はわたしの声を聞き分ける。わたし
は彼らを知っており、彼らはわたしに従う。28わ
たしは彼らに永遠の命を与える。彼らは決して滅
びず、だれも彼らをわたしの手から奪うことはで
きない。29わたしの父がわたしにくださったもの
は、すべてのものより偉大であり、だれも父の手
から奪うことはできない。30わたしと父とは一つ
である。」
31ユダヤ人たちは、イエスを石で打ち殺そうと
して、また石を取り上げた。32すると、イエスは
言われた。「わたしは、父が与えてくださった多
くの善い業をあなたたちに示した。その中のどの
業のために、石で打ち殺そうとするのか。」33ユ
ダヤ人たちは答えた。「善い業のことで、石で打
ち殺すのではない。神を冒瀆したからだ。あなた
は、人間なのに、自分を神としているからだ。」
34そこで、イエスは言われた。「あなたたちの律
法に、『わたしは言う。あなたたちは神々である』
と書いてあるではないか。35神の言葉を受けた人
たちが、『神々』と言われている。そして、聖書
が廃れることはありえない。36それなら、父から
聖なる者とされて世に遣わされたわたしが、『わ
たしは神の子である』と言ったからとて、どうし
て『神を冒瀆している』と言うのか。37もし、わ
たしが父の業を行っていないのであれば、わたし
を信じなくてもよい。38しかし、行っているので
あれば、わたしを信じなくても、その業を信じな

さい。そうすれば、父がわたしの内におられ、わ
たしが父の内にいることを、あなたたちは知り、
また悟るだろう。」 39そこで、ユダヤ人たちはま
たイエスを捕らえようとしたが、イエスは彼らの
手を逃れて、去って行かれた。
40イエスは、再びヨルダンの向こう側、ヨハネ
が最初に洗礼を授けていた所に行って、そこに滞
在された。41多くの人がイエスのもとに来て言っ
た。「ヨハネは何のしるしも行わなかったが、彼
がこの方について話したことは、すべて本当だっ
た。」42そこでは、多くの人がイエスを信じた。

11

ラザロの死

1ある病人がいた。マリアとその姉妹マルタ
の村、ベタニアの出身で、ラザロといった。
2このマリアは主に香油を塗り、髪の毛で主の足
をぬぐった女である。その兄弟ラザロが病気であ
った。3姉妹たちはイエスのもとに人をやって、
「主よ、あなたの愛しておられる者が病気なので
す」と言わせた。4イエスは、それを聞いて言わ
れた。**「この病気は死で終わるものではない。神**
の栄光のためである。神の子がそれによって栄光
を受けるのである。」 5イエスは、マルタとその
姉妹とラザロを愛しておられた。6ラザロが病気
だと聞いてからも、なお二日間同じ所に滞在され
た。7それから、弟子たちに言われた。**「もう一**
度、ユダヤに行こう。」 8弟子たちは言った。「ラ
ビ、ユダヤ人たちがついこの間もあなたを石で打
ち殺そうとしたのに、またそこへ行かれるのです
か。」9イエスはお答えになった。**「昼間は十二時**
間あるではないか。昼のうちに歩けば、つまずく
ことはない。この世の光を見ているからだ。 10**し**
かし、夜歩けば、つまずく。その人の内に光がな
いからである。」 11こうお話しになり、また、そ
の後で言われた。**「わたしたちの友ラザロが眠っ**
ている。しかし、わたしは彼を起こしに行く。」

12弟子たちは、「主よ、眠っているのであれば、
助かるでしょう」と言った。13イエスはラザロの
死について話されたのだが、弟子たちは、ただ眠
りについて話されたものと思ったのである。14そ
こでイエスは、はっきりと言われた。**「ラザロは**
死んだのだ。15**わたしがその場に居合わせなかっ**
たのは、あなたがたにとってよかった。あなたが
たが信じるようになるためである。さあ、彼のと
ころへ行こう。」16すると、ディディモと呼ばれ
るトマスが、仲間の弟子たちに、「わたしたちも
行って、一緒に死のうではないか」と言った。

イエスは復活と命

17さて、イエスが行って御覧になると、ラザロ
は墓に葬られて既に四日もたっていた。18ベタニ
アはエルサレムに近く、十五スタディオンほどの
ところにあった。19マルタとマリアのところには、
多くのユダヤ人が、兄弟ラザロのことで慰めに来
ていた。20マルタは、イエスが来られたと聞いて、
迎えに行ったが、マリアは家の中に座っていた。
21マルタはイエスに言った。「主よ、もしここに
いてくださいましたら、わたしの兄弟は死ななか
ったでしょうに。22しかし、あなたが神にお願い
になることは何でも神はかなえてくださると、わ
たしは今でも承知しています。」23イエスが、**「あ**
なたの兄弟は復活する」と言われると、24マルタ
は、「終わりの日の復活の時に復活することは存
じております」と言った。25イエスは言われた。
「わたしは復活であり、命である。わたしを信じ
る者は、死んでも生きる。26**生きていてわたしを**
信じる者はだれも、決して死ぬことはない。この
ことを信じるか。」27マルタは言った。「はい、主
よ、あなたが世に来られるはずの神の子、メシア
であるとわたしは信じております。」

イエス、涙を流す

28マルタは、こう言ってから、家に帰って姉妹
のマリアを呼び、「先生がいらして、あなたをお
呼びです」と耳打ちした。29マリアはこれを聞く
と、すぐに立ち上がり、イエスのもとに行った。
30イエスはまだ村には入らず、マルタが出迎えた
場所におられた。31家の中でマリアと一緒にいて、
慰めていたユダヤ人たちは、彼女が急に立ち上が
って出て行くのを見て、墓に泣きに行くのだろう
と思い、後を追った。32マリアはイエスのおられ
る所に来て、イエスを見るなり足もとにひれ伏し、
「主よ、もしここにいてくださいましたら、わた
しの兄弟は死ななかったでしょうに」と言った。
33イエスは、彼女が泣き、一緒に来たユダヤ人た
ちも泣いているのを見て、心に憤りを覚え、興奮
して、34言われた。**「どこに葬ったのか。」**彼らは、
「主よ、来て、御覧ください」と言った。35イエ
スは涙を流された。36ユダヤ人たちは、「御覧な
さい、どんなにラザロを愛しておられたことか」
と言った。37しかし、中には、「盲人の目を開け
たこの人も、ラザロが死なないようにはできなか
ったのか」と言う者もいた。

イエス、ラザロを生き返らせる

38イエスは、再び心に憤りを覚えて、墓に来ら
れた。墓は洞穴で、石でふさがれていた。39イエ
スが、**「その石を取りのけなさい」**と言われると、
死んだラザロの姉妹マルタが、「主よ、四日もた
っていますから、もうにおいます」と言った。
40イエスは、**「もし信じるなら、神の栄光が見ら**
れると、言っておいたではないか」と言われた。
41人々が石を取りのけると、イエスは天を仰いで
言われた。**「父よ、わたしの願いを聞き入れてく**
ださって感謝します。42**わたしの願いをいつも聞**
いてくださることを、わたしは知っています。し
かし、わたしがこう言うのは、周りにいる群衆の

ためです。あなたがわたしをお遣わしになったこ
とを、彼らに信じさせるためです。」43こう言っ
てから、**「ラザロ、出て来なさい」**と大声で叫ば
れた。44すると、死んでいた人が、手と足を布で
巻かれたまま出て来た。顔は覆いで包まれていた。
イエスは人々に、**「ほどいてやって、行かせなさ**
い」と言われた。

イエスを殺す計画（マタ26 1-5、マコ14 1-2、ルカ22 1-2）

45マリアのところに来て、イエスのなさったこ
とを目撃したユダヤ人の多くは、イエスを信じた。
46しかし、中には、ファリサイ派の人々のもとへ
行き、イエスのなさったことを告げる者もいた。
47そこで、祭司長たちとファリサイ派の人々は最
高法院を召集して言った。「この男は多くのしる
しを行っているが、どうすればよいか。48このま
まにしておけば、皆が彼を信じるようになる。そ
して、ローマ人が来て、我々の神殿も国民も滅ぼ
してしまうだろう。」49彼らの中の一人で、その
年の大祭司であったカイアファが言った。「あな
たがたは何も分かっていない。50一人の人間が民
の代わりに死に、国民全体が滅びないで済む方が、
あなたがたに好都合だとは考えないのか。」51こ
れは、カイアファが自分の考えから話したのでは
ない。その年の大祭司であったので預言して、イ
エスが国民のために死ぬ、と言ったのである。
52国民のためばかりでなく、散らされている神の
子たちを一つに集めるためにも死ぬ、と言ったの
である。53この日から、彼らはイエスを殺そうと
たくらんだ。
54それで、イエスはもはや公然とユダヤ人たち
の間を歩くことはなく、そこを去り、荒れ野に近
い地方のエフライムという町に行き、弟子たちと
そこに滞在された。
55さて、ユダヤ人の過越祭が近づいた。多くの

人が身を清めるために、過越祭の前に地方からエ
ルサレムへ上った。56彼らはイエスを捜し、神殿
の境内で互いに言った。「どう思うか。あの人は
この祭りには来ないのだろうか。」57祭司長たち
とファリサイ派の人々は、イエスの居どころが分
かれば届け出よと、命令を出していた。イエスを
逮捕するためである。

ベタニアで香油を注がれる（マタ26 6–13、マコ14 3–9）

12

1過越祭の六日前に、イエスはベタニアに行
かれた。そこには、イエスが死者の中からよ
みがえらせたラザロがいた。2イエスのためにそ
こで夕食が用意され、マルタは給仕をしていた。
ラザロは、イエスと共に食事の席に着いた人々の
中にいた。3そのとき、マリアが純粋で非常に高
価なナルドの香油を一リトラ持って来て、イエス
の足に塗り、自分の髪でその足をぬぐった。家は
香油の香りでいっぱいになった。4弟子の一人で、
後にイエスを裏切るイスカリオテのユダが言った。
5「なぜ、この香油を三百デナリオンで売って、
貧しい人々に施さなかったのか。」6彼がこう言
ったのは、貧しい人々のことを心にかけていたか
らではない。彼は盗人であって、金入れを預かっ
ていながら、その中身をごまかしていたからであ
る。7イエスは言われた。**「この人のするままに**
させておきなさい。わたしの葬りの日のために、
それを取って置いたのだから。8**貧しい人々はい**
つもあなたがたと一緒にいるが、わたしはいつも
一緒にいるわけではない。」

ラザロに対する陰謀

9イエスがそこにおられるのを知って、ユダヤ
人の大群衆がやって来た。それはイエスだけが目
当てではなく、イエスが死者の中からよみがえら
せたラザロを見るためでもあった。10祭司長たち

はラザロをも殺そうと謀った。11多くのユダヤ人
がラザロのことで離れて行って、イエスを信じる
ようになったからである。

エルサレムに迎えられる（マタ21 1-11、マコ11 1-11、ルカ19 28-40）

12その翌日、祭りに来ていた大勢の群衆は、イ
エスがエルサレムに来られると聞き、13なつめや
しの枝を持って迎えに出た。そして、叫び続けた。
「ホサナ。
主の名によって来られる方に、祝福があるよう
に、
イスラエルの王に。」
14イエスはろばの子を見つけて、お乗りになった。
次のように書いてあるとおりである。
15「シオンの娘よ、恐れるな。
見よ、お前の王がおいでになる、
ろばの子に乗って。」
16弟子たちは最初これらのことが分からなかった
が、イエスが栄光を受けられたとき、それがイエ
スについて書かれたものであり、人々がそのとお
りにイエスにしたということを思い出した。17イ
エスがラザロを墓から呼び出して、死者の中から
よみがえらせたとき一緒にいた群衆は、その証し
をしていた。18群衆がイエスを出迎えたのも、イ
エスがこのようなしるしをなさったと聞いていた
からである。19そこで、ファリサイ派の人々は互
いに言った。「見よ、何をしても無駄だ。世をあ
げてあの男について行ったではないか。」

ギリシア人、イエスに会いに来る

20さて、祭りのとき礼拝するためにエルサレム
に上って来た人々の中に、何人かのギリシア人が
いた。21彼らは、ガリラヤのベトサイダ出身のフ
ィリポのもとへ来て、「お願いです。イエスにお
目にかかりたいのです」と頼んだ。22フィリポは

行ってアンデレに話し、アンデレとフィリポは行
って、イエスに話した。23イエスはこうお答えに
なった。**「人の子が栄光を受ける時が来た。**24**は**
っきり言っておく。一粒の麦は、地に落ちて死な
なければ、一粒のままである。だが、死ねば、多
くの実を結ぶ。25**自分の命を愛する者は、それを**
失うが、この世で自分の命を憎む人は、それを保
って永遠の命に至る。26**わたしに仕えようとする**
者は、わたしに従え。そうすれば、わたしのいる
ところに、わたしに仕える者もいることになる。
わたしに仕える者がいれば、父はその人を大切に
してくださる。」

人の子は上げられる

27**「今、わたしは心騒ぐ。何と言おうか。『父よ、**
わたしをこの時から救ってください』と言おうか。
しかし、わたしはまさにこの時のために来たのだ。
28**父よ、御名《みな》の栄光を現してください。」**すると、
天から声が聞こえた。「わたしは既に栄光を現し
た。再び栄光を現そう。」29そばにいた群衆は、
これを聞いて、「雷が鳴った」と言い、ほかの者
たちは「天使がこの人に話しかけたのだ」と言っ
た。30イエスは答えて言われた。**「この声が聞こ**
えたのは、わたしのためではなく、あなたがたの
ためだ。31**今こそ、この世が裁かれる時。今、こ**
の世の支配者が追放される。32**わたしは地上から**
上げられるとき、すべての人を自分のもとへ引き
寄せよう。」33イエスは、御自分がどのような死
を遂げるかを示そうとして、こう言われたのであ
る。34すると、群衆は言葉を返した。「わたした
ちは律法によって、メシアは永遠にいつもおられ
ると聞いていました。それなのに、**人の子は上げ**
られなければならない、とどうして言われるので
すか。その『人の子』とはだれのことですか。」
35イエスは言われた。**「光は、いましばらく、あ**
なたがたの間にある。暗闇に追いつかれないよう

に、光のあるうちに歩きなさい。暗闇の中を歩く
者は、自分がどこへ行くのか分からない。36**光の**
子となるために、光のあるうちに、光を信じなさ
い。」

イエスを信じない者たち

イエスはこれらのことを話してから、立ち去っ
て彼らから身を隠された。37このように多くのし
るしを彼らの目の前で行われたが、彼らはイエス
を信じなかった。38預言者イザヤの言葉が実現す
るためであった。彼はこう言っている。
「主よ、だれがわたしたちの知らせを信じまし
たか。
主の御腕《みうで》は、だれに示されましたか。」
39彼らが信じることができなかった理由を、イザ
ヤはまた次のように言っている。
40「神は彼らの目を見えなくし、
その心をかたくなにされた。
こうして、彼らは目で見ることなく、
心で悟らず、立ち帰らない。
わたしは彼らをいやさない。」
41イザヤは、イエスの栄光を見たので、このよう
に言い、イエスについて語ったのである。42とは
いえ、議員の中にもイエスを信じる者は多かった。
ただ、会堂から追放されるのを恐れ、ファリサイ
派の人々をはばかって公に言い表さなかった。
43彼らは、神からの誉れよりも、人間からの誉れ
の方を好んだのである。

イエスの言葉による裁き

44イエスは叫んで、こう言われた。**「わたしを**
信じる者は、わたしを信じるのではなくて、わた
しを遣わされた方を信じるのである。45**わたしを**
見る者は、わたしを遣わされた方を見るのである。
46**わたしを信じる者が、だれも暗闇の中にとどま**
ることのないように、わたしは光として世に来た。

47わたしの言葉を聞いて、それを守らない者がい
ても、わたしはその者を裁かない。わたしは、世
を裁くためではなく、世を救うために来たからで
ある。48わたしを拒み、わたしの言葉を受け入れ
ない者に対しては、裁くものがある。わたしの語
った言葉が、終わりの日にその者を裁く。49なぜ
なら、わたしは自分勝手に語ったのではなく、わ
たしをお遣わしになった父が、わたしの言うべき
こと、語るべきことをお命じになったからである。
50父の命令は永遠の命であることを、わたしは知
っている。だから、わたしが語ることは、父がわ
たしに命じられたままに語っているのである。」

13

弟子の足を洗う

1さて、過越祭の前のことである。イエスは、
この世から父のもとへ移る御自分の時が来た
ことを悟り、世にいる弟子たちを愛して、この上
なく愛し抜かれた。2夕食のときであった。既に
悪魔は、イスカリオテのシモンの子ユダに、イエ
スを裏切る考えを抱かせていた。3イエスは、父
がすべてを御自分の手にゆだねられたこと、また、
御自分が神のもとから来て、神のもとに帰ろうと
していることを悟り、4食事の席から立ち上がっ
て上着を脱ぎ、手ぬぐいを取って腰にまとわれた。
5それから、たらいに水をくんで弟子たちの足を
洗い、腰にまとった手ぬぐいでふき始められた。
6シモン・ペトロのところに来ると、ペトロは、
「主よ、あなたがわたしの足を洗ってくださるの
ですか」と言った。7イエスは答えて、「**わたし**
のしていることは、今あなたには分かるまいが、
後で、分かるようになる」と言われた。8ペトロ
が、「わたしの足など、決して洗わないでくださ
い」と言うと、イエスは、「**もしわたしがあなた**
を洗わないなら、あなたはわたしと何のかかわり
もないことになる」と答えられた。9そこでシモ
ン・ペトロが言った。「主よ、足だけでなく、手

も頭も。」 10イエスは言われた。「既に体を洗った
者は、全身清いのだから、足だけ洗えばよい。あ
なたがたは清いのだが、皆が清いわけではない。」
11イエスは、御自分を裏切ろうとしている者がだ
れであるかを知っておられた。それで、「皆が清
いわけではない」と言われたのである。
12さて、イエスは、弟子たちの足を洗ってしま
うと、上着を着て、再び席に着いて言われた。
「わたしがあなたがたにしたことが分かるか。
13あなたがたは、わたしを『先生』とか『主』と
か呼ぶ。そのように言うのは正しい。わたしはそ
うである。14ところで、主であり、師であるわた
しがあなたがたの足を洗ったのだから、あなたが
たも互いに足を洗い合わなければならない。15わ
たしがあなたがたにしたとおりに、あなたがたも
するようにと、模範を示したのである。16はっき
り言っておく。僕は主人にまさらず、遣わされた
者は遣わした者にまさりはしない。17このことが
分かり、そのとおりに実行するなら、幸いである。
18わたしは、あなたがた皆について、こう言って
いるのではない。わたしは、どのような人々を選
び出したか分かっている。しかし、『わたしのパ
ンを食べている者が、わたしに逆らった』という
聖書の言葉は実現しなければならない。19事の起
こる前に、今、言っておく。事が起こったとき、
『わたしはある』ということを、あなたがたが信
じるようになるためである。20はっきり言ってお
く。わたしの遣わす者を受け入れる人は、わたし
を受け入れ、わたしを受け入れる人は、わたしを
お遣わしになった方を受け入れるのである。」

裏切りの予告（マタ26 20–25、マコ14 17–21、ルカ22 21–23）

21イエスはこう話し終えると、心を騒がせ、断
言された。「はっきり言っておく。あなたがたの
うちの一人がわたしを裏切ろうとしている。」

22弟子たちは、だれについて言っておられるのか
察しかねて、顔を見合わせた。23イエスのすぐ隣
には、弟子たちの一人で、イエスの愛しておられ
た者が食事の席に着いていた。24シモン・ペトロ
はこの弟子に、だれについて言っておられるのか
と尋ねるように合図した。25その弟子が、イエス
の胸もとに寄りかかったまま、「主よ、それはだ
れのことですか」と言うと、26イエスは、**「わた**
しがパン切れを浸して与えるのがその人だ」と答
えられた。それから、パン切れを浸して取り、イ
スカリオテのシモンの子ユダにお与えになった。
27ユダがパン切れを受け取ると、サタンが彼の中
に入った。そこでイエスは、**「しようとしている**
ことを、今すぐ、しなさい」と彼に言われた。
28座に着いていた者はだれも、なぜユダにこう言
われたのか分からなかった。29ある者は、ユダが
金入れを預かっていたので、「祭りに必要な物を
買いなさい」とか、貧しい人に何か施すようにと、
イエスが言われたのだと思っていた。30ユダはパ
ン切れを受け取ると、すぐ出て行った。夜であっ
た。

新しい掟

31さて、ユダが出て行くと、イエスは言われた。
「今や、人の子は栄光を受けた。神も人の子によ
って栄光をお受けになった。32神が人の子によっ
て栄光をお受けになったのであれば、神も御自身
によって人の子に栄光をお与えになる。しかも、
すぐにお与えになる。33子たちよ、いましばらく、
わたしはあなたがたと共にいる。あなたがたはわ
たしを捜すだろう。『わたしが行く所にあなたた
ちは来ることができない』とユダヤ人たちに言っ
たように、今、あなたがたにも同じことを言って
おく。34あなたがたに新しい掟を与える。互いに
愛し合いなさい。わたしがあなたがたを愛したよ
うに、あなたがたも互いに愛し合いなさい。35互

いに愛し合うならば、それによってあなたがたが
わたしの弟子であることを、皆が知るようにな
る。」

ペトロの離反を予告する（マタ26 31−35、マコ14 27−31、ルカ22 31−34）

36シモン・ペトロがイエスに言った。「主よ、
どこへ行かれるのですか。」イエスが答えられた。
「わたしの行く所に、あなたは今ついて来ること
はできないが、後でついて来ることになる。」
37ペトロは言った。「主よ、なぜ今ついて行けな
いのですか。あなたのためなら命を捨てます。」
38イエスは答えられた。「わたしのために命を捨
てると言うのか。はっきり言っておく。鶏が鳴く
までに、あなたは三度わたしのことを知らないと
言うだろう。」

イエスは父に至る道

14 1「心を騒がせるな。神を信じなさい。そし
て、わたしをも信じなさい。2わたしの父の
家には住む所がたくさんある。もしなければ、あ
なたがたのために場所を用意しに行くと言ったで
あろうか。3行ってあなたがたのために場所を用
意したら、戻って来て、あなたがたをわたしのも
とに迎える。こうして、わたしのいる所に、あな
たがたもいることになる。4わたしがどこへ行く
のか、その道をあなたがたは知っている。」5ト
マスが言った。「主よ、どこへ行かれるのか、わ
たしたちには分かりません。どうして、その道を
知ることができるでしょうか。」6イエスは言わ
れた。「わたしは道であり、真理であり、命であ
る。わたしを通らなければ、だれも父のもとに行
くことができない。7あなたがたがわたしを知っ
ているなら、わたしの父をも知ることになる。今
から、あなたがたは父を知る。いや、既に父を見

ている。」 8フィリポが「主よ、わたしたちに御
父をお示しください。そうすれば満足できます」
と言うと、9イエスは言われた。「フィリポ、こ
んなに長い間一緒にいるのに、わたしが分かって
いないのか。わたしを見た者は、父を見たのだ。
なぜ、『わたしたちに御父をお示しください』と
言うのか。10わたしが父の内におり、父がわたし
の内におられることを、信じないのか。わたしが
あなたがたに言う言葉は、自分から話しているの
ではない。わたしの内におられる父が、その業を
行っておられるのである。11わたしが父の内にお
り、父がわたしの内におられると、わたしが言う
のを信じなさい。もしそれを信じないなら、業そ
のものによって信じなさい。12はっきり言ってお
く。わたしを信じる者は、わたしが行う業を行い、
また、もっと大きな業を行うようになる。わたし
が父のもとへ行くからである。13わたしの名によ
って願うことは、何でもかなえてあげよう。こう
して、父は子によって栄光をお受けになる。14わ
たしの名によってわたしに何かを願うならば、わ
たしがかなえてあげよう。」

聖霊を与える約束

15「あなたがたは、わたしを愛しているならば、
わたしの掟を守る。16わたしは父にお願いしよう。
父は別の弁護者を遣わして、永遠にあなたがたと
一緒にいるようにしてくださる。17この方は、真
理の霊である。世は、この霊を見ようとも知ろう
ともしないので、受け入れることができない。し
かし、あなたがたはこの霊を知っている。この霊
があなたがたと共におり、これからも、あなたが
たの内にいるからである。18わたしは、あなたが
たをみなしごにはしておかない。あなたがたのと
ころに戻って来る。19しばらくすると、世はもう
わたしを見なくなるが、あなたがたはわたしを見
る。わたしが生きているので、あなたがたも生き

ることになる。20かの日には、わたしが父の内に
おり、あなたがたがわたしの内におり、わたしも
あなたがたの内にいることが、あなたがたに分か
る。21わたしの掟を受け入れ、それを守る人は、
わたしを愛する者である。わたしを愛する人は、
わたしの父に愛される。わたしもその人を愛して、
その人にわたし自身を現す。」22イスカリオテで
ない方のユダが、「主よ、わたしたちには御自分
を現そうとなさるのに、世にはそうなさらないの
は、なぜでしょうか」と言った。23イエスはこう
答えて言われた。「わたしを愛する人は、わたし
の言葉を守る。わたしの父はその人を愛され、父
とわたしとはその人のところに行き、一緒に住む。
24わたしを愛さない者は、わたしの言葉を守らな
い。あなたがたが聞いている言葉はわたしのもの
ではなく、わたしをお遣わしになった父のもので
ある。
25わたしは、あなたがたといたときに、これら
のことを話した。26しかし、弁護者、すなわち、
父がわたしの名によってお遣わしになる聖霊が、
あなたがたにすべてのことを教え、わたしが話し
たことをことごとく思い起こさせてくださる。
27わたしは、平和をあなたがたに残し、わたしの
平和を与える。わたしはこれを、世が与えるよう
に与えるのではない。心を騒がせるな。おびえる
な。28『わたしは去って行くが、また、あなたが
たのところへ戻って来る』と言ったのをあなたが
たは聞いた。わたしを愛しているなら、わたしが
父のもとに行くのを喜んでくれるはずだ。父はわ
たしよりも偉大な方だからである。29事が起こっ
たときに、あなたがたが信じるようにと、今、そ
の事の起こる前に話しておく。30もはや、あなた
がたと多くを語るまい。世の支配者が来るからで
ある。だが、彼はわたしをどうすることもできな
い。31わたしが父を愛し、父がお命じになったと
おりに行っていることを、世は知るべきである。

さあ、立て。ここから出かけよう。」

イエスはまことのぶどうの木

15

1「わたしはまことのぶどうの木、わたしの
父は農夫である。2わたしにつながっていな
がら、実を結ばない枝はみな、父が取り除かれる。
しかし、実を結ぶものはみな、いよいよ豊かに実
を結ぶように手入れをなさる。3わたしの話した
言葉によって、あなたがたは既に清くなっている。
4わたしにつながっていなさい。わたしもあなた
がたにつながっている。ぶどうの枝が、木につな
がっていなければ、自分では実を結ぶことができ
ないように、あなたがたも、わたしにつながって
いなければ、実を結ぶことができない。5わたし
はぶどうの木、あなたがたはその枝である。人が
わたしにつながっており、わたしもその人につな
がっていれば、その人は豊かに実を結ぶ。わたし
を離れては、あなたがたは何もできないからであ
る。6わたしにつながっていない人がいれば、枝
のように外に投げ捨てられて枯れる。そして、集
められ、火に投げ入れられて焼かれてしまう。
7あなたがたがわたしにつながっており、わたし
の言葉があなたがたの内にいつもあるならば、望
むものを何でも願いなさい。そうすればかなえら
れる。8あなたがたが豊かに実を結び、わたしの
弟子となるなら、それによって、わたしの父は栄
光をお受けになる。9父がわたしを愛されたよう
に、わたしもあなたがたを愛してきた。わたしの
愛にとどまりなさい。10わたしが父の掟を守り、
その愛にとどまっているように、あなたがたも、
わたしの掟を守るなら、わたしの愛にとどまって
いることになる。
11これらのことを話したのは、わたしの喜びが
あなたがたの内にあり、あなたがたの喜びが満た
されるためである。12わたしがあなたがたを愛し
たように、互いに愛し合いなさい。これがわたし

の掟である。13友のために自分の命を捨てること、
これ以上に大きな愛はない。14わたしの命じるこ
とを行うならば、あなたがたはわたしの友である。
15もはや、わたしはあなたがたを僕とは呼ばない。
僕は主人が何をしているか知らないからである。
わたしはあなたがたを友と呼ぶ。父から聞いたこ
とをすべてあなたがたに知らせたからである。
16あなたがたがわたしを選んだのではない。わた
しがあなたがたを選んだ。あなたがたが出かけて
行って実を結び、その実が残るようにと、また、
わたしの名によって父に願うものは何でも与えら
れるようにと、わたしがあなたがたを任命したの
である。17互いに愛し合いなさい。これがわたし
の命令である。」

迫害の予告

18「世があなたがたを憎むなら、あなたがたを
憎む前にわたしを憎んでいたことを覚えなさい。
19あなたがたが世に属していたなら、世はあなた
がたを身内として愛したはずである。だが、あな
たがたは世に属していない。わたしがあなたがた
を世から選び出した。だから、世はあなたがたを
憎むのである。20『僕は主人にまさりはしない』
と、わたしが言った言葉を思い出しなさい。人々
がわたしを迫害したのであれば、あなたがたをも
迫害するだろう。わたしの言葉を守ったのであれ
ば、あなたがたの言葉をも守るだろう。21しかし
人々は、わたしの名のゆえに、これらのことをみ
な、あなたがたにするようになる。わたしをお遣
わしになった方を知らないからである。22わたし
が来て彼らに話さなかったなら、彼らに罪はなか
ったであろう。だが、今は、彼らは自分の罪につ
いて弁解の余地がない。23わたしを憎む者は、わ
たしの父をも憎んでいる。24だれも行ったことの
ない業を、わたしが彼らの間で行わなかったなら、
彼らに罪はなかったであろう。だが今は、その業

を見たうえで、わたしとわたしの父を憎んでいる。
25しかし、それは、『人々は理由もなく、わたし
を憎んだ』と、彼らの律法に書いてある言葉が実
現するためである。
26わたしが父のもとからあなたがたに遣わそう
としている弁護者、すなわち、父のもとから出る
真理の霊が来るとき、その方がわたしについて証
しをなさるはずである。27あなたがたも、初めか
らわたしと一緒にいたのだから、証しをするので
ある。

16 1これらのことを話したのは、あなたがたを
つまずかせないためである。2人々はあなた
がたを会堂から追放するだろう。しかも、あなた
がたを殺す者が皆、自分は神に奉仕していると考
える時が来る。3彼らがこういうことをするのは、
父をもわたしをも知らないからである。4しかし、
これらのことを話したのは、その時が来たときに、
わたしが語ったということをあなたがたに思い出
させるためである。」

聖霊の働き

「初めからこれらのことを言わなかったのは、
わたしがあなたがたと一緒にいたからである。
5今わたしは、わたしをお遣わしになった方のも
とに行こうとしているが、あなたがたはだれも、
『どこへ行くのか』と尋ねない。6むしろ、わた
しがこれらのことを話したので、あなたがたの心
は悲しみで満たされている。7しかし、実を言う
と、わたしが去って行くのは、あなたがたのため
になる。わたしが去って行かなければ、弁護者は
あなたがたのところに来ないからである。わたし
が行けば、弁護者をあなたがたのところに送る。
8その方が来れば、罪について、義について、ま
た、裁きについて、世の誤りを明らかにする。
9罪についてとは、彼らがわたしを信じないこと、
10義についてとは、わたしが父のもとに行き、あ

なたがたがもはやわたしを見なくなること、11ま
た、裁きについてとは、この世の支配者が断罪さ
れることである。
12言っておきたいことは、まだたくさんあるが、
今、あなたがたには理解できない。13しかし、そ
の方、すなわち、真理の霊が来ると、あなたがた
を導いて真理をことごとく悟らせる。その方は、
自分から語るのではなく、聞いたことを語り、ま
た、これから起こることをあなたがたに告げるか
らである。14その方はわたしに栄光を与える。わ
たしのものを受けて、あなたがたに告げるからで
ある。15父が持っておられるものはすべて、わた
しのものである。だから、わたしは、『その方が
わたしのものを受けて、あなたがたに告げる』と
言ったのである。」

悲しみが喜びに変わる

16「しばらくすると、あなたがたはもうわたし
を見なくなるが、またしばらくすると、わたしを
見るようになる。」17そこで、弟子たちのある者
は互いに言った。「『しばらくすると、あなたがた
はわたしを見なくなるが、またしばらくすると、
わたしを見るようになる』とか、『父のもとに行
く』とか言っておられるのは、何のことだろう。」
18また、言った。「『しばらくすると』と言ってお
られるのは、何のことだろう。何を話しておられ
るのか分からない。」19イエスは、彼らが尋ねた
がっているのを知って言われた。「『しばらくする
と、あなたがたはわたしを見なくなるが、またし
ばらくすると、わたしを見るようになる』と、わ
たしが言ったことについて、論じ合っているのか。
20はっきり言っておく。あなたがたは泣いて悲嘆
に暮れるが、世は喜ぶ。あなたがたは悲しむが、
その悲しみは喜びに変わる。21女は子供を産むと
き、苦しむものだ。自分の時が来たからである。
しかし、子供が生まれると、一人の人間が世に生

まれ出た喜びのために、もはやその苦痛を思い出
さない。22ところで、今はあなたがたも、悲しん
でいる。しかし、わたしは再びあなたがたと会い、
あなたがたは心から喜ぶことになる。その喜びを
あなたがたから奪い去る者はいない。23その日に
は、あなたがたはもはや、わたしに何も尋ねない。
はっきり言っておく。あなたがたがわたしの名に
よって何かを父に願うならば、父はお与えになる。
24今までは、あなたがたはわたしの名によっては
何も願わなかった。願いなさい。そうすれば与え
られ、あなたがたは喜びで満たされる。」

イエスは既に勝っている

25「わたしはこれらのことを、たとえを用いて
話してきた。もはやたとえによらず、はっきり父
について知らせる時が来る。26その日には、あな
たがたはわたしの名によって願うことになる。わ
たしがあなたがたのために父に願ってあげる、と
は言わない。27父御自身が、あなたがたを愛して
おられるのである。あなたがたが、わたしを愛し、
わたしが神のもとから出て来たことを信じたから
である。28わたしは父のもとから出て、世に来た
が、今、世を去って、父のもとに行く。」29弟子
たちは言った。「今は、はっきりとお話しになり、
少しもたとえを用いられません。30あなたが何で
もご存じで、だれもお尋ねする必要のないことが、
今、分かりました。これによって、あなたが神の
もとから来られたと、わたしたちは信じます。」
31イエスはお答えになった。「今ようやく、信じ
るようになったのか。32だが、あなたがたが散ら
されて自分の家に帰ってしまい、わたしをひとり
きりにする時が来る。いや、既に来ている。しか
し、わたしはひとりではない。父が、共にいてく
ださるからだ。33これらのことを話したのは、あ
なたがたがわたしによって平和を得るためである。
あなたがたには世で苦難がある。しかし、勇気を

出しなさい。わたしは既に世に勝っている。」

イエスの祈り

17 1イエスはこれらのことを話してから、天を
仰いで言われた。「父よ、時が来ました。あ
なたの子があなたの栄光を現すようになるために、
子に栄光を与えてください。2あなたは子にすべ
ての人を支配する権能をお与えになりました。そ
のために、子はあなたからゆだねられた人すべて
に、永遠の命を与えることができるのです。3永
遠の命とは、唯一のまことの神であられるあなた
と、あなたのお遣わしになったイエス・キリスト
を知ることです。4わたしは、行うようにとあな
たが与えてくださった業を成し遂げて、地上であ
なたの栄光を現しました。5父よ、今、御前《みまえ》でわ
たしに栄光を与えてください。世界が造られる前
に、わたしがみもとで持っていたあの栄光を。
6世から選び出してわたしに与えてくださった
人々に、わたしは御名を現しました。彼らはあな
たのものでしたが、あなたはわたしに与えてくだ
さいました。彼らは、御言葉《みことば》を守りました。7わ
たしに与えてくださったものはみな、あなたから
のものであることを、今、彼らは知っています。
8なぜなら、わたしはあなたから受けた言葉を彼
らに伝え、彼らはそれを受け入れて、わたしがみ
もとから出て来たことを本当に知り、あなたがわ
たしをお遣わしになったことを信じたからです。
9彼らのためにお願いします。世のためではなく、
わたしに与えてくださった人々のためにお願いし
ます。彼らはあなたのものだからです。10わたし
のものはすべてあなたのもの、あなたのものはわ
たしのものです。わたしは彼らによって栄光を受
けました。11わたしは、もはや世にはいません。
彼らは世に残りますが、わたしはみもとに参りま
す。聖なる父よ、わたしに与えてくださった御名
によって彼らを守ってください。わたしたちのよ

うに、彼らも一つとなるためです。12わたしは彼
らと一緒にいる間、あなたが与えてくださった御
名によって彼らを守りました。わたしが保護した
ので、滅びの子のほかは、だれも滅びませんでし
た。聖書が実現するためです。13しかし、今、わ
たしはみもとに参ります。世にいる間に、これら
のことを語るのは、わたしの喜びが彼らの内に満
ちあふれるようになるためです。14わたしは彼ら
に御言葉を伝えましたが、世は彼らを憎みました。
わたしが世に属していないように、彼らも世に属
していないからです。15わたしがお願いするのは、
彼らを世から取り去ることではなく、悪い者から
守ってくださることです。16わたしが世に属して
いないように、彼らも世に属していないのです。
17真理によって、彼らを聖なる者としてください。
あなたの御言葉は真理です。18わたしを世にお遣
わしになったように、わたしも彼らを世に遣わし
ました。19彼らのために、わたしは自分自身をさ
さげます。彼らも、真理によってささげられた者
となるためです。
20また、彼らのためだけでなく、彼らの言葉に
よってわたしを信じる人々のためにも、お願いし
ます。21父よ、あなたがわたしの内におられ、わ
たしがあなたの内にいるように、すべての人を一
つにしてください。彼らもわたしたちの内にいる
ようにしてください。そうすれば、世は、あなた
がわたしをお遣わしになったことを、信じるよう
になります。22あなたがくださった栄光を、わた
しは彼らに与えました。わたしたちが一つである
ように、彼らも一つになるためです。23わたしが
彼らの内におり、あなたがわたしの内におられる
のは、彼らが完全に一つになるためです。こうし
て、あなたがわたしをお遣わしになったこと、ま
た、わたしを愛しておられたように、彼らをも愛
しておられたことを、世が知るようになります。
24父よ、わたしに与えてくださった人々を、わた

しのいる所に、共におらせてください。それは、
天地創造の前からわたしを愛して、与えてくださ
ったわたしの栄光を、彼らに見せるためです。
25**正しい父よ、世はあなたを知りませんが、わた**
しはあなたを知っており、この人々はあなたがわ
たしを遣わされたことを知っています。26**わたし**
は御名を彼らに知らせました。また、これからも
知らせます。わたしに対するあなたの愛が彼らの
内にあり、わたしも彼らの内にいるようになるた
めです。」

18

裏切られ、逮捕される（マタ26 47-56、マコ14 43-50、ルカ22 47-53）

1こう話し終えると、イエスは弟子たちと一
緒に、キドロンの谷の向こうへ出て行かれた。
そこには園があり、イエスは弟子たちとその中に
入られた。2イエスを裏切ろうとしていたユダも、
その場所を知っていた。イエスは、弟子たちと共
に度々ここに集まっておられたからである。3そ
れでユダは、一隊の兵士と、祭司長たちやファリ
サイ派の人々の遣わした下役たちを引き連れて、
そこにやって来た。松明《たいまつ》やともし火や武器を手に
していた。4イエスは御自分の身に起こることを
何もかも知っておられ、進み出て、**「だれを捜し**
ているのか」と言われた。5彼らが「ナザレのイ
エスだ」と答えると、イエスは**「わたしである」**
と言われた。イエスを裏切ろうとしていたユダも
彼らと一緒にいた。6イエスが**「わたしである」**
と言われたとき、彼らは後ずさりして、地に倒れ
た。7そこで、イエスが**「だれを捜しているの**
か」と重ねてお尋ねになると、彼らは「ナザレの
イエスだ」と言った。8すると、イエスは言われ
た。**「『わたしである』と言ったではないか。わた**
しを捜しているのなら、この人々は去らせなさ
い。」9それは、**「あなたが与えてくださった人を、**
わたしは一人も失いませんでした」と言われたイ

エスの言葉が実現するためであった。10シモン・
ペトロは剣《つるぎ》を持っていたので、それを抜いて大祭
司の手下に打ってかかり、その右の耳を切り落と
した。手下の名はマルコスであった。11イエスは
ペトロに言われた。**「剣をさやに納めなさい。父**
がお与えになった杯は、飲むべきではないか。」

イエス、大祭司のもとに連行される（マタ**26** 57–58、マコ**14** 53–54、ルカ**22** 54）

12そこで一隊の兵士と千人隊長、およびユダヤ
人の下役たちは、イエスを捕らえて縛り、13まず、
アンナスのところへ連れて行った。彼が、その年
の大祭司カイアファのしゅうとだったからである。
14一人の人間が民の代わりに死ぬ方が好都合だと、
ユダヤ人たちに助言したのは、このカイアファで
あった。

ペトロ、イエスを知らないと言う（マタ**26** 69–70、マコ**14** 66–68、ルカ**22** 55–57）

15シモン・ペトロともう一人の弟子は、イエス
に従った。この弟子は大祭司の知り合いだったの
で、イエスと一緒に大祭司の屋敷の中庭に入った
が、16ペトロは門の外に立っていた。大祭司の知
り合いである、そのもう一人の弟子は、出て来て
門番の女に話し、ペトロを中に入れた。17門番の
女中はペトロに言った。「あなたも、あの人の弟
子の一人ではありませんか。」ペトロは、「違う」
と言った。18僕や下役たちは、寒かったので炭火
をおこし、そこに立って火にあたっていた。ペト
ロも彼らと一緒に立って、火にあたっていた。

大祭司、イエスを尋問する（マタ**26** 59–66、マコ**14** 55–64、ルカ**22** 66–71）

19大祭司はイエスに弟子のことや教えについて
尋ねた。20イエスは答えられた。**「わたしは、世**

に向かって公然と話した。わたしはいつも、ユダ
ヤ人が皆集まる会堂や神殿の境内で教えた。ひそ
かに話したことは何もない。21**なぜ、わたしを尋**
問するのか。わたしが何を話したかは、それを聞
いた人々に尋ねるがよい。その人々がわたしの話
したことを知っている。」22イエスがこう言われ
ると、そばにいた下役の一人が、「大祭司に向か
って、そんな返事のしかたがあるか」と言って、
イエスを平手で打った。23イエスは答えられた。
「何か悪いことをわたしが言ったのなら、その悪
いところを証明しなさい。正しいことを言ったの
なら、なぜわたしを打つのか。」24アンナスは、
イエスを縛ったまま、大祭司カイアファのもとに
送った。

ペトロ、重ねてイエスを知らないと言う

（マタ**26** 71–75、マコ**14** 69–72、ルカ**22** 58–62）

25シモン・ペトロは立って火にあたっていた。
人々が、「お前もあの男の弟子の一人ではないの
か」と言うと、ペトロは打ち消して、「違う」と
言った。26大祭司の僕の一人で、ペトロに片方の
耳を切り落とされた人の身内の者が言った。「園
であの男と一緒にいるのを、わたしに見られたで
はないか。」27ペトロは、再び打ち消した。する
とすぐ、鶏が鳴いた。

ピラトから尋問される

（マタ**27** 1–2、11–14、マコ**15** 1–5、ルカ**23** 1–5）

28人々は、イエスをカイアファのところから総
督官邸に連れて行った。明け方であった。しかし、
彼らは自分では官邸に入らなかった。汚れないで
過越の食事をするためである。29そこで、ピラト
が彼らのところへ出て来て、「どういう罪でこの
男を訴えるのか」と言った。30彼らは答えて、
「この男が悪いことをしていなかったら、あなた
に引き渡しはしなかったでしょう」と言った。

31ピラトが、「あなたたちが引き取って、自分た
ちの律法に従って裁け」と言うと、ユダヤ人たち
は、「わたしたちには、人を死刑にする権限があ
りません」と言った。32それは、御自分がどのよ
うな死を遂げるかを示そうとして、イエスの言わ
れた言葉が実現するためであった。33そこで、ピ
ラトはもう一度官邸に入り、イエスを呼び出して、
「お前がユダヤ人の王なのか」と言った。34イエ
スはお答えになった。**「あなたは自分の考えで、**
そう言うのですか。それとも、ほかの者がわたし
について、あなたにそう言ったのですか。」35ピ
ラトは言い返した。「わたしはユダヤ人なのか。
お前の同胞や祭司長たちが、お前をわたしに引き
渡したのだ。いったい何をしたのか。」36イエス
はお答えになった。**「わたしの国は、この世には**
属していない。もし、わたしの国がこの世に属し
ていれば、わたしがユダヤ人に引き渡されないよ
うに、部下が戦ったことだろう。しかし、実際、
わたしの国はこの世には属していない。」37そこ
でピラトが、「それでは、やはり王なのか」と言
うと、イエスはお答えになった。**「わたしが王だ**
とは、あなたが言っていることです。わたしは真
理について証しをするために生まれ、そのために
この世に来た。真理に属する人は皆、わたしの声
を聞く。」38ピラトは言った。「真理とは何か。」

死刑の判決を受ける（マタ27 15–31、マコ15 6–20、ルカ23 13–25）

ピラトは、こう言ってからもう一度、ユダヤ人
たちの前に出て来て言った。「わたしはあの男に
何の罪も見いだせない。39ところで、過越祭には
だれか一人をあなたたちに釈放するのが慣例にな
っている。あのユダヤ人の王を釈放してほしい
か。」40すると、彼らは、「その男ではない。バラ
バを」と大声で言い返した。バラバは強盗であっ
た。

19

1そこで、ピラトはイエスを捕らえ、鞭《むち》で打
たせた。2兵士たちは茨《いばら》で冠を編んでイエス
の頭に載せ、紫の服をまとわせ、3そばにやって
来ては、「ユダヤ人の王、万歳」と言って、平手
で打った。4ピラトはまた出て来て、言った。
「見よ、あの男をあなたたちのところへ引き出そ
う。そうすれば、わたしが彼に何の罪も見いだせ
ないわけが分かるだろう。」5イエスは茨の冠を
かぶり、紫の服を着けて出て来られた。ピラトは、
「見よ、この男だ」と言った。6祭司長たちや下
役たちは、イエスを見ると、「十字架につけろ。
十字架につけろ」と叫んだ。ピラトは言った。
「あなたたちが引き取って、十字架につけるがよ
い。わたしはこの男に罪を見いだせない。」7ユ
ダヤ人たちは答えた。「わたしたちには律法があ
ります。律法によれば、この男は死罪に当たりま
す。神の子と自称したからです。」
8ピラトは、この言葉を聞いてますます恐れ、
9再び総督官邸の中に入って、「お前はどこから
来たのか」とイエスに言った。しかし、イエスは
答えようとされなかった。10そこで、ピラトは言
った。「わたしに答えないのか。お前を釈放する
権限も、十字架につける権限も、このわたしにあ
ることを知らないのか。」11イエスは答えられた。
「神から与えられていなければ、わたしに対して
何の権限もないはずだ。だから、わたしをあなた
に引き渡した者の罪はもっと重い。」12そこで、
ピラトはイエスを釈放しようと努めた。しかし、
ユダヤ人たちは叫んだ。「もし、この男を釈放す
るなら、あなたは皇帝の友ではない。王と自称す
る者は皆、皇帝に背いています。」
13ピラトは、これらの言葉を聞くと、イエスを
外に連れ出し、ヘブライ語でガバタ、すなわち
「敷石」という場所で、裁判の席に着かせた。
14それは過越祭の準備の日の、正午ごろであった。
ピラトがユダヤ人たちに、「見よ、あなたたちの

王だ」と言うと、15彼らは叫んだ。「殺せ。殺せ。
十字架につけろ。」ピラトが、「あなたたちの王を
わたしが十字架につけるのか」と言うと、祭司長
たちは、「わたしたちには、皇帝のほかに王はあ
りません」と答えた。16そこで、ピラトは、十字
架につけるために、イエスを彼らに引き渡した。

十字架につけられる（マタ**27** 32–44、マコ**15** 21–32、ルカ**23** 26–43）

こうして、彼らはイエスを引き取った。17イエ
スは、自ら十字架を背負い、いわゆる「されこう
べの場所」、すなわちヘブライ語でゴルゴタとい
う所へ向かわれた。18そこで、彼らはイエスを十
字架につけた。また、イエスと一緒にほかの二人
をも、イエスを真ん中にして両側に、十字架につ
けた。19ピラトは罪状書きを書いて、十字架の上
に掛けた。それには、「ナザレのイエス、ユダヤ
人の王」と書いてあった。20イエスが十字架につ
けられた場所は都に近かったので、多くのユダヤ
人がその罪状書きを読んだ。それは、ヘブライ語、
ラテン語、ギリシア語で書かれていた。21ユダヤ
人の祭司長たちがピラトに、「『ユダヤ人の王』と
書かず、『この男は「ユダヤ人の王」と自称した』
と書いてください」と言った。22しかし、ピラト
は、「わたしが書いたものは、書いたままにして
おけ」と答えた。
23兵士たちは、イエスを十字架につけてから、
その服を取り、四つに分け、各自に一つずつ渡る
ようにした。下着も取ってみたが、それには縫い
目がなく、上から下まで一枚織りであった。24そ
こで、「これは裂かないで、だれのものになるか、
くじ引きで決めよう」と話し合った。それは、
「彼らはわたしの服を分け合い、
わたしの衣服のことでくじを引いた」
という聖書の言葉が実現するためであった。兵士
たちはこのとおりにしたのである。25イエスの十

字架のそばには、その母と母の姉妹、クロパの妻
マリアとマグダラのマリアとが立っていた。26イ
エスは、母とそのそばにいる愛する弟子とを見て、
母に、**「婦人よ、御覧なさい。あなたの子です」**
と言われた。27それから弟子に言われた。**「見な
さい。あなたの母です。」**そのときから、この弟
子はイエスの母を自分の家に引き取った。

イエスの死（マタ**27**45－56、マコ**15**33－41、ルカ**23**44－49）

28この後、イエスは、すべてのことが今や成し
遂げられたのを知り、**「渇く」**と言われた。こう
して、聖書の言葉が実現した。29そこには、酸《す》い
ぶどう酒を満たした器が置いてあった。人々は、
このぶどう酒をいっぱい含ませた海綿をヒソプに
付け、イエスの口もとに差し出した。30イエスは、
このぶどう酒を受けると、**「成し遂げられた」**と
言い、頭を垂れて息を引き取られた。

イエスのわき腹を槍で突く

31その日は準備の日で、翌日は特別の安息日で
あったので、ユダヤ人たちは、安息日に遺体を十
字架の上に残しておかないために、足を折って取
り降ろすように、ピラトに願い出た。32そこで、
兵士たちが来て、イエスと一緒に十字架につけら
れた最初の男と、もう一人の男との足を折った。
33イエスのところに来てみると、既に死んでおら
れたので、その足は折らなかった。34しかし、兵
士の一人が槍でイエスのわき腹を刺した。すると、
すぐ血と水とが流れ出た。35それを目撃した者が
証ししており、その証しは真実である。その者は、
あなたがたにも信じさせるために、自分が真実を
語っていることを知っている。36これらのことが
起こったのは、「その骨は一つも砕かれない」と
いう聖書の言葉が実現するためであった。37また、
聖書の別の所に、「彼らは、自分たちの突き刺し

た者を見る」とも書いてある。

墓に葬られる（マタ27 57―61、マコ15 42―47、ルカ23 50―56）

38その後、イエスの弟子でありながら、ユダヤ
人たちを恐れて、そのことを隠していたアリマタ
ヤ出身のヨセフが、イエスの遺体を取り降ろした
いと、ピラトに願い出た。ピラトが許したので、
ヨセフは行って遺体を取り降ろした。39そこへ、
かつてある夜、イエスのもとに来たことのあるニ
コデモも、没薬と沈香《じんこう》を混ぜた物を百リトラばか
り持って来た。40彼らはイエスの遺体を受け取り、
ユダヤ人の埋葬の習慣に従い、香料を添えて亜麻
布で包んだ。41イエスが十字架につけられた所に
は園があり、そこには、だれもまだ葬られたこと
のない新しい墓があった。42その日はユダヤ人の
準備の日であり、この墓が近かったので、そこに
イエスを納めた。

復活する（マタ28 1―10、マコ16 1―8、ルカ24 1―12）

20

1週の初めの日、朝早く、まだ暗いうちに、
マグダラのマリアは墓に行った。そして、墓
から石が取りのけてあるのを見た。2そこで、シ
モン・ペトロのところへ、また、イエスが愛して
おられたもう一人の弟子のところへ走って行って
彼らに告げた。「主が墓から取り去られました。
どこに置かれているのか、わたしたちには分かり
ません。」3そこで、ペトロとそのもう一人の弟
子は、外に出て墓へ行った。4二人は一緒に走っ
たが、もう一人の弟子の方が、ペトロより速く走
って、先に墓に着いた。5身をかがめて中をのぞ
くと、亜麻布が置いてあった。しかし、彼は中に
は入らなかった。6続いて、シモン・ペトロも着
いた。彼は墓に入り、亜麻布が置いてあるのを見
た。7イエスの頭を包んでいた覆いは、亜麻布と

同じ所には置いてなく、離れた所に丸めてあった。
8それから、先に墓に着いたもう一人の弟子も入
って来て、見て、信じた。9イエスは必ず死者の
中から復活されることになっているという聖書の
言葉を、二人はまだ理解していなかったのである。
10それから、この弟子たちは家に帰って行った。

イエス、マグダラのマリアに現れる（マコ16 9-11）

11マリアは墓の外に立って泣いていた。泣きな
がら身をかがめて墓の中を見ると、12イエスの遺
体の置いてあった所に、白い衣を着た二人の天使
が見えた。一人は頭の方に、もう一人は足の方に
座っていた。13天使たちが、「婦人よ、なぜ泣い
ているのか」と言うと、マリアは言った。「わた
しの主が取り去られました。どこに置かれている
のか、わたしには分かりません。」14こう言いな
がら後ろを振り向くと、イエスの立っておられる
のが見えた。しかし、それがイエスだとは分から
なかった。15イエスは言われた。**「婦人よ、なぜ**
泣いているのか。だれを捜しているのか。」マリ
アは、園丁だと思って言った。「あなたがあの方
を運び去ったのでしたら、どこに置いたのか教え
てください。わたしが、あの方を引き取ります。」
16イエスが、**「マリア」**と言われると、彼女は振
り向いて、ヘブライ語で、「ラボニ」と言った。
「先生」という意味である。17イエスは言われた。
「わたしにすがりつくのはよしなさい。まだ父の
もとへ上っていないのだから。わたしの兄弟たち
のところへ行って、こう言いなさい。『わたしの
父であり、あなたがたの父である方、また、わた
しの神であり、あなたがたの神である方のところ
へわたしは上る』と。」18マグダラのマリアは弟
子たちのところへ行って、「わたしは主を見まし
た」と告げ、また、主から言われたことを伝えた。

イエス、弟子たちに現れる（マタ28 16－20、
マコ16 14－18、ルカ24 36－49）

19その日、すなわち週の初めの日の夕方、弟子
たちはユダヤ人を恐れて、自分たちのいる家の戸
に鍵をかけていた。そこへ、イエスが来て真ん中
に立ち、**「あなたがたに平和があるように」**と言
われた。20そう言って、手とわき腹とをお見せに
なった。弟子たちは、主を見て喜んだ。21イエス
は重ねて言われた。**「あなたがたに平和があるよ
うに。父がわたしをお遣わしになったように、わ
たしもあなたがたを遣わす。」**22そう言ってから、
彼らに息を吹きかけて言われた。**「聖霊を受けな
さい。**23**だれの罪でも、あなたがたが赦《ゆる》せば、そ
の罪は赦される。だれの罪でも、あなたがたが赦
さなければ、赦されないまま残る。」**

イエスとトマス

24十二人の一人でディディモと呼ばれるトマス
は、イエスが来られたとき、彼らと一緒にいなか
った。25そこで、ほかの弟子たちが、「わたした
ちは主を見た」と言うと、トマスは言った。「あ
の方の手に釘の跡を見、この指を釘跡に入れてみ
なければ、また、この手をそのわき腹に入れてみ
なければ、わたしは決して信じない。」26さて八
日の後、弟子たちはまた家の中におり、トマスも
一緒にいた。戸にはみな鍵がかけてあったのに、
イエスが来て真ん中に立ち、**「あなたがたに平和
があるように」**と言われた。27それから、トマス
に言われた。**「あなたの指をここに当てて、わた
しの手を見なさい。また、あなたの手を伸ばし、
わたしのわき腹に入れなさい。信じない者ではな
く、信じる者になりなさい。」**28トマスは答えて、
「わたしの主、わたしの神よ」と言った。29イエ
スはトマスに言われた。**「わたしを見たから信じ
たのか。見ないのに信じる人は、幸いである。」**

本書の目的

30このほかにも、イエスは弟子たちの前で、多
くのしるしをなさったが、それはこの書物に書か
れていない。31これらのことが書かれたのは、あ
なたがたが、イエスは神の子メシアであると信じ
るためであり、また、信じてイエスの名により命
を受けるためである。

21

イエス、七人の弟子に現れる

1その後、イエスはティベリアス湖畔で、ま
た弟子たちに御自身を現された。その次第は
こうである。2シモン・ペトロ、ディディモと呼
ばれるトマス、ガリラヤのカナ出身のナタナエル、
ゼベダイの子たち、それに、ほかの二人の弟子が
一緒にいた。3シモン・ペトロが、「わたしは漁
に行く」と言うと、彼らは、「わたしたちも一緒
に行こう」と言った。彼らは出て行って、舟に乗
り込んだ。しかし、その夜は何もとれなかった。
4既に夜が明けたころ、イエスが岸に立っておら
れた。だが、弟子たちは、それがイエスだとは分
からなかった。5イエスが、**「子たちよ、何か食**
べる物があるか」と言われると、彼らは、「あり
ません」と答えた。6イエスは言われた。**「舟の**
右側に網を打ちなさい。そうすればとれるはず
だ。」そこで、網を打ってみると、魚があまり多
くて、もはや網を引き上げることができなかった。
7イエスの愛しておられたあの弟子がペトロに、
「主だ」と言った。シモン・ペトロは「主だ」と
聞くと、裸同然だったので、上着をまとって湖に
飛び込んだ。8ほかの弟子たちは魚のかかった網
を引いて、舟で戻って来た。陸から二百ペキスば
かりしか離れていなかったのである。9さて、陸
に上がってみると、炭火がおこしてあった。その
上に魚がのせてあり、パンもあった。10イエスが、
「今とった魚を何匹か持って来なさい」と言われ
た。11シモン・ペトロが舟に乗り込んで網を陸に

引き上げると、百五十三匹もの大きな魚でいっぱ
いであった。それほど多くとれたのに、網は破れ
ていなかった。12イエスは、**「さあ、来て、朝の**
食事をしなさい」と言われた。弟子たちはだれも、
「あなたはどなたですか」と問いただそうとはし
なかった。主であることを知っていたからである。
13イエスは来て、パンを取って弟子たちに与えら
れた。魚も同じようにされた。14イエスが死者の
中から復活した後、弟子たちに現れたのは、これ
でもう三度目である。

イエスとペトロ

15食事が終わると、イエスはシモン・ペトロに、
「ヨハネの子シモン、この人たち以上にわたしを
愛しているか」と言われた。ペトロが、「はい、
主よ、わたしがあなたを愛していることは、あな
たがご存じです」と言うと、イエスは、**「わたし**
の小羊を飼いなさい」と言われた。16二度目にイ
エスは言われた。**「ヨハネの子シモン、わたしを**
愛しているか。」ペトロが、「はい、主よ、わたし
があなたを愛していることは、あなたがご存じで
す」と言うと、イエスは、**「わたしの羊の世話を**
しなさい」と言われた。17三度目にイエスは言わ
れた。**「ヨハネの子シモン、わたしを愛している**
か。」ペトロは、イエスが三度目も、「わたしを愛
しているか」と言われたので、悲しくなった。そ
して言った。「主よ、あなたは何もかもご存じで
す。わたしがあなたを愛していることを、あなた
はよく知っておられます。」イエスは言われた。
「わたしの羊を飼いなさい。18**はっきり言ってお**
く。あなたは、若いときは、自分で帯を締めて、
行きたいところへ行っていた。しかし、年をとる
と、両手を伸ばして、他の人に帯を締められ、行
きたくないところへ連れて行かれる。」19ペトロ
がどのような死に方で、神の栄光を現すようにな
るかを示そうとして、イエスはこう言われたので

ある。このように話してから、ペトロに、**「わた
しに従いなさい」**と言われた。

イエスとその愛する弟子

20ペトロが振り向くと、イエスの愛しておられ
た弟子がついて来るのが見えた。この弟子は、あ
の夕食のとき、イエスの胸もとに寄りかかったま
ま、「主よ、裏切るのはだれですか」と言った人
である。21ペトロは彼を見て、「主よ、この人は
どうなるのでしょうか」と言った。22イエスは言
われた。**「わたしの来るときまで彼が生きている
ことを、わたしが望んだとしても、あなたに何の
関係があるか。あなたは、わたしに従いなさい。」**
23それで、この弟子は死なないといううわさが兄
弟たちの間に広まった。しかし、イエスは、彼は
死なないと言われたのではない。ただ、**「わたし
の来るときまで彼が生きていることを、わたしが
望んだとしても、あなたに何の関係があるか」**と
言われたのである。
24これらのことについて証しをし、それを書い
たのは、この弟子である。わたしたちは、彼の証
しが真実であることを知っている。
25イエスのなさったことは、このほかにも、ま
だたくさんある。わたしは思う。その一つ一つを
書くならば、世界もその書かれた書物を収めきれ
ないであろう。

底本に節が欠けている個所の異本による訳文

5 3b-4彼らは、水が動くのを待っていた。それ
は、主の使いがときどき池に降りて来て、水が動
くことがあり、水が動いたとき、真っ先に水に入
る者は、どんな病気にかかっていても、いやされ
たからである。

非キリスト教徒にとっての聖書——私の聖書論Ⅰ

佐藤　優

聖書は「書物の中の書物」と呼ばれている。人類史上、もっとも多く出版された書物と言われている。日本でも少し大きな本屋に行けば、聖書の棚がある。何種類かの翻訳の聖書が並んでいる。また、聖書に関する解説書や研究書もたくさんある。しかし、日本人で聖書を通読した人は少ない。古典とか名著と言われる本のほとんどが、「名前は聞いたことがあるが、読んだことはない」あるいは「さわりだけ読んだことがある」というものだ。

私は功利主義者だ。役に立たない読書は基本的にしない（娯楽のために読む小説と漫画は別である）。人生は短いので、その間に熟読する本は厳選しなくてはならない。もっとも読書は好きなので、古典から実用書まで、さまざまな本を読んでいる。そこで、「古典で何を読んだらいいですか」という質問をときどき受けることがある。

そういうときは、まず「あなたはどういう問題に関心をもっていますか」と尋ねる。「政治や経済に関心をもっています」という読者には、こんなふうに答える。

「政治や経済に関心があるならば、近代社会の構造を押さえておく必要があります。古典ということならば、マルクスの『資本論』（岩波文庫、全9冊）を勧めます。ただし、『資本論』の論理は一部錯綜しているところがあるので、宇野弘蔵の『経済原論』（岩波全書）をあわせて読むことを勧めます。『資本論』を革命の書として読むのではなく、資本主義の内在的論理を解き明かした論理の書として読んで、むしろ資本主義の強さを知ることが重要です」

これに対して、日本の歴史や文化、さらに愛国心に興味をもっている人にはこう答える。

「まず読まなくてはならないのが『古事記』です。古文があまり得意でないならば、注釈と現代語訳がついている『新編日本古典文学全集① 古事記』（小学館）を勧めます。古文を見るのは嫌だという人には、三浦佑之氏の『口語訳古事記 完全版』（文藝春秋）がいいです。三浦氏の現代語訳は見事で、古事記の精神を見事に現代に伝えています」

ときどき、「佐藤さんはクリスチャンですよね。どうして、いちばん初めに聖書を勧めないのですか」という質問を受けることがある。そういうときには、「確かに僕はキリスト教徒です。しかし、非キリスト教文化圏にいる私たちが、聖書を読まなくても特に困ることはないと考えているからです。僕は功利主義者なんで、あなたの時間を無駄に奪う危険性がある本を勧めることは、できるだけ差し控えているのです」と答える。

字面だけを追っても、テキストの内容を理解できず、記憶にも定着しないような読書は時間の無駄だ。聖書の場合、『資本論』よりは分量が少ないが、『古事記』と比べれば、数倍の分量がある。しかも、大昔の外国での出来事について書いてあるので、テキスト外の知識がないと、なかなか正確に読み解くことができない。

もっとも、同志社大学神学部の後輩から、「僕は佐藤さんのように組織神学（教義学や倫理学など哲学的要素が強い神学）を専攻しようと思うのですが、新約聖書については、どの程度勉強したらよいですか」という質問を受けたときにはこう答える。

「君ねえ、神学をナメたらだめだ。新約聖書はキリスト教の基本だ。神学部にいる間にギリシア語で通読しなさい。新約聖書のコイネーギリシア語（1世紀に地中海世界で通用していた共通の「コイネー」ギリシア語。古典ギリシア語と比べると文法構造が簡単になり、語彙が変遷している）だけでなく、古典ギリシア語もしっかり勉強しなさい。それから、ヘブライ語とアラム語（イエスが話していた言語。ヘブライ語から派生）の基礎知識も身につけておくことだ。また、新約聖書のコメンタリー（註解）は、ドイツ語でよいものがでているので、英語だけでなくドイツ語の勉強もきちんとしておくように。それから、新約聖書学関係の概説書、専門書をとりあえず30冊ほどリストアップしておくので、ノートをとりながら読むように」

実際、聖書を自力で読み解いていくためには、これくらいの準備が最低限、必要とされるのである。

「目に見えないもの」をつかむのが宗教

こういう応答を繰り返しているうちに、ふと考えることがあった。キリスト教は、長期構造不況産業のようなものだが、予見される未来に完全に死に絶えてしまうこともない。世界は世俗化し、宗教では国際的にイスラム原理主義の影響が強まっているが、国際社会を動かす原動力は依然として西ヨーロッパとアメリカ、そしてロシアだ。これらの社会にはキリスト教が埋め込まれている。その意味で、キリスト教について、まったく無関心ではないが、専門的に研究する意欲はないという読者の知的需要に応えることができないであろうか？

そのとき、19世紀プロテスタント神学の父と呼ばれたシュライエルマッハーの「宗教の本質は、直感と感情である」という言葉を思い出した。聖書には、人間の直感と感情を刺激する力がある。それならば、神学的前提知識を一切抜きにして、聖書を読むことによって、キリスト教の神髄をつかむことができるかもしれない。

いったい「直感と感情」で何をつかむのか？　この世界には、「目に見えるもの」と「目に見えないもの」がある。「目に見えないもの」をつかむのが宗教なのである。私の恩師の一人に樋口和彦氏（同志社大学神学部名誉教授）がいる。樋口氏は、河合隼雄氏（故人。京都大学教授、文化庁長官を歴任）とともに、ユング心理学を日本に導入した。樋口氏自身がユング派精神分析家の資格をもっており、臨床経験も豊富だ。私が言う「目に見えないもの」は樋口氏の言葉で言うと無意識ということになる。意識と無意識の関係について、樋口氏はこう説明する。

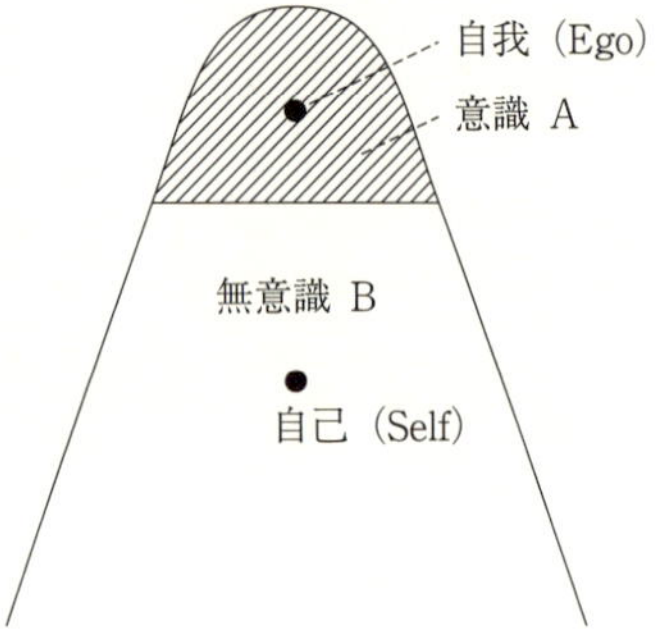

図1

『ユング心理学の世界』（樋口和彦著／創元社）より

〈人間の心（サイキ）の全体をユングはどのように考えていたのかを考えてみることから始めたい。図1に示すように、まず、ユングは人間の心の全体を意識と無意識の二つの大きな部分から出来上っているものと基本的に想定していたといって差支えない。ただし、この図1だけのようになっていたと考えて、もうその他に考え方がないと考えてもらっては困る。というのはこれはいわば心の全体を横から切断したという考え方でとらえているので、じつは、そもそも心に縦横の関係があるかどうかということも本当は分からないし、今ここではそう仮定しての話と了解してほしい。本当は広大な心の全体などというものは把握しようもないものである。だが、そこが概念化するという恐ろしい人間の蛮勇のなさしめるところで、何でも分からないものを形にしてしまうことができる。だが、そう目くじらを立てることはないのであって、それはそうとして利用していただけば良いところである。この図の下方のBは下底が底抜けになっている。私はこの底抜けで一応人間の心がどれだけ大きいものか分からないということを表わしたつもりである。〉（樋口和彦『ユング心理学の世界』創元社、54～55頁）

もっとも、無意識について知覚することは、すでに意識になっているのだから、「無意識を意識する」ということ自体が語義矛盾なのだが、無意識という作業仮説をたてることで人間の「目に見えないもの」についての説明に少しでも接近することができる。

聖書を読むことによって、この図のBの部分が刺激される。私自身、そして聖書を読んだ私の友人の経験からしてもこのことは間違いない。翻訳を通じてでも聖書のテキストには人間の無意識を刺激する「何か」があると私は考える。もっと現実に引き寄せていうと、聖書を読んだ後は、以前と違う夢を見るようになる。また、心の中で、いままでとは別のこだわりが生じる。そのためには、聖書を通読してもらわなくてはならない。

序文でも述べたが、キリスト教はユダヤ教の伝統から生まれた。イエスは自らをキリスト教徒とは考えていなかった。聖書は、新約聖書と旧約聖書（さらに旧約続編）をあわせて読むことが望ましい。しかし、それはごく標準的な非キリスト教徒の日本人読者にとって、かなり高いハードルである。

キリスト教というと、聖書を読むことに力を入れるという印象があるが、それはプロテスタンティズムの特徴に過ぎない。カトリック教会、正教会は、19世紀まで、一般信者が聖書を読むことに関して消極的だった。教会の伝統で、聖職者の正しい指導に従って読まないと、聖書を誤読し、異端的解釈をする危険があると考えたからだ。特に旧約聖書について、その危険が高いと考えた。現在もロシア正教会は、一般信者だけで旧約聖書を読むことについて、消極的だ。

キリスト教の特徴は新約聖書に示されている。キリスト教の立場では、新約聖書の視座から、旧約聖書を読む。それならば、思い切って旧約聖書を割愛し、新約聖書だけを読者に提供することにした。これでもキリスト教の本質に触れることはできるはずだ。

要は、人間が神についてあれこれ考えるのではなく、新約聖書のイエスを通して、神が人間に何を語っているかを読者が感じ取ることができればいいのだ。ここでいう神というのも、とりあえずの名称だ。人間が概念として言い表すことができるような神は、キリスト教が想定する神ではないからだ。人間と神は質的に異なる。イエス・キリストを除いて、神と人間に直接の接点はない。人間は神について語ることが原理的にできないのである。しかし、人間は神について、語らなくてはならないのである。このような「不可能の可能性」を追求することが、キリスト教神学の課題なのである。

「情勢論」と「存在論」

宗教には、癒しの力がある。この力を人間の側から見事に解明しているのが柄谷行人氏だ。柄谷氏の『世界史の構造』(岩波書店)は、21世紀の宗教論でもある。

この先は、やや掘り下げた考察をするので、時間的余裕がない読者は、ここから367頁1行までを飛ばしていただきたい。

柄谷行人という名を聞くと、一部保守系の人々は「マルクスの影響を受けた左翼の評論家ではないか」と忌避反応を示すが、これは自分の頭で考えながら柄谷氏のテキストを読んでいない政治的決めつけに過ぎない。私たちは、情勢論で物事を見るのに慣れている。例えば、日本の財政の危機的状況に鑑みるならば、消費税率を10パーセントに引き上げるべきだとか、中国に対する抑止力を担保するために米海兵隊普天間飛行場の移設先は沖縄県名護市の辺野古崎周辺以外にないという主張は、いずれも情勢論に基づいている。

これと根源的に異なる考え方が存在論だ。そもそも税金を私たちはなぜ支払わなくてはならないのか。税金のない社会を作ることはできないか。日米安保条約以外で、日本国家を守ることはできないのか。そもそも沖縄は日本なのか……。このような、常識を根底から問い直すアプローチが存在論なのである。

近代経済学は、貨幣や資本を前提とする情勢論で思考している。マルクスの『資本論』を基礎に経済学を考えている人々でも、革命という目的のために『資本論』を読むマルクス主義経済学者は情勢論的思考をする。これに対して、資本主義社会の存立基盤を読み解こうとする宇野弘蔵や柄谷氏は、存在論的な思考をしている。

存在論的に考えるためには、常識の背後にある「見えないもの」をつかみ取らなくてはならない。ユング心理学の言葉を用いるならば、無意識あるいは集合的（普遍的）無意識の世界にまで踏み込まなくてはならない。新約聖書に記されたイエスの言葉、あるいはイエスに従ったパウロの言葉には、無意識の領域に突き抜ける力がある。私たちの中に眠っている存在論的な感覚を呼び起こすために聖書は有益なのだ。

「最小不幸社会」の根本的問題

現下の日本人は存在論的思考が苦手になっている。その典型的な例が菅直人氏が信奉する最小不幸社会だ。6月8日、首相官邸で行った就任記者会見の冒頭、菅氏はこう述べた。

〈「今夕、天皇陛下の親任をいただいたのち正式に内閣総理大臣に就任することになりました菅直人でございます。国民の皆さんに就任にあたって私の基本的な考え方を申し上げたいと思います」「私は政治の役割とは、国民が不幸になる要素、あるいは世界の人々が不幸になる要素をいかに少なくしていくのか。最小不幸の社会を作ることにあると考えております。もちろん、大きな幸福を求めることは重要でありますが、それは例えば恋愛とか、あるいは自分の好きな絵を描くとか、そういうところにはあまり政治が関与すべきではなくて、逆に貧困、あるいは戦争、そういったことをなくすことこそ政治が力を尽くすべきだと、このように考えているからであります」〉（2010年6月9日 asahi.com）

これは、この場での思いつきではない。最小不幸社会は菅氏の政治哲学なのである。2008年に公刊されたオーラルヒストリーにおいて、菅氏はこう述べている。

〈本来、政治は夢を語り理想を語りユートピアを語るわけですが、私の言い方で言うと不幸を最小化する仕事であって、幸福というユートピアを強制的につくると『Brave New World』(引用者註
＊イギリスの作家オルダス・ハックスリーの小説『すばらしい新世界』のこと)のようになってしまう。当時、学生運動でもマルクス主義なんかの連中と議論すると、彼らはユートピア社会を語るわけです。階級がなくなればすべてが解決するんだ、みたいなことを言っていた。でも、階級がなくなってすべてが解決するなんてとても思えなかった。だから僕はマルクス主義には最初から懐疑的でした。〉(五百旗頭真/伊藤元重/薬師寺克行編『90年代の証言　菅直人　市民運動から政治闘争へ』朝日新聞出版、2008年、15〜16頁)

菅氏の最小不幸社会の哲学について、夫人の菅伸子氏が興味深い説明をしている。

〈菅は、特定の思想とか主義への強い思い入れはない人です。

ですから、「現実主義」とか「その場対応」とか、「バックボーンに思想がない」と、批判されますが、私は政治というのは「その場対応」でどうにかやっていくしかないと思います。

政治家が何か高邁な理想などを掲げると、ろくなことにならないようにも思うのですが、いかがでしょう。


菅が言う「最小不幸社会」というのは、そういうことでもあるのです。

「幸福は、人によってさまざまだ。ある人にとってはお金を儲けることが幸福かもしれないし、好きな音楽を聴いているのが幸福という人もいるし、自然のなかで過ごすのが幸福な人もいる。

国とか政治というのは権力だから、その権力が、『これがあなたの幸福だ』と押し付けることなんかできないし、すべきではない。（中略）

不幸は、貧困とか病気とか、戦争とか災害などの形で、誰の身にも襲いかかる。

その不幸が生じるのを防ぐのも政治の仕事だし、起きてしまった不幸を少しでもやわらげていくことこそが、政治家の仕事なのではないか」

「最小」で「不幸」とマイナスのイメージが重なるので、なんだか夢も希望もないみたいに聞こえますが、マイナスにマイナスをかけるとプラスになりますね。

ですから、「最小不幸社会」というのは、すごくよい社会だと思うのですけれど、ちょっと分かりにくいのかもしれません。「不幸の最小化」と言ったほうがよいかもしれませんね。

「大きな政府」路線だと批判する人もいれば、その逆に「新自由主義」と批判する人もいて、戸惑います。よく理解していただければと思います。〉（菅伸子『あなたが総理になって、いったい日本の何が変わるの』幻冬舎新書、2010年、159〜161頁）

「大きな政府」とか「新自由主義」とかいう政策に入る以前の問題が菅氏にはある。政治に夢や理想、あるいはユートピアを託すことを初めから諦めている。そうなると、すべてを情勢論で判断することになる。菅氏には存在論が欠如しているのである。そこから「出来ることを着実に実行すればよい」という実践的帰結が導かれる。これは、官僚と親和的だ。菅氏が官僚（特に財務官僚）に取り込まれたという論評をときどき見かけるが、「取り込まれた」というよりも、情勢論的思考がすべてだという哲学で、菅氏と官僚が無意識のうちに結びついたのだと私は見ている。無意識だから、この連携は強い。

左翼と右翼の違いは何か

このような最小不幸社会の実現を政治哲学とする菅直人氏は、まさに近代主義的な左翼である。ここで左翼と右翼について整理しておきたい。左翼、右翼が現在のような政治的意味をもつようになったのは、１７８９年のフランス革命以降のことだ。革命で成立した国民議会で、議長席から見て左側に座っていた議員を左翼と呼んだ。左翼はすべての人間が等しく理性をもっていると考える。従って、完全情報が共有されている下で、理性に基づいた討論を虚心坦懐に行えば、必ず真理は一つに収斂するということになる。理性に基づいて、理想的な社会を構築することができるという前提が左翼思想にある。

これに対して、議長席から見て右側に座っていた議員が右翼だ。この人たちは理性に限界があると考える。人間は偏見から逃れることはできない。主観的にいくら理性に基づいて虚心坦懐な討論をしたつもりになっても、それぞれの人やグループが偏見を克服することはできないので、複数の真理がでてくる。それだから、お互いの偏見を認め合う多元的な社会を右翼は承認する。王、教会、掟など、理性に照らしてみると、うまく説明できない存在も、これまで存在してきたからには何らかの意味があるはずなので、その存続を承認する。多元性と寛容が右翼の特徴になる。また、社会に集積された伝統を尊重するという立場を取るので、保守主義と親和的になる。

この近代的な左翼思想に照らしてみると、マルクス主義を典型的な左翼思想と呼ぶことはできない。なぜなら、マルクス主義には、階級支配がない「自由の王国」を作ろうというユートピアがあるからだ。マルクス主義者を突き動かす動機は、理性ではない。不正に対する怒り、疎外された人間の解放、理想社会の建設など、外部から人間を突き動かす「何か」がマルクス主義に多くの人々を惹きつけた動因なのだ。これを超越性と言い換えてもいい。むしろ超越性を重視するという観点で、マルクス主義はキリスト教と親和的だ。

菅氏が、フランス革命で言うところの理性を基準に物事を評価する左翼であることは間違いない。ただし、菅氏は、マルクス主義を敵視する左翼なのである。このような世界観は、菅氏が東京工業大学の学生だった時代に形成されている。菅氏自身が、前出のオーラルヒストリーでこう述べている。

〈「安田講堂」が始まる3日か4日前、東工大でも寮問題をきっかけにストライキが始まって、約半年間バリケード封鎖が続いたんです。私がつくったグループはちょっと変わっていて、学内だけのノンセクトで他大学の学生とつながりがなかった。当時の東工大には、大きく言えば全共闘に近い中核系のグループと、われわれと、共産党系の民青と、秩序派とがあったんです。〉（五百旗頭真他編『90年代の証言　菅直人　市民運動から政治闘争へ』12頁）

菅氏のグループはどのような思想を拠り所にしていたのであろうか。

〈学生時代は「現代問題研究会」なんていうサークルを自分でつくって、現実主義的な主張で知られていた東工大教授の永井陽之助さんや京大助教授だった高坂正堯さんらをお呼びしました。〉（前掲書12頁）

突き放して見るならば、永井陽之助氏、高坂正堯氏は、反共的な民主社会主義者（社会民主主義者ではない）である。菅氏の思想は、１９６０年に結党した時点での民主社会党（１９６９年に民社党と改称）に近いのである。現時点で、民社党系の政治家や思想家というと、天皇を重視するとともに核武装を主張する右翼、保守という印象が強い。しかし、それは当初、マルクス主義のユートピア思想を激しく批判し、合理主義的な社会設計を主張していた民社党の理論家たちが、理性だけでは政治を運営できないということに無意識のうちに気づき、超越性としての天皇や皇統を民社党の政治思想に取り入れ、発展させた結果である。

菅氏は、政治家を志すようになってからも、日本の社会主義陣営をマルクス主義から引き離す方向で活動した。菅氏の主敵となったのは、社会党の「左バネ」として大きな影響力をもった社会主義協会だった。戦前日本のマルクス主義者は、日本共産党系の講座派と、合法無産政党系の労農派に分かれていた。労農派マルクス主義を継承する社会主義協会は、議会と大衆行動によって、平和革命を実現するという戦略をもっていた。この革命が実現した後は、プロレタリアート独裁を実現すると主張した。そして、理論集団である社会主義協会は、社会党を革命的に純化するという方針をとっていた。当初、農民運動出身で、労農派マルクス主義者であった江田三郎氏（故人、江田五月前参議院議長の父）は、徐々に社会主義協会に対する批判を強めた。具体的には、社会主義協会が共産党を含む全野党共闘で自民党政権を打破することを主張したのに対し、江田氏は共産党を排除した、社会党、公明党、民社党による共闘を主張したからだ。１９７６年の衆議院選挙で落選した江田氏は、社会党に離党届けを提出したが、受理されず、除名された。そして、江田氏は菅氏とともに社会市民連合（社会民主連合の前身）を結成したのである。菅氏は、江田氏との差異について、オーラルヒストリーにおいてこう述べている。

〈私は社会主義を自分の思想として語ったことは一度もないです。結局、目指す方向は同じなのに江田さんはそれを社会主義と呼ぶし、私は必ずしも社会主義という言い方をしないで、市民運動の立場から問題提起をした。江田さんは社会党内の最左派である社会主義協会派との論争から、市民的な論争のほうに軸足が変わってきていたのですね。〉（前掲書35～36頁）

労農派マルクス主義を経由した江田氏には、人知によって届かないような理想社会を建設したいという夢があった。それだから、ユートピア社会主義の伝統を踏まえ、社会主義という言葉にこだわった。江田氏には、目に見えない、超越的なものに対する思いがあった。これに対して、労農派マルクス主義、共産党、新左翼のいずれのマルクス主義にも知的、思想的関心をもたなかった菅氏は、理性に基づいて行動する市民が政治と社会の主体なのである。菅氏には労働力の商品化を克服し、労働者階級とともに資本家階級も支配・被支配の構造から解放しようという夢がない。むしろ菅氏はこのような夢や理想やユートピアに対して冷ややかだ。

21世紀型ファシズムの始まり

菅氏の行動原理を間近で見てきた菅伸子氏はこう述べる。

〈菅はロジックのあるものが好きで、読む小説も、歴史小説がほとんど。ですから、菅を「情」で説得してもダメ。理屈で説明されるほうが納得する人です。でも、一般的に女は情でなければ口説けません。だから、女性にはもてないと思います。私も、似ているところがあるので、ロマンチックな美辞麗句では頷かなかったかもしれませんね。〉（菅伸子『あなたが総理になって、いったい日本の何が変わるの』76頁）

ここで言う菅氏のロジックは、アリストテレスが定式化した同一律、矛盾律、排中律を核とする形式論理だ。目に見えない世界の論理である形而上学、人間の心情の論理である無意識の心理に菅氏は関心をもたない。関心をもたないというよりも、「目に見えないもの」があるということがわからないのである。

この点では、菅伸子氏の方がより徹底している。

〈私の母は、菅直人ともよく似ていて、合理主義者です。二人の結婚に反対なので、それを阻止するために、「私が菅直人よりも条件のいい男を見つけてくれれば、あなた、文句はないでしょう」と言って、次から次へとお見合いの話を持ってきました。

あれはすごかった。そこで、私はそれに対抗する説得材料を作るために、点数表を作りました。容姿とか、学歴とか、職業とか、将来性とかを点数にして、それで、合計点で菅直人よりもいい男がいたら、しょうがない、その人と結婚するしかないかなあ、と。〉(前掲書54頁)

点数表を作って合理主義を結婚にまで適用しているのであるから、菅伸子氏は筋金入りの情勢論者である。人間を数値化し、それで評価するという発想がキリスト教の人間観と根本から対立する。

これまで見てきたことから、菅氏は合理性によって最小不幸社会を実現することが可能と考えている。菅氏は、機械的モデルで国家や社会を操作可能と見ている。菅氏にとって官僚は道具である。ナイフを用いた殺人が起きた場合、ナイフを除去するという対処は正しくない。殺人にナイフを使うような人間を排除することが重要だ。まっとうな人間がナイフを用いるならば、リンゴの皮をむいたり、肉を切ったりと有益な目的のために用いることが出来る。官僚も道具である。自民党政権が道具である官僚を誤った目的のために用いていた。自分は正しい目的のために官僚を使うことができるので、権力を掌握した後、道具である官僚と対立する必要はないという結論が、菅氏の政治哲学から導き出される。思想史の系譜で見た場合、菅氏の発想が戦前、陸軍（当時、影響力が最も強かった官僚集団）と提携した左翼政党・社会大衆党と親和的だと私は考えている。菅氏の下で21世紀の日本ファシズムが育まれるかもしれない。もちろん、ファシズムという看板を掲げないファシズムである。そして、それは菅氏一人の問題にとどまらず、現下日本の政治エリート共通の問題なのである。この危険から抜け出すために、一方において、現在の社会の構造を冷徹に、存在論的に分析し、他方において、目に見えるこの社会を支える背後にある「見えない世界」を感知する力を取り戻さなくてはならないのである。いまここで新約聖書を読む意味は、まさにこの焦眉の課題を解決するためなのだ。

柄谷行人氏の『世界史の構造』

それでは、柄谷氏の『世界史の構造』に話を戻す。

柄谷氏は、『世界史の構造』を、学者や研究者ではなく、読書が好きな標準的な日本人を想定して書いている。それだから、本書は学術書と一般書の中間的な形態で書かれている（学術書ならば、註がはるかに多くなる。また、学術論文からの引用がもっと増える)。これは、柄谷氏が日本社会を統治する平均的エリート、具体的には政治家、官僚、マスコミ人、経済人などに自らの思想が伝わることを考えたからであると私は見ている。

序説「交換様式論」の冒頭で柄谷氏はこう述べる。

〈現在の先進資本主義国では、資本=ネーション=ステートという三位一体のシステムがある。それはつぎのような仕組みになっている。先ず資本主義的市場経済が存在する。だが、それは放置すれば、必ず経済的格差と階級対立に帰結してしまう。それに対して、ネーションは共同性と平等性を志向する観点から、資本制経済がもたらす諸矛盾の解決を要求する。そして、国家は課税と再分配や諸規制によって、その課題を果たす。資本もネーションも国家も異なるものであり、それぞれ異なる原理に根ざしているのだが、ここでは、それらが互いに補うように接合されている。それらは、どの一つを欠いても成立しないボロメオの環である。

これまで、このような仕組みをとらえようとした者はいない。だが、ある意味で、ヘーゲルの『法の哲学』がそれを把握しようとしたということができる。ただし、ヘーゲルは資本=ネーション=ステートを窮極的な社会形態として見ており、それを越えることを考えなかった。とはいえ、資本=ネーション=ステートを越えるためには、先ず、それを見出さなければならない。したがってまた、ヘーゲルの『法の哲学』を根本的に批判(吟味)することから始めなければならないので

ある。〉（柄谷行人『世界史の構造』岩波書店、２０１０年、３頁）

キリスト教は、神が三位一体の存在であると考える。「見えない世界」における構造が、神の現実をこの世界に反映する。柄谷氏は、資本＝ネーション（民族）＝ステート（国家）が、三位一体の構成をもち、切り離すことができないと考える。

この三位一体の構造を読み解く起点を柄谷氏は交換に置く。

柄谷氏は、交換を４つに類型化する。

Ａが互酬（贈与と返礼）

Ｂが略取と再分配（支配と保護）

Ｃが商品交換（貨幣と商品）

ＤがＸ

である。この独自の類型化について、柄谷氏の説明に耳を傾けてみよう。

〈交換といえば、商品交換がただちに連想される。商品交換の様式が支配的であるような資本主義社会にいるかぎり、それは当然である。しかし、それとは異なるタイプの交換がある。第一に、贈与―お返しという互酬である。人類学者マルセル・モースは、未開社会において、食物、財産、女性、土地、奉仕、労働、儀礼等、さまざまのものが贈与され、返礼される互酬的システムに、社会構成体を形成する原理を見出した。これは未開社会に限定されるものではなく、一般にさまざまなタイプの共同体に存在している。だが、厳密にいうと、この交換様式Aは共同体の内部の原理なのではない。

マルクスは、商品交換（交換様式C）が始まるのは共同体と共同体の間であるということを再三強調した。《商品交換は、共同体の終わるところに、すなわち、共同体が他の共同体または他の共同体の成員と接触する点に始まる》。ここで個人が交換しているようにみえても、実際には、家族・部族の代表者としての個人がそうしているのである。〉（前掲書8〜9頁）

交換は、共同体と共同体の間で行われるということに気づいたのが、マルクスの天才的洞察力なのである。アリストテレスが述べたように、人間は社会的動物である。人間は誰も1人で生きていくことはできない。私たちが、働いて賃金を得て、その賃金で商品を買う行為も、他の人間との結びつきなくしてはありえないのである。

交換様式Aは、現在も部分的に存在する。私の母親は沖縄の久米島出身だ。久米島は、沖縄本島の西約100キロメートルに位置する人口9000人足らずの島だ。16世紀に琉球王国の武力侵攻を受けるまでは、独立を保っていた。太平洋戦争前は自給自足が可能な島だった。現在、沖縄県の県民一人あたりの平均所得は全国平均の約7割である。久米島の島民一人あたりの平均所得は沖縄県平均の約7割だ。数字から見ると久米島は全国平均の5割以下で、貧困状態にあるが、実際は豊かである。それは、島民の間で互酬システムが機能しているからだ。野菜と海産物については、近所の人々が互いに贈与しあう。また、地元出身で経済的に成功した人は、島の同胞を経済的に支援する。こういうシステムが、久米島出身の人々に刷り込まれているのである。久米島における交換を分析してみても柄谷氏の考察が正しいことがわかる。海産物と野菜の交換にしても、漁民の共同体と農民の共同体の間での交換だ。もちろん交換を行う当事者は、そのようなことを意識せず「何となく」習慣に従って、贈与し合っているのだ。

官僚という名の収奪者

それでは、柄谷氏が言う交換形態Bはどのようなものか。

〈つぎに、交換様式Bもまた共同体の間で生じる。それは一つの共同体が他の共同体を略取することから始まる。略取はそれ自体交換ではない。では、略取がいかにして交換様式となるのか？　継続的に略取しようとすれば、支配共同体はたんに略取するだけでなく、相手にも与えなければならない。つまり、支配共同体は、服従する被支配共同体を他の侵略者から保護し、灌漑などの公共事業によって育成するのである。それが国家の原型である。国家の本質は暴力の独占にある、とマックス・ウェーバーは述べている。しかし、それが意味するのは、たんに国家が暴力にもとづくということではない。国家は、国家以外の暴力を禁じることで、服従する者たちを暴力から保護する。つまり、国家が成立するのは、被支配者にとって、服従することによって安全や安寧を与えられる

ような一種の交換を意味するときである。それが交換様式Bである。〉（前掲書10頁）

柄谷氏は、ある共同体が別の共同体を征服し、そこから略奪する交換様式をBと名づける。もっとも、交換様式の純粋な形態だと、常に戦いが続くことになる。征服の対象となる共同体には、事実上、限界がある。略奪によって生きている共同体は、略奪する対象がなくなると自ら存立することができなくなる。そこで、征服した人々を、あえて生かし、働かせ、そこから略奪（収奪）するようになる。柄谷氏は、このような共同体と共同体の交換関係に国家の起源を求める。

国家は抽象的な存在ではない。現実に存在する国家は、官僚によって担われている。官僚は、税金によって生活している。誰も税金は払いたくない。しかし、税金を払わないと、国家が暴力を行使して、徴収に来る。マルクスは、『資本論』において資本主義社会は資本家、労働者、地主の3大階級によって構成されていると考えたが、これはあくまでも社会構造の分析だ。この分析を行う際に、マルクスは国家を除外している。現実に存在する資本主義社会は国家なくして存在しない。官僚は、国家と結びついた階級なのである。従って、資本家、労働者、地主以外に第4の官僚階級が存在するのだ。この官僚階級は、税金を社会から収奪する。その際、過剰な収奪を行い、一部を社会に還元することで、官僚は自らが再分配機能を果たす中立的存在であることを装っている。しかし、官僚は、資本家、労働者、地主、その他の中間階級（職人、作家、芸術家など）を含む社会全体から収奪する存在なのである。私たちは無意識のレベルでこのことに気づいている。それだから、官僚以外の国民は、基本的に官僚に対して違和感をもっているのだ。

この国民の集合的無意識を巧みに引き出したのが小泉純一郎元首相だ。郵政民営化という表象で、官僚に対する階級闘争を小泉氏は展開し、それが国民の集合的無意識を刺激し、圧倒的な支持を得たのだ。郵便局員の給与に税金が1円も拠出されていないので、郵政事業庁の職員を民間人にしても、税金は1円も節約できないのであるが、そのような客観的事実を論理的にいくら指摘しても、国民の集合的無意識に影響を与えることはできない。小泉氏は、「見えない世界」に働きかける宗教的能力をもった宰相だったのである。

民主党政権になってからも、「事業仕分け」のような、官僚を標的とする政策に国民が共感するのも、収奪する階級である官僚に対する違和感が国民の意識の底に流れているからだ。

資本主義のなりたち

それでは、現下日本で主流である交換様式Cについての柄谷氏の説明に耳を傾けてみよう。

〈つぎに、第三の交換様式C、すなわち、商品交換は相互の合意にもとづくものである。それは交換様式AやB、つまり、贈与によって拘束したり、暴力によって強奪したりすることがないときに、成立するのである。つまり、商品交換は、互いに他を自由な存在として承認するときにのみ成立する。ゆえに、商品交換が発達するとき、それは、各個人を贈与原理にもとづく一次的な共同体の拘束から独立させるようになる。都市は、そのような個人が自発的に作ったアソシエーションによって形成される。もちろん、都市もそれ自体二次的な共同体として、その成員を拘束するようになるが、やはり一次的な共同体とは異質である。

商品交換に関して重要なのは、それが相互の自由を前提するにもかかわらず、相互の平等を意味するものではない、ということである。商品交換というと、生産物やサーヴィスが直接に交換されるようにみえるが、実際は、貨幣と商品の交換としておこなわれる。その場合、貨幣と商品、またはその所有者の立場は異なる。マルクスがいったように、貨幣は「何とでも交換できる質権」をもつ。貨幣をもつ者は、暴力的強制に訴えることなく、他人の生産物を取得し、他人を働かせることができる。それゆえ、貨幣をもつ者と商品をもつ者、あるいは、債権者と債務者は平等ではない。貨幣をもつ者は商品交換を通して貨幣を蓄積しようとする。それは、貨幣の自己増殖の運動としての、資本の活動である。資本の蓄積は、他者を物理的に強制することによってではなく、合意にもとづく交換を通してなされる。それは、異なる価値体系の間での交換から得られる差額(剰余価値)によって可能となる。むろん、それは貧富の差をもたらさずにいない。かくして、商品交換の様式Cは、交換様式Bによってもたらされる「身分」関係とは違った種類の「階級」関係——それらはしばしば相互に結びつくのだが——をもたらすのである。〉(前掲書11〜12頁)

商品経済は古代からあった。商品経済は必然的に貨幣を生み出す論理を柄谷氏は『資本論』に即して説明している。貨幣所有者は、任意の商品を購入することができる。貨幣は人間と人間の関係から生まれた物であるにもかかわらず、それ自身として特別の力があると見なされるようになる（物神性）。そして、貨幣を少しでも増やそうとして、商品を運営する。このような商品や貨幣の用い方を資本という。資本も商品経済があるところでは、必ず生まれた。しかし、商品、貨幣、資本が人間の経済生活にとって死活的な重要性を占める資本主義は、近代になって初めて実現した。

資本主義が成立するにあたって、労働力の商品化が必要とされる。いま労働者が月15万円の賃金で工場で働くとする。企業（資本家）は15万円以上の収益があがるから、この労働者を雇う。仮にこの労働者を雇うことによって、企業が25万円の収益をあげるとするならば、10万円をこの労働者は搾取されていることになる。しかし、搾取は違法でもなければ、道徳的に非難されるべき性格のことでもない。労働者は、自発的意志に基づいて、資本家の下で働くのだ。労働力の価値が賃金であるが、賃金はこの労働者が、生活し、休息をとり、再び労働することができるエネルギーを蓄え得るだけの商品を購入する価格によって決定されるとマルクスは考えた。従って、デフレになって物価が下がれば、賃金が下がるのは当然であるという論理がマルクス経済学からは導かれる。繰り返すが、『資本論』は、資本主義の内在的論理を体系知として示そうとしたのだ。労働者や資本家という特定の立場から、資本主義を分析したものではない。論理を追っていけば『資本論』の論理はすべての立場の人に理解可能なのである。

交換様式Dとはキリスト教「千年王国」か

さて、労働力の商品化にあたって、マルクスは2つの自由が必要であると強調した。第1は、労働力を商品として売らざるを得ない労働者が、身分的に自由であることだ。土地や人間関係に縛られず、自由に職業を選択することができるという条件だ。第2は、労働者が生産手段から自由になっているということだ。つまり、土地や機械、原材料をもっていないので、賃金労働者は、資本家に雇われることなく商品を生産し、それによって生活することができないという条件である。

資本主義システムが維持されるためには、賃金労働者が常に存在しなくてはならない。それだから、資本主義社会は、労働者という階級を再生産し続けるのである。

菅直人氏が唱える最小不幸社会は、国家という枠を固め、不幸を最小化（極小化）する条件を整えたもとで、それ以外のことは自由競争に委ねるという発想だ。交換様式B、Cで政治を運営するということである。菅氏の思想は、国家主義、新自由主義の双方と親和的なのである。

私は菅氏のような思想が日本を閉塞状況に追い込むと考える。そこには「目に見えないもの」に対する配慮が完全に欠如しているからだ。そこで、柄谷氏が述べる交換様式Dが重要になる。

〈それらに加えて、ここで、交換様式Dについて述べておかねばならない。それは、交換様式Bがもたらす国家を否定するだけでなく、交換様式Cの中で生じる階級分裂を越え、いわば、交換様式Aを高次元で回復するものである。これは、自由で同時に相互的であるような交換様式である。これは、前の三つのように実在するものではない。それは、交換様式BとCによって抑圧された互酬性の契機を想像的に回復しようとするものである。したがって、それは最初、宗教的な運動としてあらわれる。〉（前掲書12頁）

ここでようやく、柄谷氏の議論と新約聖書がつながる。イエスが説いた社会が、「自由で同時に相互的であるような交換様式」をとっていることは間違いない。ここで、キリスト教に話をもっていくことを急がずに、もう少し柄谷氏の言説をていねいに見ていこう。

柄谷氏は交換様式Dの具体的形態について、〈たとえば、社会主義、共産主義、アナーキズム、評議会コミュニズム、アソシエーショニズム……といった名で呼んでもよい。が、それらの概念には歴史的にさまざまな意味が付着しているため、どう呼んでも誤解や混乱をもたらすことになる。ゆえに、私はそれを、たんにXと呼んでおく。大切なのは、言葉ではなく、それがいかなる位相にあるかを知ることであるから。〉（前掲書14～15頁）

これにキリスト教の「神の国」や千年王国を加えてもいいだろう。さらに理念としての大東亜共栄圏を加えてもいい。柄谷氏は、大東亜共栄圏については、広域帝国主義で、むしろ交換様式Bのカテゴリーに組み入れている。それは現実としては正しいのであるが、理念としての大東亜共栄圏については、明らかに交換様式Dを指向するものだったと私は考える。
また、五・一五事件、二・二六事件などの右翼活動家とともにアナーキスト（無政府主義者）にも強い影響を与えた権藤成卿は社稷《しゃしょく》国家論を称揚した。社は土地の神で、稷とは五穀（米・麦・粟・豆・黍《きび》または稗《ひえ》）の神のことである。それぞれの地域で土地とその土地でとれる穀物の神を崇拝することで結束した下からの国家である。権藤は、社稷を中国から移入された律令（法律）によって統治される上からの国家と対立する概念としてとらえた。柄谷氏は権藤の社稷国家論についてこう述べる。
〈日本のファシズムの場合、一九三〇年代に最も影響力のあった思想家の一人、権藤成卿は、反国家主義・反資本主義を唱え、社稷（農業共同体）の回復を唱えた。そのとき、彼はそれを象徴するものとして天皇をもってきたのである。天皇はこの場合、明治以後の絶対王政とは逆に、日本の古代国家以前の社会の首長として解釈されている。興味深いことに、アナーキストの多くが権藤を支持した。天皇の下でのみ、国家無き社会が可能である、と彼らは考えたのである。それもまた、ファシズムとアナーキズムの親和性を示している。〉（前掲書392〜393頁）
日本ファシズムには、アナーキズムと親和的な、交換様式Dの理念があるということだ。この観点からすると、交換様式Dの理念を欠如する、菅直人的な最小不幸社会がファッショ化した場合、国家（官僚）の暴力によって国民を束ねるという、「乾いたファシズム」になる可能性が高い。

宗教が死に絶えない理由

柄谷氏は、４つの交換様式をマトリックスで示す。

〈交換様式は、互酬、略取と再分配、商品交換、そしてXというように、四つに大別される。これらは図１のようなマトリックスで示される。これは、横の軸では、不平等／平等、縦の軸では、拘束／自由、という区別によって構成される。さらに、図２に、それらの歴史的派生態である、資本、ネーション、国家、そして、Xが位置づけられる。〉

（前掲書15頁）

B　略取と再分配 （支配と保護）	A　互　酬 （贈与と返礼）
C　商品交換 （貨幣と商品）	D　　X

図１　交換様式

B　国　家	A　ネーション
C　資　本	D　　X

図２　近代の社会構成体

『世界史の構造』
（柄谷行人著／岩波書店）より

近代において、交換様式A（ネーション）、B（国家）、C（資本）は三位一体の構成をなし、互いに切り離すことができなくなっている。この枠組みの中で、人間社会に生じている問題を解決しようとしても、悪循環を繰り返すだけなのである。

イスラーム原理主義は、中東だけでなく、アジア、アフリカにも強い影響を及ぼしている。また、米国においては、キリスト教ファンダメンタリズムが影響力を拡大している。欧米さらに日本においても、カルト教団が治安上、無視できない力をもっている。これら宗教が力をもつのは、そのなかに柄谷氏が言うところのXの要素があるからだ。柄谷氏は宗教原理主義についてこう述べる。

〈今日、歴史の理念を嘲笑するポストモダニストの多くは、かつて「構成的理念」を信じたマルクス＝レーニン主義者であり、そのような理念に傷ついて、理念一般を否定し、シニシズムやニヒリズムに逃げ込んだ者たちである。しかし、彼らが社会主義は幻想だ、大きな物語にすぎないといったところで、世界資本主義がもたらす悲惨な現実に生きている人たちにとっては、それではすまない。現実に一九八〇年代以後、世界資本主義の中心部でポストモダンな知識人が理念を嘲笑している間に、周辺部や底辺部では、宗教的原理主義が広がった。少なくとも、そこには、資本主義と国家を越えようとする志向と実践が存在するからだ。もちろん、それは「神の国」を実現するどころか、聖職者＝教会国家の支配に帰着するほかない。だが、先進資本主義国の知識人にそれを嗤う資格はない。〉（前掲書351〜352頁）

柄谷氏の洞察は、事柄の本質を衝いている。21世紀の今日においても、交換様式D（X）は、宗教という形態をとって現れるのである。柄谷氏の、資本主義と国家を超えようとする宗教原理主義がもたらすのは「神の国」ではなく、〈聖職者＝教会国家の支配に帰着するほかない〉という指摘もその通りである。ここで重要なのは、21世紀になっても宗教が死に絶えない理由を柄谷氏が明らかにしたことだ。

聖書を直感と感情で読む

柄谷氏は、神を信じていない。唯物論の立場から、人間の社会を考察し、21世紀になってもなぜ宗教が死に絶えないかを明らかにした。私は、神を信じる。唯物論はとらない。しかし、凡庸な神学書よりも、柄谷氏の『世界史の構造』の方が、キリスト教徒が信じる神の現実を、より的確に物語っているのである。根本主義的(ファンダメンタル)でないキリスト教にも、資本主義と国家を超えようとするドクトリン(教義)が埋め込まれている。学術的な手続きを踏まなくても、直感と感情で新約聖書を読むことによって、このドクトリンの核心をつかむことができる。

資本に対するキリスト教の態度は、イエスと金持ちの青年の間でかわされた以下のやりとりから浮き彫りになる。

〈さて、一人の男がイエスに近寄って来て言った。「先生、永遠の命を得るには、どんな善いことをすればよいのでしょうか。」イエスは言われた。「なぜ、善いことについて、わたしに尋ねるのか。善い方はおひとりである。もし命を得たいのなら、掟を守りなさい。」男が「どの掟ですか」と尋ねると、イエスは言われた。「『殺すな、姦淫するな、盗むな、偽証するな、父母を敬え、また、隣人を自分のように愛しなさい。』」そこで、この青年は言った。「そういうことはみな守ってきました。まだ何か欠けているでしょうか。」イエスは言われた。「もし完全になりたいのなら、行って持ち物を売り払い、貧しい人々に施しなさい。そうすれば、天に富を積むことになる。それから、わたしに従いなさい。」青年はこの言葉を聞き、悲しみながら立ち去った。たくさんの財産を持っていたからである。

イエスは弟子たちに言われた。「はっきり言っておく。金持ちが天の国に入るのは難しい。重ねて言うが、金持ちが神の国に入るよりも、らくだが針の穴を通る方がまだ易しい。」弟子たちはこれを聞いて非常に驚き、「それでは、だれが救われるのだろうか」と言った。イエスは彼らを見つめて、「それは人間にできることではないが、神は何でもできる」と言われた。すると、ペトロがイエスに言った。「このとおり、わたしたちは何もかも捨ててあなたに従って参りました。では、わたしたちは何をいただけるのでしょうか。」イエスは一同に言われた。「はっきり言っておく。新しい世界になり、人の子が栄光の座に座るとき、あなたがたも、わたしに従って来たのだから、十二の座に座ってイスラエルの十二部族を治めることになる。わたしの名のために、家、兄弟、姉妹、父、母、子供、畑を捨てた者は皆、その百倍もの報いを受け、永遠の命を受け継ぐ。しかし、先にいる多くの者が後になり、後にいる多くの者が先になる。」〉（マタイ19 16−30）

ここで、イエスが問題にしているのは、財産のことだけではない。イエスとこの青年の会話がそもそもかみ合っていないのである。そもそも「善いことをすれば救われる」という救済観自体をイエスは否定している。そのことをこの青年はわかっていない。それだから、どの掟を守ればいいかと尋ねたのだ。これに対して、イエスは、「殺すな、姦淫するな、盗むな、偽証するな、父母を敬え、また、隣人を自分のように愛しなさい」と答えたが、これはモーセの十戒の後半部分で、他者との関係において愛を実践しろということだ。このような、愛の実践に完成はない。そのことをこの青年はわからない。自力救済主義に立って、「そういうことはみな守ってきました。まだ何か欠けているでしょうか」とイエスに尋ねる。そこで、イエスは意地悪をして、この青年が絶対に実行できないような課題を出したのだ。財産に依存する者は、「神の国」から遠いとイエスは考える。イエスは、ブラックユーモアを含めユーモアのセンスに富んでいる。それとともに意地の悪いところもある。また、物事を面白おかしく誇張して表現するのが好きだ。「はっきり言っておく。金持ちが天の国に入るのは難しい。重ねて言うが、金持ちが神の国に入るよりも、らくだが針の穴を通る方がまだ易しい」というのも、このような誇張表現の例だ。救済は、人間の地位、富、努力によって得られるものではない。神からの一方的恩恵によって得られるのだ。その意味で、キリスト教は他力本願の宗教なのである。浄土真宗の開祖・親鸞は、「南無阿弥陀仏」という念仏を唱えるのも人間の意思ではなく、絶対他力の力によって唱えさせられていると考えたが、キリスト教の神も絶対他力である。それだから、キリスト教はヒューマニズムを信用しない。強いて言うならば、神がイエス・キリストを通じて人間に働きかける「神のヒューマニズム」だけを是認する。それだから、人間の努力や運によって蓄積された富を救済と結びつけることをキリスト教は拒絶するのである。人間の価値を経済力で図るのは、イエスの教えに反するのだ。

「皇帝のものは皇帝に、神のものは神に」

イエスは、国家と貨幣に対して、警戒感を示す。エルサレムの神殿における皇帝に税金を納めることの是非に関するイエスの発言からそのことが浮き彫りになる。この出来事については、共観福音書のいずれもが言及しているので、それぞれ引用しておく。

「マルコによる福音書」12章13〜17節

〈さて、人々は、イエスの言葉じりをとらえて陥れようとして、ファリサイ派やヘロデ派の人を数人イエスのところに遣わした。彼らは来て、イエスに言った。「先生、わたしたちは、あなたが真実な方で、だれをもはばからない方であることを知っています。人々を分け隔てせず、真理に基づいて神の道を教えておられるからです。ところで、皇帝に税金を納めるのは、律法に適っているでしょうか、適っていないでしょうか。納めるべきでしょうか、納めてはならないのでしょうか。」イエスは、彼らの下心を見抜いて言われた。「なぜ、わたしを試そうとするのか。デナリオン銀貨を持って来て見せなさい。」彼らがそれを持って来ると、イエスは、「これは、だれの肖像と銘か」と言われた。彼らが、「皇帝のものです」と言うと、イエスは言われた。「皇帝のものは皇帝に、神

のものは神に返しなさい。」彼らは、イエスの答えに驚き入った。〉
「マタイによる福音書」22章15〜22節
〈それから、ファリサイ派の人々は出て行って、どのようにしてイエスの言葉じりをとらえて、罠にかけようかと相談した。そして、その弟子たちをヘロデ派の人々と一緒にイエスのところに遣わして尋ねさせた。「先生、わたしたちは、あなたが真実な方で、真理に基づいて神の道を教え、だれをもはばからない方であることを知っています。人々を分け隔てなさらないからです。ところで、どうお思いでしょうか、お教えください。皇帝に税金を納めるのは、律法に適っているでしょうか、適っていないでしょうか。」イエスは彼らの悪意に気づいて言われた。「偽善者たち、なぜ、わたしを試そうとするのか。税金に納めるお金を見せなさい。」彼らがデナリオン銀貨を持って来ると、イエスは、「これは、だれの肖像と銘か」と言われた。彼らは、「皇帝のものです」と言った。すると、イエスは言われた。「では、皇帝のものは皇帝に、神のものは神に返しなさい。」彼らはこれを聞いて驚き、イエスをその場に残して立ち去った。〉
「ルカによる福音書」20章20〜26節
〈そこで、機会をねらっていた彼らは、正しい人を装う回し者を遣わし、イエスの言葉じりをとらえ、総督の支配と権力にイエスを渡そうとした。回し者らはイエスに尋ねた。「先生、わたしたちは、あなたがおっしゃることも、教えてくださることも正しく、また、えこひいきなしに、真理に基づいて神の道を教えておられることを知っています。ところで、わたしたちが皇帝に税金を納めるのは、律法に適っているでしょうか、適っていないでしょうか。」イエスは彼らのたくらみを見抜いて言われた。「デナリオン銀貨を見せなさい。そこには、だれの肖像と銘があるか。」彼らが「皇帝のものです」と言うと、イエスは言われた。「それならば、皇帝のものは皇帝に、神のものは神に返しなさい。」彼らは民衆の前でイエスの言葉じりをとらえることができず、その答えに驚いて黙ってしまった。〉

この3つのテキストを比較していただくと気づくと思うが、「マタイ」と「ルカ」は、「マルコ」を下敷きにして書かれている。まず、この出来事が、エルサレムの神殿の中で行われていることに注意する必要がある。神殿には、さまざまなグループに属するユダヤ教徒が訪れていた。

当時、ファリサイ（パリサイ）派とヘロデ派のユダヤ教徒は、激しく対立する関係にあった。ユダヤ王国は滅ぼされ、パレスチナはローマ帝国の占領下に置かれていた。このような状況で、ヘロデ派はローマ帝国に対して融和的だった。そして、滅ぼされたヘロデ王家の復興をローマ帝国の下で実現しようと考えていた。それだからヘロデ派と呼ばれた。ローマ帝国側もヘロデ派に対しては、優遇措置をとっていた。

これに対して、ファリサイ派は、ローマ帝国と緊張関係にあった。ファリサイとは、「分離者」を意味するヘブライ語の「パルーシーム」、アラム語の「パリシャイヤ」を語源とする。ファリサイ派は、ユダヤ教の律法を遵守するために、律法について無知もしくは無関心なユダヤ人同胞を「地の民」と呼んで軽蔑し、自らをそこから分離した。非ユダヤ教徒のことも軽蔑し、交流しなかった。ファリサイ派は、ユダヤ社会のヘレニズム（ギリシア）化に抵抗して生まれてきた運動である。職人、商人、農民などに多く、ファリサイ派に属する律法教師、祭司、最高法院（国会）議員もいた。ユダヤ人社会に与える影響は大きかったのである。新約聖書で、ファリサイ派はイエスに敵対する偽善者のように描かれている。これは一種の近親憎悪だ。実際は、ユダヤ教の中ではファリサイ派がイエスの教説にいちばん近い。第三者的に見れば、キリスト教はファリサイ派の亜流なのである。

ファリサイ派とヘロデ派が共闘して、イエスを陥れようとして、皇帝への税金に関する質問をしているのだ。それだから、「ルカによる福音書」に、〈正しい人を装う回し者を遣わし、イエスの言葉じりをとらえ、総督の支配と権力にイエスを渡そうとした〉と書かれているが、ヘロデ派ならば、イエスを拘束してローマ当局に引き渡すことが可能だったのである。ここで問題になっている税金は、6年にローマがパレスチナを直轄領にした後、ユダヤ人に対して課された人頭税のことであった。ローマ帝国に税金を支払うことは、経済問題であるとともに宗教問題でもあった。ファリサイ派の中のサドクたちのグループ、それからゼロテ（熱心）党は、ローマ帝国への納税は、神ではなく、異教を信じる皇帝の命令に服することだと反対した。これに対して、親ローマ的なヘロデ派は、税金を当然払うべきであるという立場だった。

「皇帝に税金を納めるのは、律法に適っているでしょうか、適っていないでしょうか。納めるべきでしょうか、納めてはならないのでしょうか」という質問に対して、イエスが「納めるべきだ」と答えると、ファリサイ派と熱心党から「イエスは神を裏切った」と非難される。ローマに税金を払うべきでないという立場は、民衆に広く支持されているので（どの時代のどの国民も税金を払うのは嫌である）、イエスの信用が失墜する。イエスが「納めるべきでない」と答えると、反逆罪で拘束される危険がある。どちらの答えをしても、イエスを陥れることができるという計算の下で、この質問がなされたのである。

イエスはお人好しではない。不誠実な連中の質問にまともに答えて、窮地に陥るような間抜けなまねはしない。そこで、納税用に用いられるデナリオン銀貨を持って来て見せろという。ここにトリックがある。デナリオン銀貨には皇帝ティベリウスの像と皇帝を神聖な者とたたえる文字が刻まれている。これはユダヤ教の律法に照らすと偶像である。偶像を神殿に持ち込むことはタブーだ。イエスは引っかけ質問をした連中がタブーを犯すように誘導し、律法の是非について質問する資格を失わせた。その上で、「皇帝のものは皇帝に、神のものは神に返しなさい」と答えたのである。肩すかしを食わせたのだ。

国家と貨幣は起源を異にする存在だ。国家は、支配から生まれ、貨幣は市場から生まれる。国家が人為的に貨幣を造り出すことはできない。貨幣は、商品交換を円滑に進める上で必然的に生まれる。それは、歴史的に金もしくは銀に収斂された。金、銀は、何度も使われるうちに摩耗する。100グラムの金が摩耗して98グラムになれば、価値が2パーセント減少したことになる。そこで、国家が介入してくる。100グラムの金貨に、刻印を押して、摩耗した場合も100グラムの価値があることを保障するのだ。これを鋳貨という。鋳貨なくして、市場が円滑に機能することはない。鋳貨という形態を通じて、国家と貨幣が結びつくのである。

イエスは、デナリオン銀貨という鋳貨に対して無関心な態度を取る。同時に鋳貨を拒否しない。国家も貨幣も、それが人間社会にある以上、拒否はしないが、そこに究極的価値を見いだしてはならないというのがイエスの教えなのである。それだから、キリスト教徒は自らの価値観を国家や貨幣と同一化してはならないのである。これは、「なぜいけないのか」という理由が問われる問題ではなく、「イエス・キリストを通して神がいけないと言っているので、いけないのだ」という超越的命題なのである。私もイエスのこの教えに基づいて国家と社会について考え、行動するようにしている。

私のキリスト教信仰

さて、キリスト教は救済宗教であると、私は何度も繰り返した。この救済は、抽象的な論理や、道徳ではない。私自身が、イエス・キリストを通して神と向き合うことを通じて得た個人的確信に基づくものだ。それだから、ここで私のキリスト教信仰について記したい。

私がキリスト教の洗礼を受けたのは、1979年12月23日のことだ。当時、私は同志社大学神学部1回生だった。その後、洗礼を受けたことを後悔したり、信仰に揺らぎが生じたりしたことはない。別に私の意志力が特に強いから、信仰が揺らがないのではない。人間の意志や、知的努力などよりも、はるかに大きい力が、私を支配していると思っているので、信仰について揺らぎが生じないのである。

「あなたはどうしてキリスト教徒になったのですか」という質問もときどき受けるが、これに対してもうまい答えが見つからない。洗礼を受けた直接のきっかけは、無神論や宗教批判を研究して、神を否定してみたいと思って、その関連の神学書をいくつか読み始めたら、ヘーゲル左派のフォイエルバッハやマルクスが批判する宗教や、否定する神は、まさにキリスト教のすぐれた神学者も否定しなくてはならないと考える偶像であるということを理解したからだ。むしろ、カール・バルトやヨセフ・ルクル・フロマートカなど、弁証法を徹底的に駆使した神学者たちの方が、フォイエルバッハやマルクスよりも徹底した宗教批判を展開していることを知ったからだ。そこで、私が物心のよくつかない幼児の頃、母から刷り込まれたキリスト教信仰を私が自然に認めることができるようになったのだ。

母は、神学書については、私が翻訳したヨセフ・ルクル・フロマートカの自伝『なぜ私は生きているか』（新教出版社、１９９７年）を除き、一冊も読んだことがないと思う。キリスト教のドクトリン（教義）もよく知らなかった。20代の頃を除き、教会にも定期的には通っていなかった。しかし、聖書はよく読んでいた。２０１０年7月27日、母は79歳で死に、同31日に葬儀が行われた。母は文語訳の聖書をいつも読んでいた。母が愛用していた聖書は、形見として私の手元に残すことにし、棺には、私が銀座の教文館３階のキリスト教図書売り場で購入した小型版文語訳聖書を入れて荼毘《だび》に付した。

母は14歳のときに沖縄戦を経験した。その経験が恐らく母の死生観、世界観に強い影響を与えたのだと思う。そして、戦後しばらくして、プロテスタント教会で洗礼を受けた。母の自己意識では、母は14歳のときに一度死んでいる。この原体験が、母の人生、そして私に対する躾や教育、そして私のキリスト教信仰にも強い影響を与えた。ここで、母の生涯について語ることをお許し願いたい。

母が体験した沖縄戦

私の母（佐藤安枝、旧姓・上江洲《うえず》）は、１９３０年10月8日、沖縄の北大東島で生まれた。母の両親は、久米島の出身だ。一時期、母の父は北大東島のサトウキビ畑で出稼ぎ労働をしていた。心配になった祖母が北大東島に祖父を訪ねていったときに生まれたのが私の母だ。家族は、母の生後、数週間で北大東島から、久米島に戻った。

母は幼児期に急性灰白髄炎（ポリオ、いわゆる小児麻痺）にかかった。当時の久米島には、医師も看護師も一人もいなかった。母の両親は祈禱と民間療法で、母の健康回復に全力を尽くした。当時、久米島では多くの子供たちがポリオで命を失った。母は命はとりとめたが、右手に麻痺が残った。当時、久米島の女性はほとんど島から出ずに農家に嫁いで生涯を送るというのが標準的なライフサイクルだった。しかし、右手に障害がある娘は激しい農作業に耐えられないと考えた両親が、母に教育を受けさせ、人生の選択の可能性を広げることを考えた。母の一族は、琉球王国時代、久米島具志川間切《まぎり》の地頭代をつとめていた。久米島は離島であったが、首里王府から広範な自治が認められており、地頭代が事実上、住民を統治していた。母の父は、四書五経を素読し、楽しみは三国志の話をすることであったという。

久米島には、当時、国民学校（小学校）しかなかった。母は那覇の親戚の家に身を寄せ、昭和高等女学校に通った。１９４４年、戦局が厳しくなり、学校から3、4年生は学徒隊（後に梯梧《でいご》隊と呼ばれるようになる）に志願し、1、2年生は家族の元に帰るようにと指導された。女学校2年生で当時14歳だった母は、帰郷するはずだった。しかし、沖縄本島と久米島をむすぶ連絡船は、米軍の空爆で沈められ、帰郷の可能性は奪われていた。母の2人の姉が那覇で生活していた。24歳になる上の姉が「石部隊」（陸軍第62師団）の軍医部に勤務していた関係で、母は14歳で辞令を受け正規の軍属として勤務することになった。

母たち三姉妹は最前線で軍と行動をともにした。前田高地の激戦で、母は米軍のガス弾を浴びた。幸い、すぐそばに軍医がいて、注射などの処置を受けたので命拾いした。軍人の中にはすぐに大声で怒鳴り、ビンタをはたく乱暴者もいたが、「米軍は女子供を殺すことはしない。捕虜になりなさい」とそっと耳打ちする英語に堪能な東京外事専門学校（現東京外国語大学）出身の兵士もいた。こういう助言をしてくれた日本兵は、この東京外事専門学校卒のインテリ兵だけでなく、何人もいた。

母が軍属となるために尽力したのは、前川大尉だったが、この大尉は陸軍士官学校や予備仕官の出身ではない兵卒からの叩き上げだった。あるとき、「石部隊の参謀は馬鹿ばかりだ。あまりに腹が立つので、会議の後、庭に出て上官の前で立ち小便をしてやった」と言っていたという。佐官級の将校も前川大尉には一目も二目も置いていたという。「軍隊の階級と実力は違う。非常時になると実力のある者の方が上に立つ」という話を私は子供の頃から、前川大尉のエピソードとともに何度も聞かされた。外交官になった後、私はソ連帝国の解体過程の目撃者になった。ロシア社会の混沌とした状況で下克上がよく起きた。そのとき母から聞かされた前川大尉の話を何度も思い出し、その通りだと思った。

前川大尉のエピソードは立ち小便の話だけではない。この大尉は、米軍が沖縄に上陸する前にチフスで病死した。死ぬ直前に母は、やせ衰えた前川大尉からこう言われたという。

「俺はもうすぐ死ぬ。いいかよく聞け。俺が死ぬから沖縄は負ける。日本も負ける。米軍は女子供は絶対に殺さない。捕虜になれ。そして生き残れ。将来、いい男を見つけて結婚し、子供をつくるんだ。こんな戦争に負けたぐらいで日本は滅びない」

そして、母は「あなたが内地に行くことがあったら、俺のお袋に届けてくれ」と言われ、写真と手紙を託《ことづ》かった。これが、その後、母が前線で多くの将兵から預かることになる手紙や写真の第1号だった。

飛行機が空襲で焼かれてしまったため、米軍に「斬り込み」攻撃を行った将校たちから、「いつか日本に行くことがあったらお袋に届けてくれ」と遺書や写真を母はいくつも託された。「航空服を着た特攻隊員たちは、とても格好がよかったので、あこがれた」と母は私に述べていた。しかし、その遺書と写真は、捕虜になったときに米軍によってすべて取り上げられてしまった。斬り込みに行く田口中尉から預かった小さな太鼓型の「お守り」だけが、母のズボンのポケットの底に偶然残っていた。戦後、10年以上経ったとき、田口中尉の遺族を、私の父が探し当てた。母は、斬り込みで死んだ息子の最期について御母堂に伝えることができた。母は中尉から預かった「お守り」を御母堂に渡した。するとしばらくして、その御母堂から「よく考えたが、この太鼓はあなたがもっていてくれた方がいい」と送り返してきた。この太鼓型のお守りが母にとって沖縄戦を伝える唯一のきた。「物証」だった。母の死後、遺品の中から、油紙でていねいに包まれたこの太鼓型のお守りがでてきた。

生死を分かつ瞬間に起きたこと

1945年6月22日（一般には23日となっているが、元沖縄県知事の大田昌秀琉球大学名誉教授の実証研究に基づく22日説を私は正しいと考える）、沖縄本島南端の摩文仁《まぶに》の司令部壕で第32軍（沖縄守備軍）の牛島満司令官（陸軍中将）、長《ちょう》勇参謀長（陸軍中将）が自決し、沖縄における日本軍による組織的戦闘は終結した。その後も、母は摩文仁の海岸にある自然の洞穴に数週間潜んでいた。小さな洞穴に、17人が潜んでいたという。恐らく6月22日未明のことだ。摩文仁には1カ所だけ井戸があった。母がそこで水を汲んでいるときに、2人の下士官と会った。2人は母に「われわれは牛島司令官と長参謀長にお仕えしていた。2人はこれから自決するので、戦争はこれで終わる」と伝えた。

母たちは投降せずに、沖縄本島北部に筏《いかだ》で逃げ出すことを考えていた。北部の密林地帯で、米軍に対するゲリラ戦を展開することを考えていたのだ。しかし、海を見ると、米軍の艦船が十重《とえ》二十《はた》重《え》に島を囲んでいる。夜間も照明弾がひっきりなしに降ってくる。夜闇に紛れて脱出することも不可能だった。そこで、洞穴にいる17人は、水汲みや用便の帰りに米兵に発見された場合は、自決するか、洞穴と異なる方向に敵兵を誘導するという約束をした。しかし、この約束は守られなかった。

7月に入ってからのことだ。母たちは米兵に発見された。用便に行った日本兵が米軍に発見されたが、約束を守らずに洞穴に戻ってきたからだ。訛りの強い日本語で米兵が「スグニ、デテキナサイ。テヲアゲテ、デテキナサイ」と投降を呼びかける。洞穴の入り口には十数丁の三八式歩兵銃が並んでいる。外側から、暗い洞穴の中の様子は見えない。日本語を話す米兵の横には自動小銃を抱えた別の米兵が立っている。その米兵はぶるぶる震え、自動小銃が揺れていた。

母は自決用に渡されていた2つの手榴弾のうちの1つをポケットから取りだし、安全ピンを抜いた。信管（起爆装置）を洞窟の壁に叩きつければ、4〜5秒で手榴弾が爆発する。母は一瞬ためらった。そのとき、母の隣にいた「アヤメ」という名の北海道出身の伍長が、

「死ぬのは捕虜になってからでもできる。ここはまず生き残ろう」

と言って手を上げた。

母は命拾いした。私は子供の頃から何度も「ひげ面のアヤメ伍長があのとき手を上げなければ、お母さんは手榴弾を爆発させていた。そうしたらみんな死んだので、優君が生まれてくることもなかった。お母さんは北海道の兵隊さんに救われた」という話を聞かされた。

母は捕虜になった後、大浦崎収容所に連行された。いま米海兵隊普天間飛行場の移設先として話題になっている辺野古崎周辺だ。ここには、沖縄人収容所が設けられていた。米軍は、沖縄人は日本人とは別の民族という認識をもっていたので、沖縄人は分離されたのである。母は軍属であった

が、民間人の避難民と同じ扱いを受けた。収容所では米軍の軍用食が十分に配給され、母たちは、ひもじい思いをすることはなくなった。学校も始まった。もっとも教科書もノートも鉛筆も、黒板もチョークもない。戦争で生き残った教師が、浜辺に生徒を集め、木の枝で白い砂の上に字を書いて、消しながら国語の授業をした。そしてみんなで歌を歌った。学生らしい生活が少しだけ戻ってきた。

収容されてどれくらい経ったか、母の記憶は定かではないが、ある暑い日の昼過ぎのことだ。収容所当局が集会所の前に収容者全員が集まるようにと指示した。収容所幹部が「日本は降伏した。戦争は終わったので、今日からここに星条旗を掲げる。敬礼するように」と命じた。星条旗が掲揚されたが、誰一人、敬礼しない。誰かが日の丸をもってきた。そして、星条旗の下に日の丸をつけて、掲揚した。それでも誰も星条旗に敬礼しようとしない。収容所当局も星条旗に敬礼させることをあきらめた。

その数時間後のことだった。しばらく聞かなかった大砲と機関銃の激しい音がした。誰かが「日本軍の飛行機だ」と叫んだ。母が海を見ると、大浦湾に停泊する米艦船に翼に日の丸がついた十数機の特攻機が突っ込もうとしている。日本が降伏したにもかかわらず、恐らく九州から飛んできたであろう日本軍機だ。その姿を見て、母は、その数カ月前、激戦のさなかで石部隊の司令部で将校から聞かされた「いま戦艦大和が沖縄を助けに向かっている。日本は絶対に沖縄を見捨てない」という話を思い出した。結局、米艦への体当たりに成功した特攻機は一機もなかった。全機が打ち落とされた。しかし、米軍は明らかに虚をつかれ、あわてふためいた。辺野古崎周辺は、大日本帝国最後の特攻隊が散華《さんげ》した場でもあるのだ。

沖縄の人々には、学校で教えられる公の歴史とは別に、それぞれの家庭で、言葉で伝えられる沖縄戦の物語がある。私の母の物語は、沖縄戦を体験した他の沖縄人と比較すると日本軍に対して明らかに甘い。母が学徒隊の一員としてではなく、正規の軍属として戦争に参加した故に視座が日本軍（特に石部隊）と親和的になっている点は否めない。また、1952年に沖縄を去り、その後、ずっと東京と埼玉で暮らしたため、米国施政権下の沖縄の苦難を共有していないという点もある。

しかし、決定的な差異は、生と死を分かつ瞬間に起きた母の原体験に起因すると私は見ている。母の原体験では、「死ぬのは捕虜になってからでもできる。ここはまず生き残ろう」というアヤメ伍長の一言と、両手を挙げる勇気によって、救われたのである。あの瞬間、日本兵が目の前で友軍兵あるいは沖縄の住民を殺害する姿を見ていたら、あるいは「米軍は女子供を殺すことはしない。捕虜になりなさい」と耳打ちする将兵が一人もいなかったならば、東京出身で、中国大陸で陸軍航空隊の通信兵として従軍し、その後、米軍軍属として嘉手納《かでな》飛行場の建設に従事した男性（私の父）を母が結婚相手に選び、本土に渡ることはなかったと思う。もちろん私が生まれてくることもなかった。また、母が別の男性と結婚し、息子ができても、「日本国家に仕える仕事に就くな」と言って外務官僚になることに反対したであろう。

洗礼を拒否した父

2002年5月14日、鈴木宗男衆議院議員をめぐる事件で、私は東京地方検察庁特別捜査部によって逮捕された。2003年10月8日、私は東京拘置所での512泊513日の勾留を終えて、さいたま市の母のもとに身を寄せた。父は2000年に死去したので、団地で母が一人で住んでいた。この日は母の73歳の誕生日でもあった。私は恐る恐る玄関のチャイムを押した。扉が開いた。母は私の顔を見るなり、涙を少しだけ浮かべ、「私はあの戦争で弾に一度もあたらなかった。運がとても良かった。優君は、私から生まれたのだから運がいいはずだ。逮捕されたこと、牢屋に入ったことなどたいした話ではない。命までもっていかれるわけではないから」と言った。ここで、母の沖縄戦体験と私の獄中体験が交錯した。そして「日本国家とどう付き合うか」という問題が浮かび上がった。母は、戦後、プロテスタント教会で洗礼を受け、キリスト教徒になった。政治的には非武装中立を掲げる日本社会党の熱心な支持者になった。同時に、母は靖国神社にも参拝していた。母とともに石部隊の軍属であったすぐ上の姉が、戦死し、英霊として靖国神社に祀られているからだ。母はあの戦争を体験した日本国家とヤマトゥンチュ（沖縄出身者以外の日本人）に対する二律背反的な感情をあえて整理しないことに決めたようだ。その二律背反的な母の国家観は明らかに私に影響を与えている。

今振り返って見ると、母のキリスト教信仰は、控えめで、静かだった。母が誰かにキリスト教を布教しようとする姿を私は見たことがない。しかし、物心がつくかつかないころから、私は母に連れられて教会に通った記憶がある。ただ一度だけ、母が他者にキリスト教の洗礼を受けさせようとしたことがある。それは、２０００年11月に父が死ぬ直前だ。母は、知り合いの牧師を呼び、父にキリスト教の洗礼を受けさせる方向に誘導しようとした。しかし、父が消極的なので、母は私に「お父さんにキリスト教の話をしてやってくれ」と言った。

父は末期癌で、医師からも持ち時間が少ないことを宣告されていた。母の意向に極力沿うようにして、キリスト教を受け入れようと思ってもどうしてもしっくりこないと父は言った。父は私にこう言った。

「まだ優が生まれる前に、お母さんと一緒にあちこちの教会に行った。プロテスタントの教会にも、カトリックの教会にも、それからニコライ堂（日本ハリストス正教会）にも行って、牧師や神父の話を聞いた。ただお父さんにはどうしても、キリスト教を信じる気になれないんだ。うちは3代前は、臨済宗妙心寺派の住職だった。その関係で、お父さんは子供の頃から座禅をよく組んだ。人間の救いは、自分の力でつかみ取るべきと思う。キリスト教の教えは、どうも浄土真宗の他力本願のように思えてならない。お父さんはあくまでも自力本願でいきたいんだ」

父の話を聞いて、私はもっともだと思った。母には、「お父さんは、どうしても禅宗にこだわりがあるので、キリスト教の洗礼を受けるつもりはないようだ」と言った。母は、「わかった」と言って、父に洗礼を受けさせることはあきらめた。

父の死後、封をしたメモがでてきた。そこには、「葬儀は不要。しかし、どうしてもやらざるを得ないならば、葬式代は既に葬儀会社に払い込んであるので、この範囲内で済ませること。宗派は、安枝の判断に委ねる。ただし、親族のみの密葬にすること」とボールペンで走り書きがなされ、葬儀会社への支払い証明書が同封されていた。母は、躊躇することなく、キリスト教式で父の葬儀を行った。母は棺に父の眼鏡と愛用していたトランジスタラジオを入れ、私は、父が「お父さんは、戦争中、この飛行機の無線機を整備していたんだ」といつも懐かしそうに話していた陸軍九九式軽爆撃機と陸軍一式戦闘機「隼」のプラモデルを入れた。

母は沖縄戦の経験を通じ、自分が生き残ったのは偶然ではなく、そこに神の意志が働いていると感じたのである。あの戦争で死んだ親族や友人、そして、軍人たちが、死体から復活することを信じていた。そうしなくては、自分だけが生き残ったという心理的重圧に押しつぶされてしまうと感じたのだろう。父の葬儀について、キリスト教式にこだわったのも、そうすれば終わりの日に、復活した父と再び会うことができると母が考えていたからだと思う。

母がキリスト教信仰に救いを感じていたのは間違いない。しかしそれはあくまでも、母自身の救いであり、その確信を他人に広めるという発想が、母親にはまったくなかったのである。

父と母の宗教観から、いちばんはじめに触れた世界観型の宗教や思想から、人が離れることは、ほぼ不可能なのだと思った。父の場合、仏教は儀式的なものではなく、禅宗の自力本願という世界観と結びついていた。母はそもそも沖縄のシャーマニズム的な世界観の中で生まれ育った。沖縄戦の体験を経て、それを超える「何か」を必要としているときにキリスト教と出会った。そして、キリスト教の洗礼を受けた。同時に母は、シャーマニズム的な宗教感覚も大切にした。それだから、靖国神社に英霊を感じたのだと思う。

「受けるよりは与える方が幸いである」

両親の話から、私自身のキリスト教信仰に話を戻す。

同志社大学神学部と大学院では、よい教師と友人に恵まれた。その事情については、『私のマルクス』(文藝春秋、2007年)に詳しく記したので、ここでは繰り返さない。自分で言うのも面はゆいが、他のどの神学生よりも一生懸命になって神学を勉強したと自負している。それは大学2回生のときにチェコの傑出した神学者ヨセフ・ルクル・フロマートカの神学に触れたからだ。あれから30年を経たが、私は未だにフロマートカの引力圏から抜け出すことができない。フロマートカは、「フィールドはこの世界である」と強調した。キリスト教徒が生きるのは、教会の中や、アカデミズムではなく、いまここにある現実なのだということだ。この神学者の思想に触れることがなければ、私が外交官になることもなかったであろう。

フロマートカは、「使徒言行録」の影響を強く受けた神学者である。特にエフェソの長老たちに別れを告げる以下の部分だ。少し長くなるが、私のキリスト教信仰を説明するために重要な箇所なので、お付き合い願いたい。

〈パウロはミレトスからエフェソに人をやって、教会の長老たちを呼び寄せた。長老たちが集まって来たとき、パウロはこう話した。「アジア州に来た最初の日以来、わたしがあなたがたと共にどのように過ごしてきたかは、よくご存じです。すなわち、自分を全く取るに足りない者と思い、涙を流しながら、また、ユダヤ人の数々の陰謀によってこの身にふりかかってきた試練に遭いながらも、主にお仕えしてきました。役に立つことは一つ残らず、公衆の面前でも方々の家でも、あなたがたに伝え、また教えてきました。神に対する悔い改めと、わたしたちの主イエスに対する信仰とを、ユダヤ人にもギリシア人にも力強く証ししてきたのです。そして今、わたしは、〝霊〟に促されてエルサレムに行きます。そこでどんなことがこの身に起こるか、何も分かりません。ただ、投獄と苦難とがわたしを待ち受けているということだけは、聖霊がどこの町でもはっきり告げてくださっています。しかし、自分の決められた道を走りとおし、また、主イエスからいただいた、神の恵みの福音を力強く証しするという任務を果たすことができさえすれば、この命すら決して惜しいとは思いません。

そして今、あなたがたが皆もう二度とわたしの顔を見ることがないとわたしには分かっています。わたしは、あなたがたの間を巡回して御国を宣べ伝えたのです。だから、特に今日はっきり言います。だれの血についても、わたしには責任がありません。わたしは、神の御計画をすべて、ひるむことなくあなたがたに伝えたからです。どうか、あなたがた自身と群れ全体とに気を配ってください。聖霊は、神が御子の血によって御自分のものとなさった神の教会の世話をさせるために、あなたがたをこの群れの監督者に任命なさったのです。わたしが去った後に、残忍な狼どもがあなたがたのところへ入り込んで来て群れを荒らすことが、わたしには分かっています。また、あなたがた自身の中からも、邪説を唱えて弟子たちを従わせようとする者が現れます。だから、わたしが三年間、あなたがた一人一人に夜も昼も涙を流して教えてきたことを思い起こして、目を覚ましていなさい。そして今、神とその恵みの言葉とにあなたがたをゆだねます。この言葉は、あなたがたを造り上げ、聖なる者とされたすべての人々と共に恵みを受け継がせることができるのです。わたしは、他人の金銀や衣服をむさぼったことはありません。ご存じのとおり、わたしはこの手で、わたし自身の生活のためにも、共にいた人々のためにも働いたのです。あなたがたもこのように働いて弱い者を助けるように、また、主イエス御自身が『受けるよりは与える方が幸いである』と言われた言葉を思い出すようにと、わたしはいつも身をもって示してきました。」

このように話してから、パウロは皆と一緒にひざまずいて祈った。人々は皆激しく泣き、パウロの首を抱いて接吻した。特に、自分の顔をもう二度と見ることはあるまいとパウロが言ったので、非常に悲しんだ。人々はパウロを船まで見送りに行った。〉（使徒言行録20 17－38）

この箇所を神学生時代も、外交官になって仕事で壁に突き当たったときも、そして国策捜査で逮捕され、東京拘置所の独房に閉じ込められていたときも、何度も何度も繰り返し読んだ。特にイエスの「受けるよりは与える方が幸いである」という言葉が私に勇気を与えてくれた。限られた人生の中で、自分が他者から「受けること」を第一義に考えるのではなく、他者に自分が何か「与えること」ができないかと考えることにより、この世界が異なって見えるようになることを私は実感した。今後もこの実感を忘れずに生きていきたいと思う。

巻Ⅱでは、イエスの教えをユダヤ教から分離し、キリスト教を形成したパウロを軸にして話を進めたい。それから、新約聖書で、この世界の終末について述べた特異な文書である「ヨハネの黙示録」の現代的意義について、私の見解を述べたい。巻Ｉと巻Ⅱをあわせて、新約聖書をすべて読むと、1＋1が、2ではなく4か5になる。これでキリスト教の精髄をとらえることができる。是非、巻Ⅱも手にとってほしい。

さて、本書が想定する宗教に特別な関心をもっていない読者を対象にここまで記述を進めてきたが、新約聖書についてもっと深く知りたいと考える読者には、参考文献として以下の3冊を勧める。

1　山内眞監修『新共同訳　新約聖書略解』（日本基督教団出版局　2000年）

本文でも言及したが、牧師が「アンチョコ（教科書ガイド）」として用いている註解書だ。日本の第一線で活躍する新約聖書神学者の共同作業だ。各執筆者は、牧師が教会の実務で用いるということを考慮して、自らの見解に固執するよりも、現時点の聖書研究で受け入れられている標準的見解に基づいて記述することに努めている。プロテスタント系の神学者が執筆しているが、カトリック神学の成果も考慮している。

なお本文に記した各福音書の成立時期、執筆場所等に関する記述は、この註解の見解を踏襲した。

2　ギュンター・ボルンカム（佐竹明訳）『新約聖書』（新教出版社　1972年）

1979年に私が同志社大学神学部に入学した後、新約聖書神学入門の授業で、一番最初に読まされた本だ。新約聖書の全体像をわかりやすく説明している。ちなみに神学に関しては、新しい概説書、研究書を追いかけるよりも、古典的な地位を確保した基本書をまず読むことが重要だ。ボルンカムのこの本は、基本書中の基本書である。

3　W・G・キュンメル（山内眞訳）『新約聖書神学　イエス・パウロ・ヨハネ』（日本基督教団出版

局　1981年）

牧師や神学者として新約聖書神学の基礎知識を必要とする人を対象に書かれた本である。翻訳もわかりやすい。オンデマンド出版なので値段は少し高いが（税込みで7350円）、1、2、では物足りないと感じる読者に勧める。

本書は、文春新書の飯窪成幸局長、衣川理花氏の協力がなければ、実現しませんでした。この場を借りて感謝申し上げます。また、新共同訳新約聖書の転載を許可して下さった財団法人日本聖書協会にも感謝申し上げます。

2010年9月6日　箱根仙石原の仕事場で

佐藤　優

佐藤　優（さとう まさる）

1960年東京都生まれ。作家・元外務省主任分析官。同志社大学大学院神学研究科修了。著書に『国家の罠』（新潮社、毎日出版文化賞特別賞）、『自壊する帝国』（新潮社、新潮ドキュメント賞と大宅壮一ノンフィクション賞）、『功利主義者の読書術』（新潮社）、『はじめての宗教論』（生活人新書）、『私のマルクス』『甦る怪物』『交渉術』（文藝春秋）、『ぼくらの頭脳の鍛え方』（文春新書）など。

文春新書

774

新約聖書《しんやくせいしょ》 I

2010年10月20日　第1刷発行
2023年9月1日　第10刷発行

訳　者　共同訳聖書実行委員会／日本聖書協会
解　説　佐藤　優
発行者　飯窪成幸
発行所　株式会社　文藝春秋

〒102-8008　東京都千代田区紀尾井町3-23
電話（03）3265-1211（代表）

印刷所　理想社
付物印刷　大日本印刷
製本所　大口製本

定価はカバーに表示してあります。
万一、落丁・乱丁の場合は小社製作部宛お送り下さい。
送料小社負担でお取替え致します。

ISBN978-4-16-660774-7　Printed in Japan

◆世界の国と歴史

完全版 ローマ人への質問 塩野七生
歴史とはなにか 岡田英弘
常識の世界地図 21世紀研究会編
食の世界地図 21世紀研究会編
新・民族の世界地図 21世紀研究会編
カラー新版 地名の世界地図 21世紀研究会編
カラー新版 人名の世界地図 21世紀研究会編
フランス7つの謎 小田中直樹
一杯の紅茶の世界史 磯淵 猛
新約聖書I 新共同訳 佐藤 優解説
新約聖書II 新共同訳 佐藤 優解説
佐藤優の集中講義 民族問題 佐藤 優
池上彰の宗教がわかれば世界が見える 池上 彰
新・戦争論 池上 彰 佐藤 優
大世界史 池上 彰 佐藤 優
新・リーダー論 池上 彰 佐藤 優

独裁者プーチン 名越健郎
韓国併合への道 完全版 呉 善花
侮日論 呉 善花
韓国「反日民族主義」の奈落 呉 善花
イスラーム国の衝撃 池内 恵
グローバリズムが世界を滅ぼす エマニュエル・トッド ハジュン・チャン 柴山桂太・中野剛志・藤井聡・堀 茂樹
「ドイツ帝国」が世界を破滅させる エマニュエル・トッド 堀 茂樹訳
シャルリとは誰か? エマニュエル・トッド 堀 茂樹訳
問題は英国ではない、EUなのだ エマニュエル・トッド 堀 茂樹訳
老人支配国家 日本の危機 エマニュエル・トッド
第三次世界大戦はもう始まっている エマニュエル・トッド 大野 舞訳
トッド人類史入門 西洋の没落 エマニュエル・トッド 片山杜秀・佐藤 優
中国4・0 エドワード・ルトワック 奥山真司訳
戦争にチャンスを与えよ エドワード・ルトワック 奥山真司訳
日本4・0 エドワード・ルトワック 奥山真司訳
ラストエンペラー習近平 エドワード・ルトワック 奥山真司訳
地経学とは何か 船橋洋一
大学入試問題で読み解く「超」世界史・日本史 片山杜秀

ベートーヴェンを聴けば世界史がわかる 片山杜秀
戦争を始めるのは誰か 渡辺惣樹
第二次世界大戦 アメリカの敗北 渡辺惣樹
韓国を支配する「空気」の研究 牧野愛博
金正恩と金与正 牧野愛博
知立国家 イスラエル 米山伸郎
「中国」という神話 楊 海英
独裁の中国現代史 楊 海英
ジェノサイド国家中国の真実 于田ケリム 楊 海英
人に話したくなる世界史 玉木俊明
16世紀「世界史」のはじまり 玉木俊明
トランプ ロシアゲートの虚実 小川 聡 東 秀敏
世界史の新常識 文藝春秋編
ヘンリー王子とメーガン妃 亀甲博行
コロナ後の世界 ジャレド・ダイアモンド ポール・クルーグマン リンダ・グラットン マックス・テグマーク スティーブン・ピンカー スコット・ギャロウェイ 大野和基編
コロナ後の未来 ユヴァル・ノア・ハラリ カタリン・カリコ ポール・ナース リンダ・グラットン リチャード・フロリダ スコット・ギャロウェイ イアン・ブレマー 大野和基編
パンデミックの文明論 ヤマザキマリ 中野信子
盗まれたエジプト文明 篠田航一

◆考えるヒント

民主主義とは何なのか　長谷川三千子
寝ながら学べる構造主義　内田　樹
私家版・ユダヤ文化論　内田　樹
勝つための論文の書き方　鹿島　茂
成功術　時間の戦略　鎌田浩毅
世界がわかる理系の名著　鎌田浩毅
ぼくらの頭脳の鍛え方　立花　隆　佐藤　優
知的ヒントの見つけ方　立花　隆
立花隆の最終講義　立花　隆
日本人へ　リーダー篇　塩野七生
日本人へ　国家と歴史篇　塩野七生
日本人へ　危機からの脱出篇　塩野七生
日本人へⅣ　逆襲される文明　塩野七生
日本人へⅤ　誰が国家を殺すのか　塩野七生
完全版　ローマ人への質問　塩野七生
イエスの言葉　ケセン語訳　山浦玄嗣

聞く力　阿川佐和子
叱られる力　阿川佐和子
看る力　阿川佐和子　大塚宣夫
臆病者のための裁判入門　橘　玲
女と男　なぜわかりあえないのか　橘　玲
「強さ」とは何か。　鈴木義孝構成　宗由貴監修
何のために働くのか　寺島実郎
女たちのサバイバル作戦　上野千鶴子
在宅ひとり死のススメ　上野千鶴子
サバイバル宗教論　佐藤　優
サバイバル組織術　佐藤　優
無名の人生　渡辺京二
生きる哲学　若松英輔
危機の神学　若松英輔　山本芳久
脳・戦争・ナショナリズム　中野剛志・中野信子・適菜　収
歎異抄　救いのことば　釈　徹宗
プロトコールとは何か　寺西千代子
それでもこの世は悪くなかった　佐藤愛子

知らなきゃよかった　池上　彰　佐藤　優
知的再武装　60のヒント　池上　彰　佐藤　優
無敵の読解力　池上　彰　佐藤　優
死ねない時代の哲学　村上陽一郎
コロナ後の世界　ジャレド・ダイアモンド　ポール・クルーグマン　リンダ・グラットン　マックス・テグマーク　スティーブン・ピンカー　スコット・ギャロウェイ　大野和基編
コロナ後の未来　ユヴァル・ノア・ハラリ　カタリン・カリコ　ポール・ナース　リンダ・グラットン　リチャード・フロリダ　スコット・ギャロウェイ　イアン・ブレマー　大野和基編
スタンフォード式　お金と人材が集まる仕事術　西野精治
なんで家族を続けるの？　内田也哉子　中野信子
教養脳　福田和也
コロナ後を生きる逆転戦略　河合雅司
超空気支配社会　辻田真佐憲
明日あるまじく候　細川護熙
百歳以前　徳岡孝夫　土井荘平
老人支配国家　日本の危機　エマニュエル・トッド
迷わない。完全版　櫻井よしこ
いまさら聞けない　キリスト教のおバカ質問　橋爪大三郎
ちょっと方向を変えてみる　辻　仁成
フェミニズムってなんですか？　清水晶子

文春新書好評既刊

塩野七生
ローマ人への20の質問

古代ローマは人間の生き方、リーダーシップ、国のありかたを学ぶ宝庫だ。その古代ローマがぐっと身近になる塩野七生の「ローマ入門」

082

内田 樹《たつる》
私家版・ユダヤ文化論

ユダヤ人はどうして知性的なのか？ なぜ、ユダヤ人は迫害されるのか？ レヴィナスらの思想を検討し難問に挑む。小林秀雄賞受賞

519

亀山郁夫・佐藤 優
ロシア 闇と魂の国家

ドストエフスキーからスターリン、プーチン、メドヴェージェフまで、ロシアをロシアたらしめる「独裁」「大地」「魂」の謎を徹底議論

623

立花 隆・佐藤 優
ぼくらの頭脳の鍛え方
必読の教養書400冊

博覧強記のふたりが400冊もの膨大な愛読書を持ち寄り、〝総合知〟をテーマに古典、歴史、政治、宗教、科学について縦横無尽に語った

719

島田裕巳
金融恐慌とユダヤ・キリスト教

ウォール街の強欲資本主義の背景にはキリスト教がある。科学を装った金融工学も無根拠な信仰だ。金融恐慌の本質を説く経済の副読本

727

文藝春秋刊